같은 듯, 다른 듯이

담쟁이학당
창간호 2025

같은 듯,
다른 듯이

김송현
박애진
박영희
이순애
진영미

인사글

　시월입니다. 자신의 나직한 존재를 입증하던 풀벌레 소리가 멀어져갑니다. 저는 이 아름다운 계절을 살아낸 존재들의 합창을, 그렇게 목청을 높이며 살아온 그대들의 지푸라기 같은 심정을 다독입니다. 그곳에서 기쁨과 슬픔이, 희망과 절망의 풍경을 보아온 나는 용감했던, 아니 눈물겨웠던 생명의 촉수 곁에서 서성였습니다. 그리고 긴 여운을 남기도록 새벽 단잠을 걷어내고 책상 앞에 앉아봅니다. 응숭깊은 사랑을 길어 올리는 것은 쓸쓸함이 배어 있을 때 더 깊게 다가온다고 합니다. 속절없이 시월이 저물어 갑니다. 이 가을에 홀로 빛나는 것은 '무엇이 더 나은 삶인가'를 고민하는 자의 몫이라고 저는 믿습니다. 그리고 그 '고민'이 흔적이 담긴 우리들의 말과 글을, 떨림 같은 사랑을 세상에 내놓습니다.

　담쟁이학당에서 동인지를 출간합니다. 처음에는 어린이집과 유치원 업에 종사하는 원장 5명이 뜻을 모아 '고이랑'이라는 스터디 모임으로 출발하였습니다. '고이랑' 이름은 밭의 고랑과 이랑의 준말입니다. 아이는 이랑에서 뿌리를 내리고 꽃을 피우고 열매를 맺습니다. 고랑은 아이가 평탄한 길을 걷도록 이랑을 북돋아 주고 세파의 거친

환경을 막아내는 방패막이가 됩니다. 순응에 적응하는 온실의 아이가 아니라 스스로 싹을 틔우고 일어서는 들판의 들꽃같은 아이라는 존재는 외부환경의 심대한 영향을 받습니다. 그런 관점에서 교육철학을 공유하고 공감하는 토론의 장이 될 수 있는 방편의 첫 번째가 글쓰기 공부였습니다. 중지를 모은 우리는 담쟁이학당에 둥지를 틀고 아이들의 눈높이에 맞추고 지면보다 더 낮은 '고랑'에서 분투한 저희의 살아 있는 교육현장 일지를 여러분에게 선보입니다. 거기에다 한 인간으로서 삶의 관조를 담담하게 바라보고 받아들이는 설익은 인생관도 이 동인지에다 곁들여 담아 보았습니다.

그러기 위해서는 유아교육의 전문성에 수반되는 냉철한 논리가 가미된 사고의 깊이가 절실했습니다. 필연이 상승하면 우연한 운명이 주어지는 이치일까요. 그런 논점이 파고를 넘나들 때, 우연찮게 글쓰기 창작을 지도해 주실 차재문 선생님을 모시게 되었습니다. 글쓰기 입문은 우리 앞에 고통의 터널로 이어졌습니다. 새로운 도전은 막연하고 두렵기만 했습니다. 우리가 끝까지 버텨낼 수 있는 용기는 그만큼 간절함이 깃들어 있었기 때문입니다. 선생님을 모시고 글공부를 시작하면서 '담쟁이학당'이라는 새 이름이 지어졌습니다. 땀으로 담장을 넘겠다는 담쟁이는 여름날의 순례자입니다. 계절이 바뀌고 한 해가 두 번, 세 번 넘어가다 보니 어느 순간 우리는 글쓰기 전사로 거듭 태어났습니다. 서툴렀지만 솔직했고 부족하지만 부끄럽지 않았습니다. 빛나는 문장이 싹둑 잘리어 나갈 때는 상처를 받고 눈물이 핑 돌았습니다. 바쁜 퇴근 시간을 쫓기듯 달려왔고 떠오르지 않는 문장을 놓고 자책했습니다. 태양은 구름이나 어둠에 가려 있지만, 한시도 자신의 존재를 망각하지 않는다는 진리처럼 우리의 글도 점차 여물어 가고 있었습니다. 아직은 덜 성숙된 글이지만 조심스럽게 다섯 사람의 마음을 모았습니다.

저희가 추구하는 글쓰기 공부의 목적은 단순합니다. 부모와 아이의 관계, 교사와 아이의 관계, 그리고 아이가 대면하는 세상의 그릇에 비추어지는 자화상입니다. 어른의 자아도 흔들릴 수 있음을 솔직히 인정할 때, 우리는 아이의 흔들림을 더 잘 이해하게 됩니다. 우리 사회의 불평등과 아이의 인권과 감수성이 무너지는 위험의 신호는 도처에 널려 있습니다. 우리는 우리의 공동체가 온전하게 제자리를 지킬 수 있도록 현장에서 듣고, 기록하고, 연대하는 글을 쓸 것입니다. 아이는 존재로 인간다움의 중심에 서고 어디에서나 차별받지 않는 소망이 이 동인지의 출발선입니다.

앞으로도 우리는 담쟁이처럼 끊임없이 담장을 오르겠습니다. 땀 흘리는 고난의 행군은 담장을 덮는 풍성한 숲을 이룰 것입니다. 겨울에는 뿌리로 살아남아 아이가 봄날에 우리 곁을 성큼성큼 걸어오도록 희망의 끈을 놓지 않겠습니다.

이 험난한 길에서 글쓰기의 본체를 '텍스트. 공간. 개념화'의 원리로 지도해 주신 차재문 작가님, 정일근 교수님과 김우락 원장님, 최경숙 작가님과 '담쟁이학당 유럽 역사 방' 도반님들의 든든한 격려와 불편을 감수하면서도 기꺼이 담쟁이학당의 터전을 만들어 주신 '휘게카페'의 신동성 대표님께 깊이 감사드립니다. 덕분에 우리는 담쟁이처럼 쉼 없는 성장을 할 수 있었습니다.

  이 동인지는 완성된 답을 주려는 책이 아닙니다. 그런 엄두조차 내지 못한다고 솔직하게 고백합니다. 오히려 우리가 무엇을 준비했고, 어떤 질문을 남기고, 글쓰기의 내공을 키우는 목적이 문학의 본질에 닿을 수 있는가를 성찰하는데 주안점을 두었습니다. 비록 우리의 〈담쟁이학당 동인지〉 1호가 오늘은 첫발을 내딛지만, 영원히 존속할 수 있도록 차재문 작가님의 이론교재인 〈글쓰기 난제〉처럼 용맹정진할 것입니다.

  감사합니다.

담쟁이학당 방장 이순애

초대의 글

바닷물이 짠 이유
- 담쟁이학당에 주는 글

| 정일근 시인·경남대 석좌교수

등대는 영어로 'Lighthouse'라고 합니다. '빛의 집'으로 해석할 수 있을 것입니다. 육지에 지도가 있다면 바다엔 해도가 있습니다. 해도에서 등대는 길 없는 바다의 길을 밝히는 신호등입니다. 그 신호에 따라 배는 망망대해에서 제 길을 찾아갑니다.

감수성이 예민했던 나이, 그 무렵에 제가 '등대지기'를 꿈꾼 적이 있었던 이야기를 했던가요? 바다 멀리, 먼 외딴섬 눈이 부시도록 새하얀 등대에서 파도 소리와 갈매기 울음소리를 친구 하며 등대지기로 살고 싶다는, 지극히 낭만적으로 생각을 했었습니다. 그 틈틈이 하얀 200자 원고지에 바다를 잉크 삼아 찍어 시를 쓰면서 말입니다. 그건 이뤄질 수 없는 꿈이 아니라, 가 닿을 수 없는 신기루였다는 것을 한참 뒤에 알았습니다.

어쩌면 당신도 어떤 시기에는 외로운 등대지기를 꿈꾸었을 것입니다. '얼어붙은 달그림자 물결 위에 차고'로 시작하던 '등대지기'란 처연한 노래가 우리에게 같은 꿈을 꾸게 했는지 모르겠습니다. 그 노래가 영국 민요인 것은 나이가 들어 알았습니다만.

1980년대 대학생 시절 제가 다닌 대학과 자매결연을 한 통영 소매물도 등대를 방문한 적이 있었습니다. 하루 3교대를 하며 근무하는 등대지기의 현실과 절벽 같은 낭떠러지에 서 있던 등대에 벌벌 떨면서 올라 보고는 책임감 없이, 낭만만 가지고 할 수 없는 일이라는 것을 알게 되었습니다. 넓은 바다 위에 점으로 찍힌 섬은 그때 불이었던 청춘의 제 나이로는 낭만이 아니라 감옥 같다고 생각했었습니다. 그 이후로는 등대지기가 제 꿈의 목록에서 빠져버렸습니다.

하지만 우리가 등대를 사랑하는 이유는 밤바다를 밝히며 모든 배들의 항로를 안전하게 안내하는 일에 있습니다. 인생이란 바다에 우리에게 길을 안내하는 등대는 어머니였고 아버지였고, 스승이었고 좋은 친구들이었다는 생각에는 변함이 없습니다.

우리나라 최초의 등대는 1903년 대한제국 시절에 만들어진 인천 팔미도 등대입니다. 1903년 6월 1일에 처음 점등했다고 합니다. 요즘 제가 자주 찾는 등대는 마산의 '막개도 등대'입니다. 맑은 사궁두미蛇弓頭尾 앞바다인 창원시 마산합포구 덕동동 산 135에 '막개도'란 무인도에 있는 무인 등대입니다. 기록을 살펴보니 마산항의 교역이 증가하면서 무역선이 늘어나고, 인근 진해 해군의 군함이 늘어나게 되면서 생긴 등대였습니다. 부산항 마산항 진해항의 항로가 중시되면서 1962년 2월 7일에 건립, 점등한 하얀 등대입니다.

초대의 글 같은 듯, 다른 듯이

막개도 등대는 원형 평면의 콘크리트 구조입니다. 전체 높이는 18.2m입니다. 밤이 되면 막개도 등대에 불이 켜지는데 4초에 한 번씩 반짝이며 밤바다를 지킵니다. 자주 깜빡이는 불빛이 성질이 좀 급한 등대라고 소개하기도 합니다. 빛이 도달하는 광달 光達 거리는 고작 10m, 멀리 비춰주지 않지만, 충분히 제 기능을 다하는 고마운 친구입니다.

막개도 등대는 해양수산부 마산지방해양수산청이 관리하는데, 마산의 일출 명소로 알려져 있습니다. 막개도 등대에서 앞바다로 나가면 마창대교가 있고, 그 뒤로 귀산과 진해 바다가 이어집니다.

등대는 낭만적인 이름입니다. 그래서 등대지기가 낭만적이라고 생각했는지 모르겠습니다. 등대의 행정적인 이름은 '항로표지관리소'며, 등대지기는 취업하기에도 경쟁이 치열한 해양수산청 공무원입니다.

최근 '삼국유사'에서 '가락국기'를 다시 읽으며 재미난 생각을 했습니다. 허황옥이 배를 타고 금관가야로 들어올 때, 수로왕이 신하 유천간에게 일러 망산도 위에 올라가 기다리다가 횃불을 올려 허황옥의 배가 무사히 도착할 수 있도록 도우라고 했습니다. 그 일은 AD 48년의 일이었습니다.

저는 그것이 근대식의 등대는 아니었지만, 유천간이 횃불을 올린 일을 최초의 등대라고 생각했습니다. 1903년 팔미도 등대보다 1855년이나 앞선 가락국의 등대가 있었다고 생각했습니다. 횃불을 밝힌 망산도는 제 고향인 진해의 용원동에 실존하는 섬입니다. 그래서 저는 즐거운 상상을 합니다. 진해가 고향인 저에게 유전되던, 등대에 대한 DNA를 가지고 있었기에 등대지기를 꿈꾸었다고.

물론 역사는 가정이 아니라 사실이지만 그 틈 사이 이러한 상상의 공간은 허용된다고 믿습니다. 가락국을 연구하는 친구에게 전화를 걸어 저의 가설을 이야기하니, 친구는 제가 시인이기에 가능한 이야기라고 웃으며 답해주었기에, 더욱 자신감이 생겼습니다. 진해는 해군의 도시이고 벚꽃의 도시지만 여기에 등대의 도시를 더했으면 합니다.

지금 제가 살고 있는 마산이 바다를 품은 항구도시라는 것이 저에게는 고마운 축복입니다. 가고 싶으면 언제든 바다로 뛰어갈 수 있지 않습니까. 자다가도 달려가면 만날 수 있는 바다가 있지 않습니까. 지구별 인구수 81억 중에 태어나서 여태 바다를 만나보지 못한 사람들이 많을 것입니다. 어느 해인가 히말라야 골짜기에서 만난 소년이 제게 바다에 관해 물었습니다. 바닷가에서 태어나 바닷가에서 살고 있었지만, 저는 그 질문에 허둥지둥하며 답을 제대로 하지 못했던 기억이 있습니다.

그건 제가 바다를 몰랐기 때문이었습니다. 우리는 바다를 가졌지만, 사실 바다에 대해 잘 알지 못합니다. 눈으로 보는 것이 바다의 전부가 아닙니다. 바다는 지구 표면의 70.8%를 차지하고 있고, 그 부피가 13억 7,030만㎥에 이른다고 합니다. 그것을 다 안다고 해서 바다의 넓이와 무게를 이야기할 수 있는 것은 아닐 것입니다. 바다의 최대 깊이가 11,034m인 것을 안다고 해서 바다의 깊이를 아는 것 또한 아닐 것입니다.

바다도 사람과 같은 바다의 일생이 있습니다. 사람과 같이 희로애락 喜怒哀樂이 있고 생로병사 生老病死가 있는 것입니다. 사람처럼 감정이 있고 태어나서 죽고 다시 태어나는 일생이 있습니다. 무엇보다 바다는 지구 생명체의 본향입니다. 바다는 지구 최초로 생명이 탄생한 곳이다. 또한 지금도 수많은 생명체가 사는 곳입니다. 지구에 그런 바다가 없었다면? 그건 상상할 수 없는 일입니다.

나는 당신이 좀 더 바다에 가까이 다가가는 시간이 많아지길 바랍니다. 바다를 두 눈으로 보고 바다의 이야기를 두 귀를 열고 듣는 시간이 있어야 바다의 속살에 한 발 더 가까이 다가갈 수 있습니다. 먹고 즐기는 바다가 아니라, 바다에 던지는 존재론적인 질문이 있어야 합니다. 바다와 친구처럼 싸우고 바다와 애인처럼 사랑을 해봐야 합니다.

그러기 위해 먼저 인류가 바다를 배경으로 만들어 놓은 고전과 예술작품에 충실해야 합니다. '그리스·로마 신화'를 읽고, 호메로스의 고대 그리스 장편 서사시 '오디세이'를 읽어야 합니다. 허먼 멜빌의 '백경'을 읽고 헤밍웨이의 '노인과 바다'를 읽어야 합니다.

우리 마산 진동에서 저술된 조선 후기 학자 김려의 '우해이어보'와 정약전의 '자산어보'를 읽고, 박찬욱 감독의 영화 '헤어질 결심'을 보고 구스타프 말러의 교향곡 5번 4악장 '아다지에토'를 들어야 합니다. 내가 깊어져야만 바다는 제 깊이를 보여줍니다. 내가 무거워야만 바다도 자신의 무게를 보여줍니다. 바다에 다가서기 위해 자신이 먼저 변해야 하는 법입니다. 그리고 바다가 주는 위대한 가르침을 이해하여야 합니다. 노자의 상선약수 上善若水를 담은 거대한 그릇인 바다가 당신을 성숙시킬 것입니다.

 그리하여 바다 앞에서 목 놓아 울어본 사람만이 바다의 통곡을 이해할 수 있습니다. 바다의 눈물을 알 수 있습니다. 바닷물이 짠 이유 또한 알게 될 것입니다. 지난해 창작 100주년이었던 윤극영 선생의 동요 '반달'에 '샛별이 등대란다 길을 찾아라.'라는 노랫말이 나옵니다. 글을 쓴다는 것, 샛별 같은 지혜의 등대를 찾아야만 건너갈 수 있는 바다입니다. 당신의 가없는 도전을 기대합니다.

초대의 글   같은 듯, 다른 듯이

> 차
> 례

인사글 • 4
초대의 글 바닷물이 짠 이유 • 8
해설 • 270

프롤로그 나를 지탱해주는 버팀목 • 18
꽃 글이 터지고 있을 어느 봄을 기다립니다 • 21
마음자리에서 • 24
실한 가지 하나 되고 싶었습니다 • 27
꽃 글이 시작되었다 • 30

김송현

노랑나비 • 36
흔들 그네 • 41
감사는 조용조용 눈뜨는 별이다 • 46
꽃별 내리는 날 • 51
봄에는, 봄 아닌 것이 없다 • 56
어머니의 밥상은 삶의 언어입니다 • 61
나도 한때는 문학 소년이었거든 • 66
바람의 향기 • 71
퍼스트 펭귄처럼 • 76
동천洞天이 빚어낸 풍경 • 82

박애진

꽃들의 축제가 시작되었다 • 88
꽃물에 들다 • 93
나의 문화유산답사기 밀양 표충사 편 • 98
봄 까치 • 102
나의 문화유산답사기 함안 아라가야 편 • 107
엄마의 냉장고 • 112
이제는 바람과 햇살이 나설 차례다 • 117
인생 친구 내 동생 • 122
파수꾼 • 127
길을 비켜라, 푸른지구 지킴이 나가신다 • 132

박영희

그대, 촉촉한 언약을 • 138
숲속의 식탁 • 142
장꾼들의 놀이터, 장날이 서다 • 146
아이야, 마음껏 날개를 펼쳐라! • 151
고사리 손끝에서 봄이 올라온다 • 156
봄에는 연초록 잎들이 빗방울을 받아먹는 계절이다 • 161
아름다운 공동체는 감사함으로 물들인다 • 166
한 바가지의 마중물이 아이의 뇌를 깨운다 • 171
아이는 다름의 뿌리에서 존중을 받아먹는다 • 176
비등점 • 181

이순애

'창' • 186
꽃비가 춤을 춘다 • 190
저출생 답이 없다 • 195
존중받는 아이, 스스로 눈뜨는 아이 • 198
남해를 걷다 • 202
자연은 선물입니다 • 206
아이가 바라본 지구환경과 생태 • 210
아이의 자기 결정권이란 • 214
혼자 걷고 혼자 남았다 • 217
청산도로 떠난다 • 221

진영미

춘사春思 • 226
공존이 꿈틀대는 곳 • 230
당신의 빈자리 • 235
검게 그을린 봄에도 새 생명이 태어난다 • 240
초여름 사랑 • 245
청국장 예찬 • 249
가을을 지탱하는 자양분 • 253
겨울 초입, 곤충들이 전하는 버팀목 • 257
겨울 초입, 나를 지탱하는 자양분 • 261
엄동은 커피 한 잔으로 온기를 데우는 계절이다 • 266

프롤로그

프롤로그

나를 지탱해주는 버팀목

김송현

    가을은 귀를 열어놓는 계절입니다. 비 오는 날 호숫가에 서 있었던 저녁은 온갖 소리의 향연이었습니다. 바람 소리는 짐승의 울음처럼 들립니다. 나뭇잎이 흔들리는 소리는 입동 무렵의 다람쥐가 도토리를 낙엽 더미에 숨기기 위해 발톱을 긁는 소리로 들립니다. 호수에 빗방울이 떨어집니다. 가냘픈 소리라 귀를 가까이 대고 빗방울을 받아먹는 수면과 물풀을 응시합니다. 숲속 어디에서 들려오는 새들이 배가 고픈지, 아니면 길을 잃고 헤매고 다니는지 구성지게 들립니다. 나를 돌아봅니다. 침묵이 깊어지는 것은 혼자 남았다는 것입니다.

    호숫가를 빠져나와 오솔길을 따라 걷습니다. 울컥할 것 같은 상념의 시간이 물러가고 어지러웠던 마음도 서서히 가라앉습니다. 숲에다 사부작사부작 발걸음을 맞추다 보니 감정이 널뛰지 않습니다. 숲의 성자인 나무와도 눈을 맞추고 평정심을 유지하고 조금씩 아픈 기억들도 치유되어 갑니다. 나에게 고맙다고 생각하다가 불현듯 자연이 고맙다는 생각이 듭니다. 내가 힘들 때마다 자연은 버팀목이 되어주었습니다. 모든 나무의 타고난 이름이 '버팀목'이라고 저는 믿습니다.

고단한 일상이 이어지던 어느 날 소중한 존재와 인연이 닿았습니다. '담쟁이학당'입니다. 처음에는 추상적 존재로 다가왔다가 어느 순간부터 동고동락하는 가족이 되었습니다. 나를 맡기고 나의 부족한 밑천을 고백해도 될 것 같았습니다. 인연이 닿은 운명은 가늠자가 없다고 합니다. 우연인지, 필연인지, 아니면 조용한 이끌림이었는지는 그렇게 중요하지 않습니다.

공부하는 도반이 있고 글감을 채굴하고 연마할 학당이면 충분합니다. 덩굴처럼 이어진 순기능의 인연들이라 쉽사리 끊어낼 필요도 없습니다. 공부의 방법론을 놓고 토론하고 숙의를 거쳤습니다. 인문정신인 '인간의 감정'에 접근할 때는 '상처'를 함께 직시했습니다. 그윽한 자연이 사색을 붙들고, 내 존재의 전부인 아이의 감성이 온전하게 살아남도록 응원하고 기도했습니다.

스승인 차재문 작가님의 '글 장단'을 따라갑니다. '거제예인유치원'의 큰 거인 이순애 원장님, 외유내강의 표본이신 '국공립 장유어린이집' 박영희 원장님, 청산리 벽계수도 부럽지 않은 '양산중앙유치원'의 박애진 원장님, 하늘빛을 닮아 하늘하늘한 담쟁이학당의 마스코트인 '하늘빛유치원' 진영미 원장님과 함께 오리 새끼처럼 뒤뚱뒤뚱 따라가면서 흘린 글 밥으로 허기를 채웠습니다.

프롤로그 같은 듯, 다른 듯이

그렇게 우리는 배려, 양보, 나눔, 희생, 도움이라는 따뜻한 이름으로 남았습니다. 스승님의 철학적 질문은 사유의 근력을 키우고 일깨워 주었습니다. 역사를 듣고 보고 알아가는 눈은 관찰과 관조의 씨앗을 틔우게 했습니다. 이 모든 기적의 원천은 무엇보다 배움에 대한 의지였습니다. 텍스트와 개념, 공간과 역사, 질문에서 파생된 철학적 사유와 사투를 벌이면서 전진했습니다. 험로였지만 함께 승선했기에 바다는 길을 내주었고 외롭지 않았습니다.

자연 속에서 아이들과 숨쉬고 글 속에서 자아를 어루만질 수 있었습니다. 글공부의 원리를 깨우치다 보니 어느새 담쟁이학당의 아카데미로 우뚝 섰다고 감히 자평도 해봅니다. 진리를 바라보는 인식도 달라졌습니다. 꼬마 철학자 아이들의 말 한마디, 햇살 한 줄기, 바람 한 점도 궁극적 공부 소재가 되었습니다. 담쟁이학당에서 만난 철학적 사고는 인생관과 세계관의 지평을 확장하는 동력이 되었습니다.

요즘 저는 공동체는 무엇이고 사람을 살리는 질문은 어디서 오는가로 고민하고 있습니다. 이 협소한 책이, 잠시 숨 고르듯 머무는 나무 그늘 한 자락이 되기를 바랍니다. 그리고 당신의 마음에도 조용히 말을 거는 바람 한 줄기가 되기를 소망합니다. 이 모든 여정은 사람을 살리는 '질문'을 잊지 않으려는 기록이기도 합니다.

지금, 내 옆의 또 다른 버팀목인 무지개어린이집 가족들을 새깁니다. '사람을 살리는 질문'이 결코 혼자서 묻는 것이 아님을 매일 일깨워 줍니다. 함께 숨 쉬고, 흔들리고, 밝아지는 이 관계의 결은 나를 다시 세우는 가장 깊은 뿌리이자 앞으로의 여정을 밝혀줄 또 하나의 조용한 등불입니다.

프롤로그

꽃 글이 터지고 있을
어느 봄을 기다립니다

박애진

    습관이 생겼다. 새벽 여섯시, 알람이 요란하게 울린다. 미지근한 물 한 모금 마시고 책상 앞에 앉는다. 한동안 잊고 지내던 필사를 다시 시작한다. 아니 메모다. 얼마 전까지만 해도 새벽에 일어난다는 것은 언감생심 꿈도 꾸지 못했다. 두어 달 전 이사를 하고 지긋지긋 나를 괴롭히던 불면증이 호전을 보이기 시작한다. 잘 자고 일어나 아침을 맞이하는 소소한 기쁨이 나에게도 찾아온 것이다.

    습관이란 무서운 것이다. 첫 번째 루틴은 담쟁이학당 차재문 작가님의 『배낭 메고 떠나는 지리산 둘레길』 책을 천천히 음미하면서 읽는다. 지리산 둘레길을 따라 1구간부터 21구간에 걸친 역사와 마을 이야기가 구간마다 3편의 에피소드로 나누어져 있다. 처음에는 기억하고 싶은 문장에 파란색으로 줄을 그어가며 읽었다. 지금은 두 번째 읽고 있다. 처음 읽었을 때 줄을 그은 문장을 다시 되새기면서 메모한다. 읽다가 생경한 단어는 빨간색으로 줄을 긋고 네이버를 검색하여 책 모퉁이

프롤로그   같은 듯, 다른 듯이

에 뜻을 적어 가며 읽는다.

　이 책은 글을 쓰기 시작하면서 나를 심오한 글의 세계로 인도하는 교과서이자 지침서가 되었다. 이렇게 3페이지 분량의 에피소드 한 개를 읽고 사유에 빠져들다 보면 문득 생각들이 떠오르고 만들어진다. 그럴 때는 간단하게 메모한다. 나를 위하는 글 투쟁은 나를 춤추게 한다는 원리를 새기면서 목표에 접근한다. 매일 한 줄 글쓰기를 실천하고 난 뒤에는 관심 분야 책을 별도로 시간을 맞춰 두고 30분 정도 읽는다. 독서가 끝나고 나면 오늘 계획한 일과를 다이어리에 적는다. 매일 아침 욕심내지 않고 꾸준히 실천할 수 있는 나름의 루틴을 만들어 가고 있다. 백세 인생, 60세 이후 시작될 인생 2막을 향해 서툴지만 한발 한발 나아가고 있다.

　쉰일곱 늦깎이에 다시 첫사랑이 시작되었다. 가슴이 콩당콩당 뛰는 날들이 많아졌다. 설렘이 찾아온 자리에 사랑 꽃이 수북하게 피었다. 콧노래를 흥얼거리며 운전대를 잡는다. 유치원에 들어서면 "원장 선생님이다" 꾀꼬리처럼 맑게 환호하며 반겨주는 아이들에게 맞절로 반가움을 표현한다. 어느새 나는 200명 정도의 꽃송이들과 함께 꿈꾸는 유치원 원장으로 변신한다.

　내가 근무하는 유치원은 생태교육을 지향하는 열린 교육공동체이다. 자연의 순환경로가 열려 있는 텃밭에다 농사를 짓고 절기에 맞춰 우리 조상들의 세시풍속을 직접 몸으로 경험하고 체험하며 생태감수성을 키운다. 작물은 공기와 물과 햇볕과 아이의 꽃송이 손에서 자라고 바람은 응원가를 불러준다. 아이들이 몸으로 배우고 인지하면서 받아들이고 체득한다. 그 과정에서 자연의 숭고함과 상생의 지혜를 터득할 수 있다는 자신감을 키운다. 지속 가능한 삶이란 자연을 그 중심에 두고 보존해야 하는 명징한 이유다.

  자연은 아이들은 닮는다고 한다. 원장인 나 자신도 중앙의 아이들과 일상을 함께할 때마다 뭔가 다가가지 못하는 허전함이 고였다. 그쯤에 우리 도반들은 '담쟁이학당'을 만드는데 의기투합했고 차재문 작가님에게 구원의 손을 내밀었다. 뒤돌아보니 처음 글쓰기 공부는 힘들었지만, 세상을 바라보는 우리의 인식론의 지평이 확장될 때마다 그 결과물은 고스란히 아이들에게 스며들었다. 아이의 생각, 호기심, 부끄러움, 자신감과 심지어 열등감까지 귀 기울이고 들어주고 함께 고민하면서 문제 방식과 해결에 도움이 되었다고 감히 자평도 해본다.

  어느 순간부터 아이들이 자연을 대하는 진지한 눈빛을 보았고 툭툭 내뱉는 말들을 알아들었다. 아이들의 발현되는 행동들을 글로 적다 보니 아이들의 심중까지도 읽어내는 친근감이 생겼다. 아이는 자연을 닮고 나는 아이를 닮아간다는 것을 느낄 때마다 기쁨이 몰려왔다. 쉰 후반의 나이를 잊고 찾아온 가슴 설렘에 화사하게 웃는다. 평범한 일상을 특별한 삶으로 이끌어 준 글쓰기는 다시 시작된 배고픈 첫사랑이다. 처서가 지나고 바람결이 순해졌다. 유치원 앞마당 터줏대감인 배롱나무 분홍 꽃과 짙은 초록의 나무에서 영감을 얻는다. 영역을 넓혀가는 풀들을 뚫어지게 바라보며 글감을 찾고 상상한다. 나는 오늘도 꽃 글이 터지고 있을 어느 찬란한 봄을 기다린다.

프롤로그

마음자리에서

박영희

　신호등 색깔에 따라 일단 멈추기도 하고 걸어가기도 합니다. 적색은 멈춤이고 녹색은 통과고 황색은 신호 변경 예고입니다. 이 단순한 리듬이 어느새 삶의 모양이 되었습니다. 앞서가는 사람은 따라오라 하고, 멈춘 사람은 '왜 이리 늦냐'라고 재촉합니다. 그렇게 꾸역꾸역 걸어왔습니다. 가다 보니 삶의 반을 넘겨 '중년'이라는 무게를 감당하고 있습니다. 이젠 누구의 손짓이 없어도 그저 자동으로 인생 신호등에 익숙한 제 모습에 멈칫해집니다. 그리고 황색의 존재가 더 가까이서 보입니다. '일단 멈춤'이 왜 필요한지, 그것은 나를 돌아보는 공간이고 쉼의 여유고 재충전의 기회입니다.

　하지만 나는 신호등이 없는 길을 좋아합니다. 조금 꼬불거려도 괜찮은 길, 내리는 비웃을 입은 나무들이 서 있는 길, 하늘바람이 살랑살랑 스쳐가는 길이면 충분합니다. 빨간불에 멈추지 않아도 내 마음이 저절로 서는 자리, 그곳에 서면 시간이 느려지고, 생각이 많아져도 나를 잃지 않게 됩니다. 일단 멈춤은 숨 가쁘게 달려온 나를 의식적으로 멈추게 하지만, 나 또한 순응하는 삶이 인생 섭리라 기쁘게 받아들입니다. 살아온 길 뒤돌아보니 인생이란 멈춤과 움직임의 반복입니다. 아이와의 만남에서도 관계의 여정에서도 잠시 멈추어야 다시 나아갈 수 있습니다. 그래서 오늘도 잠시 멈춥니다. 기꺼이 받아들이면 숙명이 되겠다는 생각도 해봅니다.

만물은 각양각색이 어우러지고 비추고 인연을 이어갑니다. 홀로 출렁이기도 하고 서로를 비추기도 합니다. 만남이 이별이 되고 이별이 그리움을 잉태하기도 합니다. 봇짐을 메고 고행과 순행이라는 운명의 등짐에 의존하면서 길을 걸어가고 위안을 얻습니다. 작가의 삶을 사는 사람은 아니지만, 아니 엄두도 못 낼 것 같지만 배우는 것이 좋아 무작정 담쟁이학당으로 달려갔습니다. 배가 고프고 숨이 차올랐습니다. 희미한 불빛은 가늘게 떨린다고 합니다. 글쓰기 공부를 하다 보니 정기적으로 신문에 기고하는 칼럼니스트가 되고 수필가의 염원이 이루어질 것 같은 둥실한 꿈이 선연해지기도 합니다.

새벽에 눈 뜨면 직업 전선과 생활 전선과 유아교육 현장의 둥지가 나를 기다리고 있습니다. 긴장을 담는 그릇은 늘 팽팽합니다. 원장으로서 직분에 매달리고 고민을 당기고 풀고 자위하고 위로를 건네면서도 채워지지 않는 '앎'의 욕구로 허기진 공감을 나눌 장소가 절실했습니다. 어느 날 운명적으로 만난 그곳이 '담쟁이학당'입니다. 우리는 아이들의 시간을 선물 받고, 빛나는 자람에 '뿌듯함'을 나누는 도반입

프롤로그　같은 듯, 다른 듯이

니다. 한 자 한 자 이어가며, 한 단락씩 채워가며, 서로를 격려하며 여기까지 왔습니다. 처음에는 삐뚤빼뚤한 아이들의 손편지처럼 엉성한 글이었지만, 그 하나하나를 기워주고 메워주고 풀어주신 차재문 작가님의 가르침 덕분에 한 걸음씩 나아갈 수 있었습니다. 그 시간만큼은 온전한 '나'로서 살았습니다.

  두 주먹을 쥐고 달리는 아이, 주문진 방파제를 향해 숨을 헐떡이며 붉은 해를 올려다보던 어린 시절, 돈 벌러 간 둘째 언니를 하염없이 기다리던 삼원연탄 정거장 나무 의자, 언니 손을 꼭 잡고 서울로 전학 가던 여중생의 떨림이 떠오릅니다. 속절없이 흘러간 세월 속에 중년을 넘기고 바라본 두세 가지 모양과 빛깔의 단풍나무. 계절의 향기 속에서 흙냄새와 더불어 살아가는 공존의 아름다움과 아이의 날갯짓에서 아직 펼치지 않은 무한대의 가능성이 촘촘한 열린 하늘을 보았습니다.

  이제 한 걸음 끝에서, 다시 시작 앞에 서 보니 '저절로 피는 꽃은 없다'라는 진리를 느낍니다. 아이들과 함께 웃고 울며 동행해 온 선생님들, 믿고 함께해 주신 부모님, 동료 원장님들, 원장으로서 성장할 수 있도록 도움을 주신 인연들, 그리고 마음의 길잡이가 되어 주시는 상담사 선생님, 작은 돌부리에 넘어져도 "괜찮아"라고 다독여 주는 가족에게 온 마음을 다해 '감사합니다'라고 전합니다. 모든 만남이 나를 자라게 했습니다. 그리고 그 여정 위에서 여전히 배움의 신호를 기다리는 나에게 조용히 말을 겁니다. "고맙다. 멈추지 않고 걸어온 나에게."

프롤로그

실한 가지 하나 되고 싶었습니다

이순애

    가을은 자연도 인간도 성숙해지는 계절입니다. 햇살은 부드러워지고 바람은 향기를 품었는지 맑은 감촉이 옷깃에 닿습니다. 그러면서 허공이 많이 보이고 여백의 틈새마다 그리움 같은 것이 채워집니다. 왠지 쓸쓸해지는 이 계절이 저는 좋습니다. 그만큼 당신과 차 한잔의 담소면 충분한 가을날이기를 소망합니다.

    코로나 역병이 창궐할 때 큰맘 먹고 지리산 둘레길을 걸었습니다. 290km 남짓 되는 길은 아득한 공간이었습니다. 발바닥에 문진問跡을 남긴 굳은살이 내 몸이라 살갑게 어루만져봅니다. 지금은 '남파랑' 길을 걷고 있습니다. 해안 길을 따라 거제, 통영, 남해를 모두 걸었고 섬진강을 넘어 여수를 관통하고 있습니다. 걷다 보니 혼자 생각을 입히는 '질문'이 만들어지고 나는 '무엇으로 사는가'의 근원적 존재와 생태 환경의 범주까지 생각의 뿌리를 내리고 있었습니다. 길에서 만난 새소리, 바람 소리, 흰나비 노랑나비와 교감했고 내가 힘들 때마다 나무는 내 어깨를 토닥이며 위로했습니다. 감정의 진폭이 올라갈 때는 하늘에다 영혼을 풀어 놓았습니다. 그러던 어느 날이었습니다. 영혼의 순도가 멈추고 내 앞에는 내 것 하나 없는 '무욕'의 바다가 떡 버티면서 서 있었고 눈물이 왈칵 쏟아질 것 같았습니다.

담쟁이학당에서 글쓰기 수업이란 혹독한 훈련과 무한 가능성이란 양자를 두 손에 쥐고 고군분투하는 시간이었습니다. 이론교재인 '글쓰기 난제'처럼 어렵고 깊은 문장과 단락 앞에 절망했고 이겨내려는 몸부림으로 사투를 벌였습니다. 인생 최고의 멘토이신 차재문 작가님의 지도가 없었다면 글쓰기는 물론 동인지 출간은 감히 꿈도 못 꿀 일입니다. 3년! 짧지 않은 기간이지만 긴 고통의 시간이었습니다. 우리들의 땀이 서린 동인지는 그렇게 탄생했습니다.

저에게 있어 글쓰기란 세상을 바라보는 힘입니다. '무엇이 나를, 노년의 내 삶을 견고하게 지탱해 줄 것인가.' 책 읽고 글 쓰고 걷고 달리기의 본질은 나 자신과 정면에서 맞서는 승부 호흡입니다. 나에게 질문하는 이 끝없는 인생행로를 저는 물러서지 않고 비켜 가지 않겠습니다. 내 몸이 영혼이 모두 소진되면 자연으로 돌아가겠지요. 저는 그 섭리를 받아들이는 과정을 길을 걸으면서 깨우쳤습니다.

원장 특강으로 7세 경제 수업을 하던 어느 날, '우리에게 종이가 없으면'이라는 질문을 던진 적이 있습니다. 한 아이는 이렇게 말을 합니다. '종이가 없으면 우리는 산에서 열매를 많이 따 먹을 수 있어요.'라고 대답했습니다. '그래! 그렇구나.' 모두가 불편을 이야기할 때 천진한 아이는 자신만의 생각을 두려움 없이 세상에 꺼내 놓았습니다. 상상은 호기심을 발동시킵니다. 아이들이 꿈꾸는 세상이 지금 우리 곁에 널리어 있습니다.

아이의 미래는 꿈이 꺾이면 황폐해집니다. 싱싱한 아이 밭에서 물조리개를 틀고 호미질을 하고 거름을 주는 것은 유치원이라는 작은 세계에서 시작되는 가장 큰 교육의 사명입니다. 거기서 우리가 원하는 아이는 건강한 토양에서 스스로 생각의 뿌리를 내리고 사유범주가 착상할 것입니다. 존재를 있는 그대로 바라보고 그 안에 담긴 생명체를 존중하는 일입니다. 아이가 차별받지 않고 타고난 감수성이 소진되지 않는 아이는 저절로 눈웃음이 열린 함박꽃이 됩니다. 그 아이를 향한 소망이 이 동인지를 발간하는 동인입니다.

아프리카 격언에 빨리 가려면 혼자 가고 멀리 가려면 '함께' 가라 했습니다. 글쓰기를 공부하면서 '우리'라는 공동체의 중요성을 깊이 새겼습니다. 이 책이 발간되기까지 큰 가르침을 주신 차재문 작가님, 늘 푸르름이 채워진 유아교육의 현장과 자신의 삶에 진심을 담는 담쟁이학당의 글쓰기 도반들과 유럽 역사방 도반님들, 60을 앞둔 자식에게 아직도 "차 조심해라. 나이 들면 편하게 살 수 있으니 건강하게만 살면 된다."라고 걱정하시는 부모님, 나의 삶을 응원해주고 버팀목이 되어주는 내 가족과 아이의 마음을 읽어주는 교육의 진심인 예인유치원 교직원과 사랑하는 벗들에게 감사하는 마음도 이 책에 가득 담았습니다.

프롤로그 같은 듯, 다른 듯이

프롤로그

꽃 글이 시작되었다

진영미

    2023년 6월 2일, 나는 '담쟁이학당'이라는 견고한 글 집에서 고고성을 울리며 태어났다. 눈이 뜨인 첫 장면이 글쓰기 수업이었다. 순간, 나는 감당할 수 있을까. 망망대해 글쓰기 바다에서 살아남을 수 있을까. 그 격랑의 바다에서 살아나오면 무엇을 얻을까. 그렇게 수업 첫날이 폭풍처럼 지나갔다. 푸르름이 깃든 여름 초입은 여전히 뜨거운 햇살이 비추고 '진영미 도반'이라는 낯설고 고단한 이름을 얻었다.

    첫날 대면한 글쓰기 수업 시간은 호기심을 밀어내는 긴장이 팽팽했다. 뭔가 생각 이음이 꿈틀거리고 마음이 요동쳤다. 이론 강의 제목인 '글쓰기 난제'는 거대한 벽처럼 느껴졌다. 차재문 작가님 강의는 거침이 없었다. 글이란 무엇인가. 생각이고 형상이고 구체성을 채굴하는 행위다. 보이지 않는 내면과 소통하고 공감하면서 자신을 들여다보는 구도자가 되어야 한다. 글로써 표현하는 만다라는 도형의 범주를 넘어 인간의 염원인 이상적인 삶과 자연과 우주론이 합쳐진다. 고군분투하는 시간을 쪼아먹어야 글쓰기의 본질인 '앎'의 근원에 닿는다는 설명에 정신이 번쩍 들었다.

글쓰기 난제 첫 번째 수업부터 기초를 다져나갔다. 2년을 넘기는 동안 매월 두 번의 강의가 이어졌고 부족한 보충 이론은 특정한 주말에 특강을 들었다. 글은 단순한 문장을 잇는 일이 아니었다. 그것은 말로 다하지 못했던 감정을 꺼내고, 살아 있는 감정선에 출렁이고 내면의 결을 들여다보는 섬세한 작업이었다. 한 줄 한 줄 써 내려가면서 소환되는 유년의 추억들이 반백을 지나온 삶의 흔적과 꼼꼼하게 맞대었다.

글쓰기는 내 삶의 행로를 비추는 거울이다. 나에게 질문하고 다시 나를 돌아보고 만들어가는 마법의 손이다. 유치원에서 바라보는 거울은 조밀한 창이다. 창 너머에는 작물이 자라고 꽃이 피고 열매를 맺은 물상들이 아이들에게 투영된다. 아이들은 창을 통해 생각 근력을 키운다. 거기서 더 보탤 것도 없는 아이들의 숨결을 느낀다. 내 글쓰기는 아이들의 자양분에서 나오고 되돌려주고 싶은 마음이 충만할 때 나는 비로소 내가 질문하고 답하는 책상에 앉는다.

아이들은 계절을 먹고 산다. 한 계절마다 몸도 정신도 여름날 장맛비 반긴 풀처럼 쑥쑥 자란다. 천방지축 같은 아이도 오래 관찰하다 보면 행동 하나하나가 일관성을 유지한다. 감정 폭이 높고 낮은 아이만 있을 뿐이다. 성격 규정에서 나온 적성의 차이는 어른들의 사려 깊은 배려면 충분하다.

아이들 놀이터인 유치원 정원은 말이 트이고 생각이 빚어지는 현장이다. 그곳에서 생장하는 다양한 꽃이나 풀처럼 아이들도 다름의 공존이 왜 필요한지 본능적으로 익힌다. 나는 내 글이 한 편의 서정시처럼 아이들에게 스며들고 싶다. 내가 글을 쓰는 목적이 선명하면 그 과실은 아이들 차지가 되지 않겠냐고 즉문즉답도 해본다. 그뿐 아니다. 아이를 통해 내 자아가 성숙해지고 그들을 닮는 글쓰기도 나오면 좋겠다. 그러기 위해서는 용맹정진하는 글쓰기가 정답인지 모른다. 글쓰기는 생각을 모으는 행위이고 궁극적으로 삶의 본질이 충실한 심중에서 나온다고 나는 믿는다.

담쟁이학당의 글방이 열린 지 두 해의 여름이 지나갔다. 처음에는 어리둥절하고 앞이 보이지 않았지만, 어느 날 글 지푸라기가 잡히고 마음 문진을 새겨 글 밭을 가공할 원석을 캐낼 수 있었다. 생각의 씨앗을 심고 다지다 보니 글 세상이 조금씩 열리고 있었다. 한 줄 한 줄을 쓰고 숨은 행간을 읽어내는 훈련이 반복될수록 웅크리고 있던 감정들이 덩달아 출렁였다. 그러니 글쓰기는 나를 위한 선물이 되었다.

담쟁이덩굴이 벽을 타고 오른다. 왜 불볕더위에 오를까. 그것은 땀이라는 생존의 필수 도구가 자신이 견뎌야 할 숙명이라는 것을 알기 때문이리라. 나는 도반들과 함께 담쟁이덩굴이 되겠다. 여기서는 우열을 가르지 않고, 우리 사회의 교육환경에 담론을 제공하는 역할을 하겠다는 다짐을 해본다. 우리는 담쟁이 글방에서 함께 고민하고 흔들리고, 기쁨과 슬픔을 나누는 글쓰기를 통해 오랫동안 존재의 뿌리를 확실하게 내리고 싶다.

첫 수업이 시작되던 날, 첫 동인지 출간을 논한 글 스승님의 의도를 이제는 제대로 간파하겠다. 동인지 한 편으로 모든 것이 얻어지지는 않을 것이다. 그렇지만 동인지 한 편의 땀이 우리를 글감이 널리어 있는 글 밭에서 놀게 할 것이다. 도반들과 함께 동인지 발간을 준비하고 펴내는 과정이 정말이지 기쁘다. 감회가 새롭다. 항상 나를 응원해 주는 가족들과 하늘빛유치원 교직원 모두에게 감사한 마음을 전한다.

김송현 (교육학 박사)

경남 진해 출생. 유아교육과를 졸업한 후 유치원 교사로 근무하며 교육 현장에서의 경험을 쌓았다. 이후 30여 년간 유아교육의 길 위에서 아이들과 함께 배우고 성장하며, 전인적 발달을 돕는 교육에 헌신하고 있다. 책과 함께 배우는 즐거움, 질문을 통한 사고의 확장, 깊은 관찰로 이어지는 창의적 사고력 함양을 교육의 중심 가치로 삼고 있다. 시대가 변해도 변하지 않는 바른 인성과 태도, 그리고 따뜻한 소통의 힘이 자존감의 뿌리라고 믿으며 현재 무지개어린이집을 운영하고 있다. "성공의 경험이 쌓이면 자신감이 생기고, 실패의 경험이 쌓이면 면역력이 생긴다"는 신념 아래, 어제를 배워 오늘을 살고, 오늘을 배워 내일을 살아갈 아이들을 위해 배우고 가르치는 일을 멈추지 않는다. 경험만큼 소중한 교육은 없다는 마음으로 오늘도 감사하며 웃는다. 현재 유아행복연구소 수석 강사로 활동하며, 현장의 생생한 목소리와 따뜻한 교육 철학을 나누고 있다. | 공저 『쓰는 동안 내가 나를 위로했다』 외 3권

노랑나비

　　　　　　　　　　여름은 잎사귀 하나까지 초록물이 든다. 새벽 별을 보낸 풀잎은 젖어 있다. 일출 앞에 고개를 숙인 바람은 돌아눕는다. 더위를 먹은 작물은 한 생애 윤회를 되풀이하면서 여름을 보낸다. 꽃을 지운 나무는 불볕더위와 사투를 벌인다. 나는 여름철만 되면 유난히 목이 탄다. 더위를 먹어서가 아니라 목젖을 넘기지 못한 그리움이 시도 때도 없이 몰려오기 때문이다.

　어린이집 정원을 노닐던 노랑나비의 날갯짓이 우아하다. 날개를 활짝 펴고 뱅글뱅글 날아다니는 모습은 황홀하다. 마음의 언저리에는 노랑이 번진 회상이 서린다. 부모님 생각에 젖을 때의 '노랑나비'는 희망이다. 오빠가 가까이 있을 때의 '노랑나비'는 아픔이다. 울음을 삼키면서 슬픔의 시간을 견딘 노란 꽃들도 마음에 담아 둔다.

　여름날이면 나는 신이 난다. 그다음에 눈부신 비행을 한다. 추억과 상상이 곁들인 자유로운 영혼이 들락거린다. 이때는 자연과 한 몸이 된다. 세상이 나를 안아 줄 것 같고 무슨 소리라도 내지를 것 같다. 그러다 덩그러니 홀로 남는다. 나를 반기고 맞이할 그곳, 그리움이 손짓을 한다.

일에 한눈팔다 보니 단오가 지나갔다. 부모님 산소에 갈 준비로 분주하다. 마음이 둥둥 떠 있다. 이번에는 어떤 꽃으로 준비할까. 꽃 가게를 기웃거리며 한참을 망설였다. 노랗고 큰 해바라기는 엄마 꽃, 하얀 국화는 아버지 꽃, 붉게 물든 작약은 오빠 꽃으로 정했다. 이 꽃들은 꽃으로 피고 진다. 마음을 담는 꽃은 시들지 않는다. 오래 머물러 있어 그렇다. 아니 잠시도 떠난 적이 없다.

산소 입구에 노랑나비가 마중을 나와 살포시 어깨에 앉는다. 노랑나비는 내가 올 거라는 걸 어떻게 알았을까. 노란색은 아지랑이가 아른거리는 엄마 색이다. 두 손 벌린 엄마의 품속으로 파고드니 진득한 향기가 스며든다. 노랑은 따뜻하지만 온기를 걷어내면 고인 눈물샘이 솟는다. 고왔던 엄마. 송현이의 엄마. 산소에 올 때마다 살아생전 당신의 모습이 파노라마처럼 스친다.

나는 엄마의 속마음을 다 모르고 살았다. 내 유년의 엄마는 그저 가족의 생계를 건사하는 억척스러운 존재에 불과했다. 지금 곰곰이 생각해보니 당신도 한 여자의 사무친 그 무엇이 있었으리라. 가끔 살아생전 허무 꽃이 피었던 당신의 쓸쓸함이 언뜻언뜻 스친다. 산소 주위를 돌고 있는 흰나비가 파르르 떨고 있다. 그윽한 눈으로 바라보니 엄마의 환영이 사뿐사뿐 춤사위로 나를 반기고 있다.

입구에서 산소까지는 10분 정도 걸린다. 금세 달려가 엄마의 손을 잡을 것 같다. 새들이 지저귀고 나는 춤꾼으로 변신했다. 멧돼지들이 자주 출몰하는 것도 아랑곳하지 않고 큰 우산을 들어 톤을 높인 목소리로 노래를 부르고 개소리를 내면서 올라갔다. 무섭고 두렵기도 하

김송현　같은 듯, 다른 듯이

지만 산소는 나를 지켜주는 하늘이고 산이고 안식처다.

 산소에서 가족들을 만났다. 엄마는 모를 내고 피를 뽑고 벼베기 할 때는 어김없이 노래 한곡 뽑으시면서 고단함을 달랬다. 꽁꽁 얼어붙은 추운 겨울날 보리밭을 맬 때도 으레 '사랑에 배신자여'를 흥얼거렸다. 나는 엄마 옆에서 엄마 흉내를 내면서 보리를 밟고 장단을 맞추어 춤을 추곤 했다. 엄마는 그런 나를 쳐다 보고는 웃어주었다.

 잠시도 한눈팔지 않았던 엄마는 동네의 품앗이 대장이었다. 모내기철이나 가을걷이 때에는 동네 분들이 서로 도와달라면서 새벽부터 대문 앞에서 서성거리셨다. 모내기를 마치면 논두렁에 흙 이불을 덮어 구멍을 만들었다. 구멍 안에는 노란 콩을 3개씩 넣었는데 그 일은 내 몫이었다. 콩대가 올라오고 잎이 무성해질 때쯤이면 논두렁이 쩍쩍 갈라지기도 했다. 벼는 폭염에 사투를 벌이면서 익어가고 있었다.

 학교수업이 파하면 가방을 둘러메고 황금 벼가 출렁이는 논으로 갔다. 돌을 양손에 잡아 빈 깡통을 두드리며 큰 목소리로 "훠~이 훠~이" 참새들을 쫓는 허수아비 파수꾼도 나였다. 해 저무는 줄도 몰랐다. 엄마는 농사일을 돕는 송현이가 최고라면서 칭찬을 해주었다. 그 말에 더욱 신나게 일손을 도왔다.

 새벽에 논을 둘러보시고 출근했던 아버지는 부지런한 군무원이셨다. 퇴근 후에는 괭이와 낫을 들고 논으로 향했고 주말에도 쉼 없이 농사일에 매달렸다. 키가 큰 아버지는 음악을 사랑한 낭만적인 분이셨다. 우리 집에는 동네에서 가장 큰 전축이 있었다. 녹음기와 좌·우 스피커는 내 키보다도 컸다. 높다란 선반에 있는 L.P 판은 아버지가 목말을 태워줘야만 구경할 수 있었다. 아버지의 목에 감긴 나는 구름 위의 천사가 되었고 사랑스런 알토란이었다. 주말 저녁이면 우리 집은 소야곡이 무르익는 무도회장이 되었다.

장남인 오빠는 과묵했다. 농사일로 바쁜 부모님을 도와가면서 어린 여동생 셋의 공부도 챙긴 자상한 오빠였다. 마루 위 천정 아래 벽에는 '부지런하자'라는 커다란 액자가 있었고 우리는 무조건 새벽에 눈을 떴다. 지금도 그 습관이 이어지고 있다.

고작 서른 해를 사신 오빠는 하늘의 별이 되었다. 살아생전 부모님은 하늘이 뿌려놓은 눈물바다를 건너지 못하고 돌아가셨다. 논에서 보리 수확하고 남은 이삭을 불에 구워 주었던 오빠는 지금 내 곁에 없다. 새들이 노래로 창문을 두드릴 때는 오빠의 소리가 들린다. 부모님도 육십을 갓 넘기기 전과 넘긴 후 오빠가 계신 천상으로 떠났다. 우리 집은 집안의 대들보가 별이 된 이후에 웃음이 끊어졌다. 그 많던 논들도 모두 팔았다.

아버지와 어머니, 오빠는 어린이집 앞산에 옹기종기 모여 계신다. 아버지의 살아생전 소원을 이룬 셈이다. 이 산소에는 슬픔이 몰려오면 슬픈 꽃이 피고 눈물이 나면 눈물 꽃이 핀다. 언젠가 내가 그곳으로 돌아가면 우리 가족은 하하 호호 낄낄거리며 날밤을 세울 것이다.

산소 앞에 덩그러니 앉아 기억을 소환한다. 나를 들추어낸 기억은 그리움의 산을 넘는다. 산소에는 엄마가 좋아했던 보리수 열매와 자두가 달렸다. 생과 사를 연결하는 세월의 날갯짓에 두 팔을 벌려본다. 산소 아래에 펼쳐진 바다는 아득하다. 초록빛 바다가 윤슬로 빛나고 있다.

  해가 뉘엿뉘엿 저물고 노랑나비와 이별을 한다. 잠시 동안의 인연이지만 나도 노랑나비도 활기찬 날갯짓으로 이승을 유영했다. 이제는 헤어질 시간이다. 너의 날갯짓. 네가 건네준 찰나의 꿈들. 잘 가라고 노랑나비에게 손 흔들었다. 잘 있으라고 봉분의 머리를 짚는 나에게 여름은 울음을 삼켰다.

흔들 그네

　　　　　　　　　　흔들 그네를 탄다. 낮에는 아이들이 타고 새벽이나 저녁에는 새들이 타고 길냥이가 탄다. 밤에는 별들이 쪼로로 내려와 흔들 그네에 앉는다. 이 친구들이 자리를 잠시 비운 사이에는 내가 앉는다. 바람이 살포시 다가와 나의 등을 살짝 밀어주기라도 할 때는 어느새 사뿐해진 몸은 깃털처럼 가벼운 새처럼 허공을 가른다.

　이때는 흔들흔들 마음이 출렁인다. 지그시 눈을 감고 몸을 맡길 곳도 찾는다. 아니 그냥 내버려 둘 때도 있다. 곰곰이 생각해보니 고단하거나 쓸쓸함 같은 것은 내가 감당하는 증표 아닌가. 흔들 그네가 떠안은 공간에는 꿈이 떠다니고 희망이 떠다닌다. 살아온 인생사의 허무 꽃도 흔들 그네를 타면 피고 지기를 반복한다.

　흔들림은 떨림이다. 꿈도 희망도 살아 있을 때 떨린다. 이 얼마나 떨림의 존재가 신비롭고 아름다운가. 나처럼 삶의 흔적이 따라올 때는 끊임없이 흔들리겠지. 이건 누구에게나 쉽게 고백하지 못하는 인간의 본능이다.

　그네와 함께하는 순간은 어릴 적 추억을 상기시키는 특별한 시간

김송현　같은 듯, 다른 듯이

여행이다. 기다림이라는 희망은 놀이동산에다 설렘을 선물했다. 꿈은 놀이동산에다 동심을 퍼질러 놓았다. 특별한 시간여행을 탑승할 수 있는 존재는 살아 있다는 몸짓이다. 먼 길을 가기 위해 길을 나선 사람처럼 추억이 새록거리는 동심으로 되돌아가는 나를 보면서 깜짝 놀라기도 한다. 그때는 주름진 미간이 살짝 펴진다. 함박웃음도 퍼진다.

자신을 바라보는 흔들 그네는 경계선이다. 유년과 청춘을 소환한 경계선은 칠흑에서 우뚝 선 별처럼 밝게 빛났다. 그때 나는 얌전한 공주였고 조금은 앙칼진 새침데기였다. 지금의 나는 별이 잘 보이지 않는다. 세파에 시달리고 맞서다 보니 꿈이라는 별이 조금씩 멀어져 갔다. 그 별은 어둠이라는 경계선을 벗어나 시름시름 존재감을 잃어갔다. 별이 손에 잡히지 않으니 그윽한 눈빛이 사라졌다. 그래도 나는 별을 한시도 잊은 적이 없다. 별을 의지하고 사랑하니까.

아이들의 흔들 그네는 언제나 시소게임을 한다. 퍼드덕 날아오를 때는 친근한 비둘기처럼, 나뭇가지에 햇살이 걸칠 때는 먹이를 채운 참새들처럼 재잘거린다. 어떤 때는 설익은 꽃망울을 터뜨리는 천진한 꽃처럼 수줍게 필 때도 있다. 그러면서 흔들 그네가 흔들리고 거기에 앉은 아이도 흔들린다. 흔들리면서 커 가는 아이는 흔들리면서 중심을 잡는다. 지혜의 싹이 자라고 경험이 자라면서 평형을 이룬다. 뒤뚱거리는 오리가 잘 넘어지지 않는 이치다.

아이들은 꽃비가 내리는 놀이터에서 춤추고 노래부른다. 떨어지는 꽃잎처럼 스스로 흔들 그네가 되어 벌과 나비와 어깨동무를 하면서 하늘을 난다. 아이들이 그네와 함께하는 순간은 세상 어떤 감성물에 든다. 파란 하늘의 뭉게구름이 손짓할 때는 두 손을 들고 '안녕'이라고 인사한다. 어른들이 아이들에게 '안녕'이라고 말하는 것은 추억을 소환한 동심이 있었다는 말간 신호다.

  나에게 소중한 사람도 흔들 그네다. 사랑하기에 쉬 잠들지 못하고 흔들 그네를 탈 때가 있다. 잠을 뒤척이는 흔들 그네야말로 촉촉하게 젖은 눈물 그네다. 그런 사랑이 아름답다. 사랑은 아무리 채워도 비움이 남는다. 그대가 그립다는 허전함이다.

  혼자의 시간이다. 어린이집 높은 곳에서 내려다보는 풍경이 정겹다. 나에게 새로운 시선과 창의적인 생각을 생성시킨다. 풍경이 걷히든지 거두고 나면 새로운 희망이 샘솟는다. 흔들거림은 '무엇을 할 것이고 어떻게 살아야 하는가'를 이어주는 생각의 공간이다. 그러면서 나에게 변화와 성장을 추동하면서 용기를 북돋는다. 그러다 바람이 멈출 때는 안식을 준다. 삶과 죽음의 경계선이 아니라 삶과 삶의 경계선이 그어진다.

  가만히 있으면 바람 소리가 스친다. 마음이 평온하고 엄마 품과 같이 온기가 남는다. 달빛을 받은 저녁이면 나무도 동물도 나도 그네도 안식을 얻는다. 바람이 잠들고 어둠이 어둠 속에서 보금자리로 변신한다.

  유년 시절 내가 다녔던 초등학교에는 그네가 2개 있었다. 그네 타기는 하늘의 별처럼 둥둥 떠돌았다. 그네는 항상 다른 친구들의 몫이었다. 나는 그네 타기에 익숙하지 못했고 공포감을 동반했다. 그네를

김송현   같은 듯, 다른 듯이

잘 타는 친구들이 동경의 대상이었다. 그네 옆에서 얼쩡거리다가 쇠사슬 줄에 이마를 부딪친 적이 있다. 지금도 이마에는 흉터가 희미하게 남아 있다. 다친 이후에도 아픔보다 그네 타기의 동경이 더 간절했다.

아이들이 떠난 후 텅 빈 운동장에서 종종 그네를 타기도 했다. 팔과 다리에 힘을 주고 무릎을 굽히고 엉덩이를 쭉 내밀어 힘껏 하늘 높이 오를 때 내 존재가 세상을 다 가진 주인공이 된 심정이었다. 수업을 파한 어느 날이었다. 교장선생님께서 사택에 있는 그네를 타게 해주셨다. 처음 보는 그네였는데 그것은 흔들 그네였다. 나는 흔들 공주가 되었다. 꿈을 가득 담은 요술쟁이가 되었다. 꽃비가 춤추는 눈부신 백설 공주가 되었다. 웃음이 절로 나왔고 눈망울이 커지고 콧구멍이 벌렁거렸다.

어린 공주는 딱히 소원이 필요 없었다. 하루 내내 그네를 탈 수만 있으면 지금 이대로가 좋았다. 지금도 그때의 기분을 잊을 수가 없다. 공주의 감정놀이는 하늘도 내 것인 양 우쭐해졌다. 학교 운동장에 있는 쇠사슬 그네는 아버지처럼 씩씩하고 나무로 된 흔들 그네는 엄마처럼 안락했다.

중학교 수학여행 때 놀이동산이라는 곳을 가본 후 그네는 기억에서 멀어졌다. 처음으로 유치원 선생님이 되는 해에 아이들 그네를 타다가 원장님께 혼이 나기도 했다. 지금도 그네를 보면 조건반사적으로 그네를 탄다. 아직도 그네를 보면 심장이 쿵쾅거린다. 지난가을에 어린이집 숲 로프 체험할 때도 긴 밧줄 그네를 탔다. 지금도 그네를 보면 한눈팔 틈도 없이 그네와 놀고 있는 나를 보고 깜짝 놀란다. 고백하자면 외로움이 떠난 적이 없어서 그런가보다.

   행복은 추구하는 것이 아니라 발견하는 것이라 한다. 행복을 발견하는 것이 내 존재를 확인한 순간이다. 흔들 그네는 맛보는 행복이 아니라 청춘의 보약이다. 생각이 길어진 유년을 길어 올린 행복이다. 오늘도 어린이집 놀이터에서 흔들 그네를 탄다. 그네가 흔들릴 때마다 아이들은 스스로 중심을 잡는다. 아이들을 바라보는 그윽한 사랑도 중심을 잡는다.

김송현   같은 듯, 다른 듯이

감사는 조용조용
눈뜨는 별이다

맑고 청명하던 하늘이 어느새 잿빛으로 물들었다. 연두 잎사귀는 출렁이던 몸짓을 잠시 내려놓는다. 날개 가진 것들은 어디서 먹이질을 할 것인지, 날개를 접었다가 폈다 하면서 허둥댄다. 잿빛은 '불안'이라는 신호탄을 쏘아 올린다. 하늘도, 구름도, 바람도, 나무도 분주해진다.

하늘을 이고 땅을 밟으며 노는 아이들이 있다. 아이들 그림자를 바라보는 나무가 있고 등을 바라보는 새들이 있다. 구름은 쉴 새 없이 모양을 바꾸고, 햇살은 환한 웃음으로 반짝이며 춤을 춘다. 바람은 장난기 가득한 아이들 종종걸음을 훔쳐보다가 슬며시 달아난다. 수줍은 아이를 닮은 들꽃은 고개를 끄덕인다. 자연과 함께하는 하루도 어느새 해 저물어간다. 물들어가는 것은 마음을 가라앉히는 것. 두 주먹 불끈 쥔 손을 내려놓는 것. 순간과 영원, 낮과 밤은 다르지 않다는 시간 앞에서 묵상한다.

며칠 전, '무지개어린이집'에서는 양파와 마늘을 수확하는 체험 수업이 있었다. 그 얼마 전에는 상추와 얼갈이배추 체험 수업이 있었다. 이는 계절의 연속성에 맞춘 자연 수업이다. 일일 교사로 함께한 자원봉사 부모님들은 하천과 맞닿은 텃밭 입구에서 반갑게 인사를 나눈다. 삼삼오오 모여 이야기꽃을 피우는 사이, 작물이 놀이도구로 보이는 천진한 아이들의 눈빛은 금세 호기심과 설렘으로 반짝였다. "마늘을 먹어만 봤지, 이렇게 자라는 건 처음 봐요. 마늘쫑도 직접 뽑아보네요. 아이들 체험이 아니라 엄마인 제가 배워요.", "엄마야, 지렁이가 뱀처럼 생겨서 징그러워요.", "개구리가 너무 커서 무서워요." 어른들은 왁자지껄 반응하고, 아이들은 익숙한 듯 으스댔다. "나는 아기 때도 양파 뽑아봤어요. 우리 엄마가 큰 걸 많이 가져오라고 했어요.", "흙이 건강해서 지렁이가 있는 건가요.", "아빠 개구리가 가족을 지키고 있대요." 이내 "눈이 따가워요!", "매워요!" 하면서도, 양파를 뽑고 마늘을 캐느라 아이들의 손은 바쁘게 움직였다. 명균이는 "이거 옥수수죠? 할머니 집에서 먹어봤어요!"라며 해맑게 묻고, 여준이는 "그건 마늘이야. 선생님이 그렇게 말했잖아. 경청을 해야지."라며 또박또박 정정하면서 선생님을 바라본다. 이내 명균이가 "아, 맞다. 마늘이다 마늘", "저 마늘 먹어봤어요. 소고기 먹을 때요. 구운 마늘을 좋아해요! 오늘 엄마 아빠한테 소고기 먹자고 할 거예요!" 작은 텃밭에 펼쳐진 모든 일과는 넉넉함이 깃든 풍경이다. 자연과 가족이 하나가 되고 기억과 말들이 허공을 떠돌다 나란히 아이들 곁으로 쪼르르 몰려온다. 아이에게 줄 수 있는 최고의 유산은 사랑이 담긴 '부모의 언어'다. 부모가 어떤 말로 아이를 부르고, 어떤 언어로 세상을 설명해주는지가 곧 아이의 인생행로를 표기한 지도가 된다. 그 말은

김송현 같은 듯, 다른 듯이

기억이 되고 습관이 되며, 아이의 성품과 자존감을 키워가는 밑거름이라는 자양분이 된다.

　며칠간 이어졌던 변덕스러운 날씨에도, 우리에겐 간절한 기다림이 있었다. 소풍 전날이면 달력에 가위표를 그리며 비가 오지 않기를 바라던 유년의 마음처럼 마침내, 햇살이 비추고 기다리던 '아나바다 프리마켓'이 열렸다. 체험에서 직접 수확한 상추, 얼갈이배추, 양파, 마늘, 감자, 부추가 주인을 기다리고 있었다. '아껴 쓰고, 나눠 쓰고, 바꿔 쓰고, 다시 쓰는' 정신이 담긴 이 장터는 무지개어린이집과 학부모, 졸업생 가족, 이웃들이 함께 만든 감사 축제였다. 올해에는 부모님들이 상인이 되고, 아이들과 교사는 손님이 되어 마주했다. 물건을 사고파는 와중에도 아이들의 주제스피치 발표와 노래, 율동이 어우러진 장기자랑 무대도 펼쳐졌다. 이웃 주민들과 교사들까지 하나 되어 어울리는 풍경은 마치 오래된 시골 장터처럼 흥겹고 따뜻했다. 그날, 필자는 여고 시절 교복을 입고 무대 위에서 '숟가락 난타'를 연주했다. 나뭇가지에 매달린 솜사탕처럼 하늘하늘한 노래와 율동, 그리고 웃음. 장터의 온기가 해 질 무렵까지 퍼졌다.

　프리마켓 다음 날, 교실에는 익숙하면서도 낯선 합창 소리가 울려 퍼졌다. "빨주노초 랄라랄라~ 아파트 아파트~ 나는 내가 빛나는 별인 줄 알았어요. 반딧불~" 아이들의 떼창이 마당을 가득 메웠다. "폭삭 내렸수다!", "얼마인가요?", "100원 5개! 500원을 주세요!" 정겨운 말투와 익살스러운 표정들이 어우러지고 사방으로 돌아다녔다. 진짜보다 더 진짜 같은 시장놀이가 시작되었다. 아이들은 손님과 주인이 되어 물건을 사고팔며 돈의 흐름과 중요성, 종잣돈과 씨앗, 지폐와 동전 등 경제교육 시간에 했던 내용으로 자연스럽게 계산을 익혔다. 마당은 작은 연극 무대가 되었고 아이들은 삶의 현장에서 일어나는 체험을 실습했다. 그때, 한 아이가 외쳤다. "원장 선생님! 숟가락 가져오세요!" 프리마켓에서의 '숟가락 난타'가 아이들에게도 깊은 여운 같은 것이 남았던 모양이다.

   교육은 정보를 전달하는 것 이상으로 마음을 주고받는 예술이라고 한다. 그날의 시장놀이는 그 말을 오롯이 증명해 주었다. 아이들은 놀이 속에서 '공감'을 배우고, 협력하며 감정을 나누는 법을 익혔다. 그 작은 씨앗은 언젠가 아이들 마음속에서 튼튼한 뿌리가 될 것이다. 아이들의 언어는 지식이 아니다. 그들은 부모가 들려주는 말의 정원에서 살아가는 감성으로 꽃망울을 단다. 사랑스러운 말 조리개로 물을 주면 사랑스러운 삶을 살고, 귀한 말로 길러지면 귀한 삶을 살아간다. 그 언어는 아이의 자존감을 키우는 든든한 꽃대가 된다. 삶의 바람에도 흔들리지 않는 성장기 근력을 키운다. 우리는 자연과 함께 자라고 성장하는 아이들 곁에서 교육의 동반자로서 아이들과 함께 더 나은 공동체를 일구어 나갈 것이다. 그 모든 여정의 바탕에는 '감사'라는 조용조용 눈뜨는 착한 별이 될 것이다.

   감사는 늘 말없이 다가와 그 자리를 지킨다. 지친 하루 끝에 마주하는 따뜻한 밥 한 끼. 이름을 불러주는 다정한 목소리. 아무 말없이 건네는 따뜻한 눈빛 속에 숨어 있다. 우리는 많은 것을 너무 쉽게 당연하게 여긴다. 매일 마주하는 얼굴들이 있고 무사히 돌아오는 저녁이 있다. 마음 놓고 쉴 수 있는 품이 있고 시간이 흐르면 알게 되는 지난 세월을 그 모든 순간이 기적이었다는 것을. 감사를 품으면 조금씩 삶이라는 체온이 데워지는 온기를 느낀다. 불평하던 일상은 따뜻한 기억이 되고 서운했던 순간은 '그럴 수 있다'는 넉넉함으로 받아준다. '고맙다' 이 말 한마디는 마음의 무게를 덜어주고 사랑을 더 깊이 바라본다. 오늘 우리가 심은 감사의 씨앗이 아이들의 마음속에 오랫동안 남아 있기를.

꽃별 내리는 날

　　　　　　　　　　　별은 어둠이 깊어지면 밝게 빛난다. 엄동을 견디는 차가운 별은 눈이 부시게 빛난다. 제 홀로 외로움을 매달고 있다. 인생길도 그렇다. 꽃길을 걷는 사람은 앞만 보고 걷는 꽃별이 된다. 삶의 고단한 폭풍우가 몰아칠 때의 별은 몸져누운 상심의 별로 깜박인다. 별이 없는 세상은 삭막하다. 차마 부치지 못하는 편지가 아프듯이 두 눈 감아도 다 보이는 별은 한때는 '그 무엇의 언약'이 당신에게 건네진 진심이다.

　꽃을 꽃이라 부르지 못하는 금기어는 존재하지 않는다. 허공에 대고 말하면 허무 꽃이 핀다. 당신에게 건네지 못하는 속마음이 순정 꽃이다. 두 손을 맞잡은 '사랑 꽃'을 두고 작별하는 당신은 그의 하나하나를, 내 모든 것의 전부를 사랑했다는 증표다. 모든 것을 녹여버리는 용광로 같은 사랑은 뜨거운 입김이 서린 밀도가 오랫동안 여운으로 남는다.

　철 지난 그리움이 아프다는 것은 그 사랑이 연기처럼 피어올라 시린 마음을 헤집고 다니기 때문이다. 나를 보지 못할 것 같은 꽃별은

김송현　같은 듯, 다른 듯이

멀찍이서 숨어 있는 나를 보고 있는지 모른다. 상상이 상상을 입히는 속도는 화살보다 빠르다. 할 말이 있을 것 같은 당신의 꽃별 앞에서 나를 멈추어 세운다. 저무는 해처럼 한없이 작아지는 나를 토닥인다. 모든 이별은 기약 없는 독백을 늘어놓는다.

작은 꽃잎이 품는 가을 향기도 귀 기울이면 어둠을 휘적거리는 꽃별이 된다. 세상을 밝게 물들이고 찬연한 색상을 수놓는 소중한 존재로 태어난다. 별이 스르륵 잠이 들면 꿈이 보이고 어둠이 찰지게 영글어진다. 잠들지 못한 눈뜬 새벽 별만 홀로 빛난다. 별빛이 뿌려놓은 은하수는 풀잎을 흔들고 나무를 출렁이게 한다. 그 바람에 실려 오는 색색의 빛들이 두런두런 속삭인다.

가을꽃은 저녁노을이 번지듯이 사방이 향기로 가득 차 있다. 풀이 말라가는 논두렁과 꽃대만 남은 콩 두렁도 꽃향기로 스며들고 황금 물결을 이룬 벼 이삭도 노릇한 향기로 출렁인다. 추수가 끝난 들판이 어둠을 지새우면 이슬 꽃이 핀다. 겨울나무는 단풍으로 변심하고 납작해진 풀은 숨 죽인 계절에 순응해간다. 모든 사랑이 성장 과정이듯이 꽃이 피고 지는 것도 자신에게 주어진 성장통이다. 꽃이 계절과 이별한다는 것은 그 성장통의 끝자락에 팔딱이는 심연에서 마주친다는 것. 봄은 그렇게 그 모든 고통을 뚫고 올라온다.

꽃만 바라보면 소중한 기억을 떠올리게 한다. 추억이 부풀어 오르고 가슴이 벌렁거릴 정도로 진동한다. 꽃처럼 화사한 유년의 친구가 있었다. 노는 날이니 학교 수업이 파하면 그와 함께 들판과 산길을 싸돌아다녔다. 가을바람이 귓볼을 어루만지듯이 살며시 꽃에다 얼굴을 묻었다. 꽃을 꺾어 손바닥에 올려놓을 때는 몇 가닥의 손금이 감정선으로 간질간질 애를 태웠다. 그 작은 걱정이 마음속에 오랫동안 남았다.

　가을걷이가 끝난 들판은 완연히 달라진 헛헛한 풍경을 연출했다. 찬 공기 몇 번 지나고 나니 군락을 이루었던 풀은 자취를 감출 준비를 하고 있었다. 꽃이 떠난 자리에는 푸석한 풀잎들이 고개를 숙였다. 농사는 아버지의 직장 생활로 주말이 바빴다. 대농가를 일군 아버지는 천성이 부지런하셨다. 가을 한 철의 메뚜기보다 더 바쁘게 벼베기와 탈곡기를 돌렸다. 그때는 불빛이 없어도 별빛이 환했다. 이슥해지는 밤까지 쉼 없이 일했다. 벼 타작이 끝나면 우리 형제들은 주운 벼 이삭과 콩 이삭을 콩대로 불을 지펴 고구마와 함께 재잘재잘 까르르 넘어가면서 신나게 구워먹었다. 지금 생각해보면 별일도 아닌데 뭐가 그리도 우스운지 시커먼 얼굴을 바라만 보아도 웃음보가 터진다.

　술래잡기 놀이에 정신이 팔려 어느새 볏단 속에 숨었다가 잠이 들기도 했다. 별똥별이 호기심과 함께 떨어지는 밤하늘은 아름다웠다. 우주는 먼 나라를 동경하는 것처럼 신비로 채워졌다. 작은 꿈들이 이루어진다고 빌었던 달님과 별님은 늘 그 자리에서 나를 기다리고 있었다. 별 하나에 소원 하나, 별 둘에 소원 둘을 마음속에 담았다. 그때의 소원은 지금도 가슴속에 품은 현재진행형이다. 어둡고 힘든 날에 별을 꺼내어 본다. 상심한 별이 눈물별로 주르륵 흘러내릴 때는 슬픔을 왈칵 쏟아낸다. 고단함의 끝자락에 품고 있는 별은 마음의 안식처로 밝게 빛난다.

김송현　　같은 듯, 다른 듯이

익어가는 가을밤이다. 어린이집 가족들과 김해 분성산 정상에 자리 잡은 천문대에 올라 별자리 탐방을 하였다. 해 질 무렵, 산허리에서부터 걷기가 시작되었다. 입구에서부터 별들의 세상이다. 금세라도 지상에 뛰어내릴 것 같다. 아이들을 반기는 것은 토끼, 닭, 돼지, 원숭이 등 동물 별자리들이다. 가족 별자리를 찾으면서 우주여행을 시작하였다. 우주를 옮겨 놓은 듯한 태양계 행성들이 꿈틀거린다. 수성, 금성, 지구 등 행성에 대한 이야기꽃을 피웠다. 별 야광이 비춘 비단 별빛 길에서는 광대처럼 온몸을 흐느적거리며 별들의 축제를 함께 즐겼다.

　가을 별자리 속에 숨겨진 전설들과 은하수의 사랑 이야기와 사냥꾼 오리온의 용맹함이 하늘 가득 채우고 있다. 북두칠성과 북극성 이야기들은 우주 영상과 '천체투영실'에서 반짝반짝 설명을 들었다. 천체관측에서는 대형 망원경으로 촘촘하게 빛나는 별을 보았다. 별이 꽃처럼 화려했고 꽃처럼 알록달록한 별들은 무한대의 비밀을 간직한 상상의 세계로 다가왔다. 꽃별 축제에 내려앉은 빛의 이야기를 마음속 깊이 새기면서 시간을 정지시켰다. 우주 공간은 생각이 머무는 정거장이다. 동심 비가 하늘에서 내렸다. 소중한 사람과 함께하는 행복한 순간들이 이어졌다.

　별은 스스로 고독한 여행자고 내 삶의 동반자다. 나를 안내할 때는 어둠 속에서 남몰래 눈물을 흘리는 별이였다. 그런 눈물샘이 열릴 때마다 가늘게 떨리는 심연의 꽃이 피었다. 우주를 떠도는 빛이 흐르는 비가 되고, 빛의 조각들이 몇 광년을 견뎌 어둠 속에서 피었다 지는 꽃이 희망이 되었다. 찬란한 가을의 향연에 고맙게도 꿈을 초대해 주었다.

나도 별이면 얼마나 좋을까. 속세의 별이라도 기꺼이 받아들이리라. 오늘 밤은 꽃별이 내린다. 마음속에 소원을 하나 담는다. 단풍이 지고 낙엽이 속삭이는 늦은 가을에 타임머신에 올라 특별한 시간여행을 떠난다. 동심만큼은 계절이 오고 가고 해가 바뀌어도 꽃별 색깔이 여전히 빛난다. 어두움을 휘저으며 쪼르르 내려온 꽃별들이 아이들의 어깨에 앉아 콩콩콩 총총총 춤춘다. 아이들에게 새로운 꿈을 물들인다. 영원히 반짝이는 그 처음의 모습처럼.

김송현 같은 듯, 다른 듯이

봄에는,
봄 아닌 것이 없다

벚꽃이 간지럼을 타는지 살랑살랑하다. 꽃잎 날리는 봄바람이 실실하게 웃는다. 모처럼 미세먼지가 물러나니 하늘이 청명하다. 벚나무 아래서 노니는 아이들도 서로의 얼굴을 보면서 장난기가 발동한다. 봄소식은 나뭇가지를 파고드는 바람에서 오고 대지의 눈금을 지우는 촉촉한 비에서 온다. 산과 들이 꿈틀거리고 창공이 휘파람 소리로 덮는다.

아이들에게 '봄'은 선물 한아름이다. 와와! 이야! 까르르 까르륵! 눈웃음과 목청을 틔운 고운 순음이 사방에 널린 놀잇감 앞에서 탁음으로 넘어간다. 아이들 세상 문이 저절로 열리고 에너지가 쑥쑥 발산된다. 재잘재잘과 홍얼홍얼로 왁자지껄하다. 어쩐 일인지 신학기만 되면 반복되는 울음도 뚝 그쳤다.

아이의 놀이는 소리를 생성한다. 호기심이 발동하면 노랫소리로 장단을 만든다. 선생님이 놀아주면 함박웃음을 짓는다. '놀이가 강한 어린이집'은 필자의 오래된 꿈이다. 놀면서 생각하는 아이는 '봄이 어디서 올까'로 고민한다. 봄의 진원지를 생각하다 보면 꽃이 핀 자리에 꽃이 진다는 섭리를 알아차린다.

　봄이 얼었다. 꽃샘추위가 허둥지둥거린다. 잠시 눈뜬 봄볕이 말랑말랑하다가 세찬 칼바람을 불러오기도 하고 북극에서 밀어닥친 눈발이 어렵사리 틔운 꽃망울을 짓이겨 놓기도 한다. 춘삼월인데 땅이 얼고 강이 얼고 어린 새싹이 제 몸을 가누지 못하고 있다. 먼저 도착한 봄의 전령사들이 갈피를 잡지 못한다.

　성가신 봄이다. 세상 밖으로 나오고 싶었던 아이들은 꽃단장하고 4월을 기다렸건만, 돌풍과 진눈깨비에 얹힌 꽃을 데리고 되돌아왔다. 봄바람의 심술에 불청객이 되어 떠난 자리에는 못다 핀 매화도 목련도 자신이 누울 자리로 돌아갔다. 그렇게 3월 내내 꽁꽁 움츠렸던 벚나무가 고맙게도 요 며칠 사이에 꽃망울을 팡팡 터뜨려 주었다. 어린이집 앞마당의 작은 배꽃이 피는가 싶더니 사과꽃, 앵두꽃, 자두꽃, 보리수꽃도 빼꼼히 얼굴을 내민다. 꽃샘추위도 봄 향기 진객 앞에 멈춘다.

　봄의 아이는 눈이 부신다. 어린이집 아이들과 실내수영장에서 생존 수영 수업을 마치고 돌아오는 길에 "와! 벚꽃이다. 춤추는 벚꽃들 봐라. 벚꽃들이 어푸어푸 헤엄치고 다녀요." 아이들 몇이가 외치는 소리 나는 쪽으로 고개를 돌려보니 벚꽃이 하늘을 가르는 수영을 하고 있다. 아이들 동심은 펴는 자리가 축제장이다.

　벚꽃 날리고 춤추고 헤엄친다. 놀다가 지친 꽃잎은 아이들 동심을 받아먹은 후 길바닥에 소복하게 앉는다. 눈망울이 커진 아이들은 "꽃잎이 날 따라와요, 내가 좋은가 봐요, 그래그래 나 한테로 와, 와 내

김송현　　같은 듯, 다른 듯이

손바닥에 왔어요." 어느새 새침데기 유하가 꽃잎을 잡으면 소원이 이루어진다고 말하자 호기심 많은 유나는 "나, 꽃잎 잡았어. 소원을 빌 거야. 귀엽게 해달라고 할 거야." 아이들의 놀이와 언어는 생각들이 흘러가는 물도랑이다. 만물과 교감하는 들판에 풀어놓으면 자연을 닮는다. 아이들은 놀기 위해 새벽에 눈뜨고 한낮에 기웃거리고 밤에는 상상으로 채운다. 추워도 따뜻해도 더워도 비가 와도 놀고 또 놀고 싶은 존재다. 빨갛게 노랗게 빚어낸 단풍은 감성을 키운다. 열매가 열리면 바라보아도 배가 부르고 놀면서 자라고 꿈꾸면서 성장한다.

3월에 필자가 종사하고 있는 어린이집이 경상남도 교육청 유보통합추진단에서 추진하는 어·초 이음 교육^{이음 학기} 시범 운영 기관으로 선정되었다. 어·초 이음 교육이란 어린이집에서 상급학교인 초등학교로 이어지는 일련의 도입과정을 통한 교육 현장을 정밀하게 분석하고 연구하고 적용하는 체계적인 시스템 구축이다. 이는 유아의 전인 발달에 필요한 기초역량을 기르고, 평생학습 토대를 형성하는 누리과정에 기반한다. 양질의 영유아기 교육 경험은 이후 학교 교육 및 성인 삶의 질까지 영향을 미치는 생애교육 차원에서도 중요한 합목적성을 수반한다.

누리과정은 급변하는 교육환경에 대처하는 중장기적 전략의 일환이다. 그만큼 선진 역량을 갖춘 한국의 교육여건이 성숙되었다는 걸 의미한다. 첫돌에서 두 돌 나이의 보육 과정과 5세의 맞춤형 교육과 초등학교의 내실을 다지는 개성교육으로 이어준다. 그러기 위해서는 교원의 역량 강화와 부모 인식 개선 등이 선행되어야 한다. '누리과정'은 이 모든 것을 교육현장에서 수용하고 적용하는 선진 시스템이다.

4월에는 경상남도 유보통합추진단에서 공모한 '거점형 돌봄 기관 시범 운영'에 응모하여 선정되었다. 기쁨은 잠시고 중압감이 내민 책임감이 어깨를 짓누른다. 앞으로 '잘할 수 있을까'라는 고민의 흔적이 쌓일 것이다.

거점형 돌봄 기관이란 유치원과 어린이집 중, 돌봄의 중심 역할을 하는 기관을 '거점기관'으로 지정하는 형태를 말한다. 이는 인근의 타 기관 2개 이상 돌봄 필요 유아 등을 포함한다. 지역 상황 및 기관 여건과 접근성을 고려하고 학부모 수요 등을 반영한 방과 후 저녁·방학·토요·휴일 돌봄 방식으로 운영한다. 이는 다양한 돌봄 운영 모델을 발굴하고 돌봄 취약 가정의 요구를 반영한 수요자 중심의 맞춤형 돌봄이다.

거점형 돌봄 프로그램은 영유아기 교육환경을 획기적으로 개선할 것이다. 학부모의 양육 부담을 줄이는 토요 돌봄 및 유아의 안전과 놀이 중심의 기초 면역력 강화는 돌봄 공백의 최소화라는 시대적 소명에 부응할 것이다.

언제부터인가 저출산은 국가 비상 상태로 회자되는 우리 사회의 우울한 자화상을 남긴다. 유아교육 현장은 아이들 동심처럼 역동적이다. 경상남도 유보통합추진단에서 총 2곳만 선정하여 추진하는 거점 토요 돌봄 협의회를 도 교육청에서 김영이 단장님과 박정숙 장학

관님 연희정 장학사님의 진행으로 실시하였다. 인근의 타 유치원과 어린이집이 협력하여 만들어 나갈 방향제시와 현장의 여론을 경청하고 질의하고 응답하는 시간은 진지했고 다양했다.

  창문을 열고 가만히 귀 기울인다. 바람이 살랑거리는 소리. 새싹이 흙살을 비집고 올라오는 분투기가 어른거린다. 영감이 주르륵 봄의 문턱을 넘고 있다. 꽃잎들이 헤엄치고 아지랑이는 기지개를 켜고 일어난다. 눈에도 귀에도 봄이고 아이도 새싹도 나무도 바람도 봄이다. 시끌벅적한 아이들 소리도 들리는 완연한 봄이 왔다.

어머니의 밥상은
삶의 언어입니다

오월입니다. 가시 있는 꽃들이 더 많이 향기를 낸다는 계절입니다. 찔레꽃과 장미가 그렇고 탱자꽃이 그렇습니다. 발톱을 숨기는 맹수도 단 일격의 찰나로 먹이를 낚아챕니다. 가시를 내는 건 꽃이 만든 향기를 깊고 멀리 보내기 위함입니다. 발톱을 숨기는 건 오늘 사냥하지 않으면 새끼들이 굶고 있다는 냉엄한 자연의 법칙을 알고 있기 때문입니다. 용감한 맹수는 자식을 굶기지 않습니다. 장미도 찔레도 군락을 이루어야 더 많은 향기를 냅니다. 장미의 붉은 향기는 담장을 넘고 찔레의 하얀 향기는 사람의 마음을 흔들어 놓는다고 합니다. 어느새 장미가 담장을 넘어오고 풀섶마다 하얀 찔레 향기가 번지는 걸 보니 어머니가 제 곁으로 성큼성큼 걸어오고 있습니다.

눈을 감은 채, 어머니를 떠올려봅니다. 살아생전의 어머니도 자신에게 엄격한 가시 꽃이었습니다. 달곰하고 기름진 음식과 안락을 멀리했습니다. 자신을 소진하고 찌르면서 우리 가족을 건사했습니다. 들판의 곡식은 어머니의 땀과 눈물이 배어 있습니다. 그러니 어느 계

김송현 같은 듯, 다른 듯이

절이든 바람이 귓전에 닿기만 하면 당신의 향내가 스며듭니다. 그 향기는 산들바람처럼 조용히 다가와 저를 어루만집니다.

봄은 어머니의 계절입니다. 벚꽃이 흩날리는 날, 가족과 작별의 손 흔드는 어머니가 흩날렸습니다. 아니 꽃잎에 얹혀 하늘 여행을 떠났습니다. 어머니 유년에는 하늘의 별이 당신의 별이었습니다. 꿈을 꾸었고 언약을 하고 생각에 잠기기도 했을 겁니다. 자식을 키우고 살림살이를 할 때는 그 별들이 자식의 별이 되었습니다. 이제는 어머니가 하늘의 별이 되었습니다. 나는 어느 별이 어머니별인지 알 수 있습니다. 동터 오는 아침까지 남아 있는 그 별이 어머니별입니다. 봄이 손짓하고 어머니별이 손짓하지만 나는 다가갈 수 없습니다. 이름 석 자, 마음 깊은 곳에서만 조용히 불러봅니다.

삭풍이 몰아치던 겨울이었습니다. 오빠별 옆에 아버지별이 홀연히 반짝이고 있습니다. 여름이 오기도 전에 오빠는 부모님 곁을 떠나 천상의 작은 별 되었습니다. 나만 홀로 남겨 놓고 별 가족이 되었습니다. 나는 낮에는 일하고 밤에는 조용조용 불 밝히는 하늘별 우리 가족을 만납니다. 나는 지상의 별입니다. 떨어진 낙엽처럼 바람에 쓸리어가고 숨쉬는 일조차 버겁고 그리움에 무너집니다. 어둠 속에서 길을 잃은 아이처럼 숨죽여 흐느낍니다. 해마다 잊지 않고 찾아오는 가족의 계절인 이 봄에 당신을 부르고 또 불러봅니다. 사랑은 떠난 뒤에야 비로소 또렷해지고, 그리움은 남겨진 자의 시간을 천천히 채워갑니다.

어머니의 봄, 아버지의 겨울, 오빠의 초여름을 보내고 가을에 홀로 남았습니다. 잎이 지고 바람이 스치듯, 소리 없이 스며든 상실의 계절인 가을만 오면 나는 조금씩 무너지고 조금씩 일어났습니다. 숨결이 꿈틀대는 순간마다 무언가를 잃고 또 얻으며 나는 '가족'이라는 이름을 다시 부르게 되었습니다.

어버이날에 경로잔치를 열었습니다. 어머니에 대한 그리움에서 시작된 이 잔치는 이제 해마다 이어지는 연례행사가 되었습니다. 어머니가 삽과 낫과 호미로 일군 논밭 대신 제 사랑을 얹었습니다. 아이들이 고사리손으로 만든 빨간 카네이션과 삐뚤빼뚤 눌러 쓴 "엄마, 아빠 사랑해요. 할머니, 할아버지 건강하세요." 그 말은 세상에서 가장 귀한 선물이 되었습니다. 방문하신 어르신 가슴에 곱게 꽃을 달아 드리는 순간은 영원히 잊지 못할 한 편의 명화처럼 가슴에 남았습니다.

아이들은 천진한 재주꾼입니다. 사랑밖에 모르는 아이 앞에 어른들은 처음에는 눈을 껌벅껌벅하다가 분위기가 무르익으면 박수로 환호하고 박장대소합니다. 춤추고 노래 부르고, 동화 읽고 안마해 드리며 "사랑해요"를 속삭이고 큰절을 올립니다. 강빈이는 공연 전부터 낯선 환경이 불안했는지 눈물을 보였습니다. 공연이 끝날 때까지 울면서도 춤을 추고 노래를 이어가 큰 웃음을 안겨 주었습니다. 무대 위와 아래를 뛰어다니며 스포트라이트를 받은 우진이와 본인은 하지 않고 옆 친구에게 계속 잘하라면서 용기를 북돋아 주는 서우와 마이크를 꼭 쥐고 놓지 않던 원우와 그 친구와 친구들의 공연은 빛났습니다. 어르신들은 당신 자신의 고독을 잠시나마 잊은 채 그윽한 눈빛

김송현   같은 듯, 다른 듯이

으로 품어 주셨습니다. 그 눈빛에서 생전의 어머니와 아버지의 모습이 보였습니다. 살아 계실 때 다하지 못한 마음이 조금이나마 위안이 되었습니다. 약과와 주스, 따뜻한 밥 한 끼로 잔치는 마무리되었습니다. 깊고 오래 남을 밥 한 끼 대접은 맛난 정입니다. 돌아가는 어르신들의 뒷모습을 배웅하는 황혼이 포근하게 감싸고 있습니다.

어머니의 밥상은 삶의 언어였습니다. 어머니의 손끝에서 조몰락조몰락한 음식은 군침이 도는 진수성찬입니다. 자식들은 전봇대에 앉아 가을 추수를 지켜보는 참새떼처럼 쫑알거렸습니다. 따뜻한 밥 한 끼로 세상의 고단함을 견딜 수 있는 인생 근력을 키울 수 있었습니다. 유년은 삼촌과 고모들과 이종사촌 오빠에다 우리 집 식구까지 늘린 대가족이 한 지붕 아래서 살았습니다.

고모와 삼촌들은 월급날이나 어버이날이 되면 할머니와 11남매의 장남인 아버지께 선물을 드렸습니다. 나도 사회 초년생인 유치원 교사로 첫 월급을 받아 가족 모두에게 내복을 사드렸습니다. 어버이날은 할머니의 한복 저고리에 빛나는 브로치와 아버지 신발을 장만했습니다. 그런데 어머니 선물은 하지 않았습니다. 그때 어머니가 얼마나 슬퍼했을까요 지금 내 나이가 당시의 어머니 나이를 넘기고 보니 어머니 마음을 헤아리게 됩니다. 여자의 나이는 소녀의 감성 나이를 넘기지 못한다는 사실을 그때는 몰랐습니다. 가슴 깊숙이 묻어둔 불효자로 남은 자화상이 부끄럽기만 합니다.

오늘은 어머니 기일입니다. 따뜻한 밥 한 상을 정성스레 차려 올립니다. 감사와 사랑을 담았습니다. 어머니 이름을 수도 없이 불러봅니다. 웃고 있는 어머니도 보이고 쓸쓸해지는 어머니도 보입니다. 나를 낳아 기쁨에 겨웠을 어머니를 연상하니 지금 내 곁에 어머니가 있다는 걸 느낍니다.

　어머니의 부재는 내 안에 조용히 자라나는 그리움의 또 다른 이름이었습니다. 그 모든 것이 사랑이었다는 것을 이제야 조금씩 알아갑니다. 그리움은 어머니 부재를 지탱하는 힘입니다. 감사한 마음이 생기면 자연스레 어머니를 회상하는 기도로 마무리합니다. 어쩌다 상실감이 생기면 회복이라는 탄력이 따라옵니다. 지금도 내 마음에 숨결을 잉태하는 어머니가 보고 싶습니다. 가족이 그립습니다.

김송현　같은 듯, 다른 듯이

나도 한때는
문학 소년이었거든

　　　　　　　　　　타닥타닥! 빗소리가 금요일 저녁을 두드린다. 마음 문을 여니 더 크게 들린다. 어둠에 떨어지는 빗소리와 장단을 맞추다 보니 어느새 나를 붙들고 있던 생각을 놓아버린다. 대지에 꽂이던 태양도 고개를 숙이고 얼음 불꽃이었던 청춘도 소리 소문 없이 희열을 내려놓는 여름 초입의 어둠이 적막을 불러들이고 있다. '비야 죽죽 퍼부어라'가 아닌 '계절의 발자국을 따라 조용히 내게로 오렴'의 간절함이 타닥거린다.

　　일 중독자인 나는 시간의 유장함을 모르고 산다. 하루는 더디게 지나가고 일주일은 빠르게 넘어가고 한 해는 번갯불에 콩을 볶아먹는다. 정말이지 정신없이 살았다. 이건 아닌데 하면서도 그렇게 앞만 보고 쉼 없이 달려왔다. 그러다 어느 날부터 조금씩 틈새의 쉼표가 보이고 나에게 '위로'라는 선물을 준비하게 되었다. 그다음부터 풀잎에 얹힌 영롱한 이슬이 보이고 자연의 하모니인 빗소리가 크게 들렸다. 빗소리는 샘물이 되어 목을 축이고 빗방울을 모은 단비의 소중함을 알게 되었다.

지난 금요일, 진해 안골만은 어둠의 불빛 사이로 초여름 비가 내리고 있었다. 거기에는 유년의 온기가 배어 있으니 달짝지근한 곳이다. 바다와 함께 숨을 쉬는 곳이니 심장이 뛰고 맥박이 들숨 날숨을 한다. 유년의 친구가 있으니 한달음에 마음의 안식처로 변신한다. 정적이 밀려올 때는 쓸쓸함을 벗겨내려는 바다처럼 신음을 토해낸다.

　　유년의 친구를 만났다. 하얗게 웃는 모습이 천진하다. 꾸밈이 없으니 진솔하다. 나무를 알현하면 신성한 나무로 보이듯이 그는 제 몸 다 내준 바다처럼 '무엇을 내줄 것인가'로 고민하는 표정이 안온하다. 일그러진 얼굴을 본 적이 없기에 그의 아픔과 쓸쓸함과 괴로움을 모른다.

　　얼마 전 고향 집 앞 바닷가에 식당을 열었다는 친구의 소식을 듣고 그리운 얼굴을 떠올리며 발걸음을 옮겼다. 어릴 적에 학교 가방보다 고기잡이 배 키를 더 자주 잡았던 그는 세파에 찌든 나를 멋쩍은 듯 바라보고 미소를 짓는다. 남해안 연안 바닷가에서 물고기를 잡아 왔다며 환한 얼굴로 반긴다. 검게 탄 얼굴과 번뜩이는 하얀 이는 예전의 그답게 순박해 보인다. 헝클어진 머리와 검은 개 흙이 묻은 옷과 파란색 긴 장화를 신은 친구는 영락없는 뱃사람이다. 착한 본심이 다 보이는 친구라 반갑기만 하다.

　　지나온 시간은 우리를 다른 환경에 적응하도록 바꾸어 놓았다. 나는 많이도 변했지만, '순수함'과 잘 어울리는 그는 옛날 그대로다. 마음 씀씀이가 초라하지 않았고 그가 풍기는 곳곳에는 어릴 적 흔적이 남아 있으니 고지식하면서 따뜻하다. 바닷가 앞에 설치한 천막 안으

김송현　같은 듯, 다른 듯이

로 들어서자 빗소리가 사납게 때렸다. 빗방울이 두드린 리듬에 맞춰 벅찬 환희가 몰려왔다. 이 모든 것이 자연이 주는 위로이자 선물이다.

자연과 잘 어울리는 친구가 내 곁에 있다. 사시사철 동심을 먹는 아이들이다. 어린이집 앞 숲 놀이터에서 아이들과 함께했던 하루는 더운 날 오솔길처럼 사뿐하다. 어린이와 성인용으로 구색을 갖춘 인디언 텐트와 가족용 텐트를 숲속에다 진을 치고 그림책 놀이를 했다. 각자의 배역이 각자의 주인공이 되었다. 선생님은 백설 공주를, 아이들은 일곱 난쟁이를, 나는 공포감을 주는 마녀가 되고 형들은 왕자를, 동생들은 토끼와 사슴 배역이 새로 주어졌다.

그림책을 손에 쥔 채로 텐트 안팎과 나무 뒤와 숲속 구석구석에서 뛰어놀았다. 텐트 밖으로 나와 놀아야 할 아이들이 신기한 동굴 같은 텐트 안에서 둘러앉아 한참을 낄낄거리며 웃는다. 아이들에게 자연이 최고의 교실이 된 셈이다. 몸이 반응하고 생각이 잡히는 시간이 길어질수록 오랫동안 추억을 만든다는 사실을 아이들은 교실이 아닌 자연에서 더 살갑게 배운다. 아이들에게 있어 숲은 본능에 충실한 나무의 가지 뻗기처럼 목마름을 채우는 샘물로 허기진 호기심을 분출한다. 자연 앞에서 그윽한 눈빛도 빛나고 마음의 평정심도 생긴다는 원리를 알아간다.

빗방울이 바다에 포개지고 정적이 감돈다. 플라스틱 테이블에 놓인 의자에 몸을 기대고 눈을 감는다. 천국이 있다면 인간의 군상들과 떨어져 있는 이런 곳일지도 모른다. 소박하고 조용한 것이 묻어 있는 곳. 마음을 툭 놓아도 여운의 골짜기가 만들어지는 곳. 지긋이 눈감고 유년의 추억이 머무는 바다의 석별을 떠올려 본다.

　유년의 바다는 싱싱했다. 아버지와 할머니의 밥상에 오른 생선이 도톰했고 따로따로 차려진 우리 밥상은 푸른 들판 같았다. 나는 아버지 밥상을 기웃거리며 일부러 천천히 밥을 먹었다. 생선이 남겨지기를 기다리다 보면 군침이 돌았다. 엄마와 아이들 밥상에는 생선 대가리만 들어간 노란 냄비에 김치를 넣고 끓인 찌개가 올라왔다. 생선 보태기인 너는 커서 바닷가 어부한테 시집갈 거라는 아버지의 놀림이 그리 싫지 않았다.

　유년의 바닷가는 거대한 뻘밭이었다. 먹거리가 얼마나 많았던지 손만 뻗으면 실한 조개들이 거품을 물고 올라왔고 꼬막과 새조개를 한가득 담아와 식구들과 저녁 성찬을 즐기기도 했다. 한 번은 조개 잡기에 푹 빠져 물이 드는 줄도 모르고 놀다가 발이 바닥에 닿지 않자 그 많던 조개를 다 던지고 죽을 힘을 다해 헤엄쳤다. 둑은 끝없이 멀게만 느껴졌고 "사람 살려!"를 외치며 겨우 살아나왔다. 엄마의 야단이 시작되었고 그날의 깊은 상처는 지금도 공포를 동반한 흉터로 남아 있다. 그 후에도 학교 수업만 마치면 책가방을 팽개치고 바다로 향했다. 그렇게 놀았던 추억 밭이 나를 지탱하는 힘이 되어 주었다. 그리운 친구들. 안아주고 싶은 널린 바다의 추억들.

　빗방울은 멈추지 않는다. 분위기에 젖고 무르익는다. 바다가 선물한 갓 잡은 해산물이 상위에 고스란히 차려진다. 친구의 손놀림이 빨라지고 뱃사람의 투박한 마음이 담긴다. "해물이 없을 땐 조개랑 삼

김송현　같은 듯, 다른 듯이

겹살도 굽지. 계절 따라 맛이 달라져." 멋쩍게 웃으며 내민 정갈한 상차림에서 그의 본성의 깊은 심중을 알아차린다. 식당 이름이 "고기랑 해물이랑"과 잘 어울리는 친구의 민낯이 있는 그대로의 '순수'로 톡톡거린다. "비 오는 날엔 괜히 마음이 북받쳐 이 천막을 만들었어. 나도 한때는 문학 소년이었거든. 바다랑 매일 대화해." 들물의 파도보다 더 깊은 눈빛이 그윽하다.

　우리는 유년의 기억 속을 오래도록 헤엄쳤다. 유년의 웃음 짓던 동심이 빗소리에 실려 다시 젖어 든다. 아무것도 바꾸지 않아도 행복한 순간과 그 자체로 충분했던 위로를 얻었다. 바다는, 그렇게 내 마음 끝에 닿는 심연의 그 무엇을 어루만지고 있다. 그 무엇이 그 무엇을 잉태하는 아름다운 흔적을 남기는 빗방울의 향연이 줄기차다.

바람의 향기

바람이 속삭인다. 부드럽다. 조금씩 음미하면서 새겨 보아야겠다. 송골송골한 소금기는 얼굴에 살포시 앉는다. 잠시 침묵이 흐르고 청명한 하늘을 올려다보았다. "맑음"이다. 햇살이 작열하고 더운 입김이 제풀에 스러진다. 바람 한 점까지 다 내놓아야 적성이 풀리는 금년 여름은 기후 폭군의 일상이었다.

 여름의 끝자락에 남해 창선 고사리밭을 걸었다. 남파랑 길로 이어진 그곳은 푸른 고사리가 덮었다. 흙을 비집고 올라온 고사리는 연약했다. 작은 바람에는 가늘게 떨었다. 이렇게 많은 생명이 더운 열기를 뚫고 얼굴을 들고 있다. 고상하고 푸릇한 생명의 몸짓에 날개라도 달아주고 싶다. 두 손 벌려 안아주고 싶기도 하고 눈길이 가는 데로 손 흔들고 싶다. 심기가 불편하거나 건조한 사람은 고사리 밭길이 얼마나 심금을 울리는지 알지 못할 것이다. 심해의 밑바닥에 닿는 심연보다 군락 속에서 불끈불끈 얼굴을 내미는 초록들이 얼마나 뜨겁게 생명줄을 끌어당긴다는 사실을.

 바다를 사이에 두고 수우도와 삼천포가 마주한다. 풍광이 빚어낸 섬들 사이에는 은빛 파도가 일렁인다. 서쪽 바다에는 웅장한 '창선삼

김송현 같은 듯, 다른 듯이

천포대교'가 한눈에 들어온다. 태고부터 이 바다를 하늘이 길을 열었고 새들이 날았다. 그다음 배들이 사람들을 남해로 실어날랐다. 그다음 다음에는 기어코 육중한 다리를 놓아 섬을 지웠다.

섬은 존재로 각인되면 광채로 번지고 외로움을 견딘다. 지우거나 망각하면 마음속 사막으로 남는다. 늦은 가을날 가지 끝에 대롱대롱 매달린 감을 봐라. 홀로 빛나던 광채가 눈부시지 않던가. 섬은 그리움의 대상이다. 떠나고 싶은 섬에서 파도와 갈매기와 푸르스름한 어둠과 그 별과 상봉하는 뜨거운 재회를 상상해 봐라. 인간의 나잇살과 나무의 나이테와 같이 외로움이 착착 포개지는 그 섬에서 홀로 남겨진들 무엇이 두려운가. 연륙교가 놓이기 전의 남해 창선도는 그런 섬이었다.

고사리밭 가장자리에는 키 큰 밤나무가 길손을 반긴다. 나뭇가지에는 초록의 밤송이가 땀을 흘리고 있다. 폭염에 아무런 무기도 되지 못하는 푸른 가시를 달고 맞서고 있다. 육안의 토실한 밤톨도 종국에는 인간의 발바닥에 밟히던지, 아니면 동물의 겨울 양식으로 남는다. 동병상련의 나도 세상사와 맞서는 독한 가시를 달고 있다. 심약해질 때마다 파고드는 나의 가시는 나를 찌르면서 허물기도 한다.

수북한 잎을 매단 밤나무 그늘이 깊었다. 밤송이가 튼실하게 생겼다면서 오물거리는 말을 '툭' 던진다. 눈길을 쉽사리 떼지 못하는 고사리가 산능선을 따라 춤을 춘다. 동서남북, 위아래로 불어오는 바람에 장단을 맞춘다. 옷깃을 파고든 땀방울이 금세 말랐다. 마음이 서늘해진다. 잠시 눈이 스르륵 감길 것 같다. 바람에 잎들이 후드득 앞다투어 떨어진다. 바람이 닿은 얼굴의 녹진 땀방울도 살며시 지워진다. 녹는다. 말간 마음이 채워지고 비워진다.

오늘 앞서가던 일행이 잠시 멈추었다. 풍경도 멈추었고 숨을 죽였고 고요했다. 그 순간 나는 빠르게 발걸음을 옮겼다. 발자국에 깜짝 놀라 펄쩍 뛰는 개구리에게 '엄마야'라고 외치며 기겁을 하였다. 순식간에 튀어 오른 개구리에 놀랐고 그놈 덩치가 너무 커서 나도 모르게 '엄마야'를 찾았다. 동행한 일행도 깜짝 놀란 시늉으로 박장대소를 한다. 지금도 습관처럼 시도 때도 없이 엄마를 찾는다.

나는 아침 7시면 어김없이 내 삶의 터전인 '무지개어린이집'으로 출근한다. 제법 오래전에 큰 개구리만 한 생쥐가 며칠 동안이나 대문 한가운데를 차지하고 누워 있었다. 깜짝 놀라 얼른 어린이집 옆 하천으로 옮겼다. 두 번째, 세 번째로 반복될 때마다 치우느라 곤혹을 치렀다. 지나가던 어르신께서 고양이가 집주인에게 잘 보이려고 선물하는 것이니 잘 보내주라고 하신다. 아침마다 고양이 가족들이 어린이집으로 출근하는 발자국을 알아차리고 자리를 떠나곤 했다. 그 이후로 출근길에 고양이들이 놀라지 않도록 발뒤꿈치를 들고 소리를 죽여가면서 살금살금 걸었다.

뜨거운 열기는 여름날 중천의 해처럼 고사리밭에 내리꽂혔다. 눅진한 바람을 힘겹게 받아가면서 터벅터벅 걷다 보니 어느새 산등성이에 도착했다. 바다가 보이는 지점에서 잠시 쉬었다. 섬의 산그림자가 바다에 앉을 때는 검푸른 파도가 일렁였다. 텁텁한 물 한 모금 마시는데 고사리 옆 달팽이와 눈이 마주쳤다. 달팽이는 부끄러운 듯 슬그머니 숨는다. 순간 강렬하고 뜨거운 기억의 잔상에 밀려온 바람이 '휙' 스친다.

가슴에 남겨진 선명하고 가물가물한 이야기다. 부모님과 함께 새벽마다 진해 웅동 성흥사 절 옆 실개천에서 건강한 달팽이를 잡았다. 한동안 달팽이 즙을 병원으로 들고 가는 것이 나의 일상이었다. 갓 정년 퇴임하신 아버지는 실개천 위 느티나무 아래에 매달려 있는 큰 달팽이를 잡으려다 발이 미끄러져 냇가로 떨어지기도 했다. 엉덩이와 허리를 다쳤지만, 당신은 개의치 않았다. 달팽이를 못 잡을까 발을 동동거리는 것이 다 보였다. 당신의 눈동자는 눈물 상자였고 표정은 슬픔이 고인 애틋한 부정父情 의 간절함이었다.

서른 살을 갓 넘긴 오빠는 대장암 말기로 병원에 있었다. 민달팽이를 먹고 완치된 분이 있다고 하여 우리 가족은 그놈을 잡으러 숲속을 헤매고 다녔다. 어느 날 오빠의 오른쪽 종아리에 혹이 생겼다. 엄마는 배에 있던 암 덩어리가 다리로 내려와서 이제 살았다고 좋아하셨다. 3살과 4살의 어린 조카는 아빠를 보러오는 날에는 신이 나서 펄쩍펄쩍 뛰었다. 오빠는 아들딸을 보는 게 유일한 낙이었다. 희망 줄이 조금씩 끊어질 때마다 피 울음 같은 바람이 우리 가족의 아픔을 파고들었다.

오빠는 병마와 싸우면서도 해맑은 아이 둘을 품고 온기를 나누었다. 죽음이 점점 가까이 오는 것을 직감한 오빠는 조용히 이별 절차를 준비하고 있었다. 조카들에게 시끄럽다고 얼른 집에 가라 하며 창밖을 멍하니 바라보았다. 불현듯 아이들 신발을 사 주라면서 꾸깃꾸

깃한 지폐를 올케언니에게 건넸다.
 그로부터 며칠이 지난 후, 새벽에 부모님이 다급하게 깨웠다. 엄마가 울면서 '우리 종원이, 우리 종원이' 라면서 불렀고 그럴 리가 없다며 흐느꼈다. 아버지는 어두운 표정으로 병원에 가자고 했다. 나는 기계처럼 벌떡 일어나 시동을 걸었다. 가는 동안 엄마는 계속 현실을 부정했고 아버지는 입을 꾹 다물었다.
 구름이 재채기를 하는지, 파란 하늘이 숨바꼭질을 한다. 달팽이도 고사리도 바람도 날 잡아 보란 듯이 숨었다가 어느새 슬며시 기어 나오고 출렁이고 돌아다닌다. 바람이 고사리를 흔들었다. 고사리가 고꾸라질 듯하면서 일어선다. 춤사위로 변신하려는지 능선이, 비탈이, 아랫길이, 윗길이 장단을 맞춘다. 거대한 함성이 일어날 것 같은 여기는 남해 창선도 고사리밭이다. 정신 차리니 달팽이가 사라졌다. 고사리는 물결을 이루었고 바람은 토닥토닥 춤을 춘다. 고사리 향기는 바람에 진득하게 새겨졌다. 오빠가 떠난 빈자리의 아픈 기억이 그리움이 되었다. 고향은, 유년은, 오늘 대면한 고사리밭도 영원히 잊히지 않을 기억의 보물창고로 남을 것이다.

김송현 같은 듯, 다른 듯이

퍼스트 펭귄처럼

새벽의 고요하다. 눈을 뜨는 것은 오래된 습관이지만 생각의 범주는 확연하게 구분 짓는다. 계절이 건넨 상큼함도 있을 것이고 누구누구와의 담소를 예약한 반가운 식사도 있을 것이다. 눈뜨기 싫을 때는 단잠 같은 새벽잠이 피곤하고 불현듯 들이닥치는 망상이 어지럽게 돌아다닌다.

지난밤 다 풀어내지 못한 나의 다짐 같은 고백 주머니가 눈뜬 새벽에 조금씩 열린다. 창틈으로 여름이 떠나는 길목을 아쉬워하는지 구성진 매미가 격하게 울어댄다. 나는 개미와 작별할 시간을 음미하지만, 그는 며칠 밤을 넘기면 뒤돌아보지 않고 사라질 것이다. 매미의 울음이 치유의 언어가 된 이유는 그가 떠난 이후의 공허감이 몰려왔기 때문이다. 울음바다를 이루면서까지 구애를 찾아 나선 그 매미의 숭고한 본능이야말로 내 빈약한 마음을 헤집는다.

입추와 처서가 지났지만, 떠나는 나그네를 붙잡듯 늦여름의 열기는 새벽에도 여전히 온탕이다. 그래도 가을은 오고 있다. 옷깃에 닿는 바람에 느끼고 마음이 먼저 걸어간 새벽 산책길의 풀섶의 이슬이 떠오른다. 창밖을 우두커니 바라보면서 마음을 다독이고 다시 일어서기 위한 회복의 숨을 고른다.

　감정을 정제하듯 명상과 필사로 차분히 가라앉힌 마음은 물기 머금은 포도 줄기처럼 탱탱해진다. 온전한 나만의 시간이 확보되니 꿀단지처럼 달콤해진다. 시도 때도 없이 불쑥 찾아온 결핍은 조금씩 메워지고, 마침내 오늘을 살아갈 힘으로 바뀐다. 나를 소중하게 대하는 진심과 사랑이 낭비가 아니라는 것을 알아차린다. 편백과 소나무 가지 사이로 스며드는 푸르스름한 빛이 적막에 닿는다. 아침밥이 궁벽한지 새들이 나무 사이로 화들짝 날아오른다. 먹어야 산다는 새들의 진리와 생각하면서 살아야 사유하는 인간의 진리에 도달한다는 논리의 구체성을 따지면 새에게 더 높은 점수를 줘야 하지 않을까. 언제 들어도 새소리는 음색이 맑다. 맑은 길 따라 새벽 산책 나선다.

　후덥지근한 바람이 잎을 흔들고, 대지를 흔들고, 마음 깊숙한 곳까지 흔들어 놓는다. 새벽 산책길에서 흔들린다는 것은 마음이 평온하다는 것. 이 순간만큼은 자연에 빚지지 않고 싶다. 자연과 한몸이 되고 나를 정조준한 존재를 확인시키고 싶다. 마음속 깊은 근원을 다시 찾는 과정은 변신하겠다는, 고인 물이 되지 않겠다는 옹골찬 나의 다짐이다. 진해 앞바다 물살을 가르면서 천천히 나아가는 배들을 바라보며, 나지막이 중얼거린다.

　"인생은 속력이 아니라 방향이다." 인생길이란 가 보지 않는 길이다. 갈림길 앞에서 고민하고 멈칫거리고 머뭇거린다. 넘어지고 엎어지고 타이밍을 놓치면서 조금씩 산교육인 경험한다. 실패는 아쉬움을 남기지만 길게 보면 숙성된 세월이 남긴 선물이다. 원망을 품으면

김송현　같은 듯, 다른 듯이

원망이, 감사로 생각하면 감사한 마음이 되돌아온다. 감사는 사람의 마음을 흔드는 출렁임이다. 잊지 않겠다는 언약처럼 오래 남는다. 인간관계는 결국 내가 비춘 눈빛만큼, 내가 걸어온 서사가 거울에 투영된다. 가슴 깊이 새기는 감사는 작은 일에도 보람을 느끼고 잊지 않는다.

아침 산책을 마치면 곧바로 일터가 기다린다. 어린이집의 하루는 햇살이 퍼지기 전부터 분주하게 돌아간다. 아침 7시도 되기 전인데도 출근을 서두른다. 등원하는 아이들이 반갑게 눈인사를 한다. 책을 펼쳐 웃음꽃을 피우고 잠시 잔무를 본 후 창원역에서 탑승해 서울로 향한다. 맞벌이 가정과 돌봄 사각지대를 해소하기 위한 '거점형 돌봄 사업 간담회'가 오늘의 회의 주제다.

기차 객실은 평일 아침인데도 각양각색의 승객들이 제자리를 찾아 앉는다. 침묵이 길게 이어지고 피곤한 기색이 역력한 무표정을 짓는다. 나도 건조한 일상에 짓눌린 표정이겠다는 생각이 스친다. 기차 객실만큼은 사람 향기가 나지 않는다. 일에 중독된 인간의 군상이 낭만 분위기에 젖겠는가. 나도 그 흐름에 최적화된 인간이 아닌지, 그런 것 같다는 무언의 말이 불쑥 튀어나온다. 현대인은 군중 속의 섬이고 풍요 속의 빈곤이고 사람 물결에 남은 외톨이 점 하나로 연명하는 존재인지 모른다.

서울역에 도착해 택시를 잡아타고 목적지인 강연장을 향했다. 돌아올 때는 지하철을 탔다. 고작 두 정거장이었는데도 마음 급한 나는 무작정 택시를 탔다. 그 짧은 시간에 친절한 기사님과 세상 이야기를 나누었다. 정확한 표현은 서울 이야기다. 서울은 괴물인가. 아니면 선망의 대상인가. 나는 전자를 말했고 기사님은 그저 체념하는 눈빛이었다. 삶이 건네준 소중한 선물이 없는 대한민국 수도 서울의 민낯을 느꼈다.

"아이들이 안전하고 양질의 교육을 받고 학부모는 안심하고 직장에 다닐 수 있도록 힘을 모아야 합니다." 교육부의 교육생태계 진단과 보육 과정 지원과 유현종 과장님의 말씀이 회의장 분위기를 뜨겁게 이끌었다. 전국에서 모인 원장들과 장학사들의 눈빛이 반짝이면서 후끈 달아올랐다. 그 자리는 단순한 지시 전달하는 회의가 아니었다. 저출산 시대의 교육을 함께 모색하는 소통의 장이었다. 시작부터 마칠 때까지 이탈하지 않고 자리를 함께해 주셔서 더욱 든든했다. 경남 유보통합추진단 연희정 장학사님과 경남의 원장님과 의견을 나눈 배움은 미래의 아이들에 대한 희망의 씨앗이 되었고 밑그림이 그려진 알찬 회의였다.

간담회를 마치고도 발걸음이 쉽게 떨어지지 않았다. 경남에서 올라온 원장님들과 1층 로비에 앉아 우리의 오늘과 내일, 유아교육의 현실을 두고 진지하게 이야기를 이어갔다. 한 시간이 훌쩍 흐르고서야, 아쉬움을 뒤로한 채 각자의 길로 발걸음을 옮겼다. 밖으로 나오니 명동의 풍경이 뜻밖에 눈앞에 펼쳐졌다. 번쩍이는 불빛, 작은 가게 부스들, 발 디딜 틈조차 없는 인파. 얼굴과 국적은 달라도 모두가 이 거리를 즐기고 있었고, 공통의 언어처럼 울려 퍼지는 K-팝의 선율이 공간을 가득 메우고 있었다. 조금 전까지만 해도 저출산의 그늘

김송현   같은 듯, 다른 듯이

속에서 아이 없는 미래를 걱정했는데, 명동 거리에 흘러넘치는 삶의 풍경은 그 걱정을 잠시 잊게 했다. 세계 곳곳에서 모여든 사람들이 우리 문화를 즐기고, 우리 노래에 발걸음을 맞추고 있었다. 그 순간 나는 깨달았다.

 아이들의 웃음과 함께, 우리가 지켜내야 할 한국의 내일이 여기에도 있음을. 우리의 문화는 이미 국경을 넘어 누군가의 삶을 비추는 등불이 되고 있음을. 그래서 다시 다짐했다. 내 앞의 작은 아이 한 명, 한 명이 곧 이 큰 흐름을 이어갈 미래라는 것을. 저출산의 먹구름 너머, 아이들과 함께 피워내야 할 희망의 불빛은 어쩌면 이 명동 거리에서 이미 반짝이고 있었는지도 모른다.

 철학이 이성이라면, 과학은 합리성이고, 정서는 허기를 달래주는 따뜻한 위안이다. 아이들과 하루를 함께한다는 것은 자신의 의견을 거침없이 표현하는 꼬마 철학자를 지켜보는 행위다. 아이들의 웃음과 질문 속에는 '놀이와 앎'의 세상을 구축하는 아이들 세상이 얼마나 견고하고, 그러면서 얼마나 허약한가를 교육 일선에서 종사하는 필자는 경험했다. 새로운 깨달음을 얻고, 교육의 참된 의미를 다시 묻기 위해서는 아이들의 관점에서 인식하는 훈련이 어른에게 필요하다.

 오늘도 다짐한다. 위험을 알면서도 가장 먼저 바다로 뛰어드는 퍼스트 펭귄처럼, 위기를 기회로 활용하고 역경에 굴하지 않고 살아가리라. 그것이 교육자로서, 그리고 한 인간으로서 내가 걸어가야 할 길이다.

저녁 늦게 내려오는 창밖 어둠 속 흩뿌려진 별빛이 스쳐지나간다. 기차는 소리로 말하고 나는 오늘 하루를 되새긴다. 침묵의 언어로 위로하고 토닥인다. 그리고 다시, 내일을 살아낼 용기를 꺼내 든다.

김송현   같은 듯, 다른 듯이

동천洞天이
빚어낸 풍경

백일마을은 조용하다. 아니 마을 지명부터가 고상하다. 숫자의 개념을 생각하니 뭔가 와닿는다. 강의 시원이 산인 것처럼 노년의 인간이 시원에 들어가는 첫 관문이 아기의 백일이 아닐까. 시원의 본질은 '거슬러 올라간다는' 명징한 진리를 증명한다. 나에게도 백일이 있었을까. 궁금증 하나를 보태니 아득한 구름이 걷힌다.

아이에게 있어 백일은 인간이 처음으로 천지만물에 살을 맞대고 감정을 느끼고 표시하는 거룩한 행위다. 인생여정을 출발하는 아기의 작은 몸짓인 셈이다. 뒤돌아보니 나도 그렇게 나의 시원에서 '백일 잔치상'을 받았지 않았을까. 궁금증 두 개를 보태니 오랫동안 이곳에서 터를 잡은 백일마을은 '백일'을 옹알이할 때마다 축하받는 고요한 마을이 되었다.

진해 천자봉 자락인 백일마을은 숲속에 덩그러니 앉은 작은 마을이다. 이곳은 시간이 멈춘 공간에 적막이 들어와 태평한 그늘을 만든다. 침묵을 깨는 것은 새와 바람과 구름이다. 새소리 물소리를 듣다가 생각에 잠기면 도로 침묵으로 돌아간다. 혼자 마을을 찾아왔으니 홀로 쓸쓸함을 견디는 재미도 소소하다. 떠나고 싶을 때 나를 만날 수 있는 마을이라 이름도 생경한 '백일'의 의미를 짚어본다. 그러니 백일마을은 일상을 벗어나 조용한 휴식을 맛보는 특별한 안식처다.

이곳은 도심에서 벗어난 녹음 우거진 마을이다. 푸른 산과 맑은 계곡물과 도시농부의 텃밭과 유실수 농원들이 옹기종기 모여 있다. 마을 끝 도로와 이어진 진해 '백일아침 고요 산길'을 마음만 먹으면 언제든지 산허리로 휘감아 돌아가는 임도를 걸을 수 있다. 호젓한 마을과 둘레길로 이어진 곳이라 마음 비우기에 안성맞춤이다. '무엇을 더 바라겠는가.' 이는 인류의 지성사가 내놓은 화두다. 나에게 마음 문을 열고 독백하는 첫말이 '나, 김송현은 누구인가'다. 내 속살이 다 보이니 안쓰럽다. 나를 다독이다 보니 '송현'이가 연약한 존재로 다가왔다. 강한 것은 내가 아니라 세파의 물살이라는 것을. 나는 안다.

백일마을은 계절마다 새 옷을 갈아입으니 언제 들러도 설렌다. 봄이 오면 꽃을 피우니 마음이 둥둥 떠다니고, 진초록 나무가 우거진 여름은 두 팔을 벌려 숲을 안아보기도 한다. 가을이 물든 단풍 앞에서 황홀한 작별을 나누나니, 인연이 닿은 곳에서 마지막 석별의 정을 나누는 운치도 쏠쏠하다.

천자봉에서 걸어 내려온 겨울 흰 눈은 아랫 마을로 이야기를 퍼 날랐다. 호롱불이 켜지고 왁작한 우리 사남매의 말들이 부산하게 떠돌았다. 아버지는 그윽한 눈으로 온기를 데웠고 어머니는 몇 번이나 부엌을 들락거렸다. 그 사이 고라니 청설모는 사립문 밖에서 서성이

김송현   같은 듯, 다른 듯이

고 있었겠지. 그러니 상상이 따라온 유년의 추억 저장고는 비어본적이 없다. 언제나 유년의 동심은 풍성했다.

공동체는 '사랑'을 심어준다고 했다. 예수의 사랑이 그랬고, 올망졸망한 아이들은 자연에서 영감을 얻고 친숙해지면 저절로 공동체를 이룬다. 사람 사는 세상은 자연과 가까이 있을 때다. 지상낙원은 사랑이 군락을 이룬 자연에서만 가능하지 않을까.

백일마을의 아담한 집들은 대문이 따로 없다. 낮은 돌담은 '소유'라는 경쟁을 허물고 이웃 간의 믿음을 끌어당긴다. 마음의 경계를 풀고 살아가다 보니 마을을 어슬렁거리는 길냥이도 따뜻한 돌담을 넘나들면서 살고 있다. 오늘 들린 마을의 낮은 돌담에는 선홍색 호박꽃이 한여름을 물씬 풍긴다. 마을길 풀섶에는 달팽이와 개구리와 풀벌레가 노닌다. 집집마다 마당이 보이니 그냥 모두 다 내 집 같다. 불쑥 들어가 냉수 한 잔 청해 마시고 싶은 마을이다.

오랫동안 남루했던 삶의 진풍경이 오밀조밀 엮여 있는 백일마을 담장 너머에는 집집마다 차마 말하지 못하는 내밀한 사연을 머금고 있다. 좁은 골목길 모퉁이는 술 취한 어른들이 어질할 때마다 돌담에 기대면서 노래 한 자락 구성지게 뽑았다. 돌담길 아래에는 풀들이 진을 치면서 좁은 골목길로 이어졌다. 이 길이 끝나는 곳까지 걷다 보니 진해 '드림로드' 종착지를 알리는 백일마을 안내간판이 나타났다.

백일마을 입구에 작은 '무지개 동산'이 있다. 오른쪽이 작은 백일마을, 왼쪽이 큰 백일마을이다. 작은 백일마을 한복판에 느티나무 노거수가 떡하니 버티고 있다. 수호신인 노거수는 마을을 지키는 당산목이다. 노거수에 기댄 네댓 가구의 집과 나무들이 어우러져 평화롭고 조용한 풍경이 펼쳐진다. 작은 백일마을 논두렁을 지나면 '백담사'가 있고 마을 윗길로 가면 큰 백일마을과 연결된다.

큰 백일마을에는 열 집 남짓한 가구가 살고 있다. 작은 연못과 오디나무, 매실나무, 포도나무, 사과나무, 무화과나무, 블루베리 등 유실수 농원이 들어차 있다. '무지개 동산' 뒤쪽에 20년 전 엄마가 조상 잘 모시고 조카들 키우라고 물려주신 땅에도 유실수 몇 그루가 있다. 옆에 양봉하시는 분 덕분에 벌들과도 살갑지 않은 정을 나눈다.

백일마을에 들리면 엄마 품속처럼 아늑하다. 엄마의 영혼이 서린 특별한 공간이라 그런가 보다. 이곳에 들릴 때마다 엄마 다리를 베고 누운 상상을 한다. 그리움이 몰려오면 그만 눈시울이 촉촉해진다. 그럴 때는 엄마의 분신인 하늘이 푸르고 눈이 부신다. 엄마 생각에 함박웃음을 짓다가 어느새 울컥해진다.

엄마의 유산인 이 땅은 길이 없는 맹지로 오랫동안 방치되었다. 3년 전 '드림로드' 끝자락인 백일마을과 소사마을을 연결하는 임도를 만드는데 땅의 일부를 길로 사용해도 되는지 시청담당자의 공문과 전화가 왔다. 흔쾌히 허락하여 지금은 생각지도 않은 길이 생겼다.

필자가 근무하는 웅천 '무지개어린이집'에서 동쪽으로 2km 남짓 걷다 보면 백일마을 아래쪽에 동천을 사이에 두고 버섯농장과 경상남도 기념물인 웅천 빙고지가 마주 보고 있다. 천자봉과 시루봉과 봉동산 능선을 따라 내려온 동천은 사시사철 맑은 물이 흐른다. 유년시절 오빠와 언니와 동생과 가재와 붕어를 잡았다. 지난 오월에 무지개

어린이집 아이들과 동천을 따라 물풀과 풀꽃과 곤충들을 놀이 삼으며 버섯농장 체험을 다녀왔다. 노래를 신나게 부르던 아이들은 다양한 버섯들을 보며 신기한지 환호성을 질렀다. 아이들과 함께한 동천의 풍경은 은하수의 별처럼 마음속에 간직될 것이다.

박애진

나는 오리떼를 몰고 다니는 "Konrad Lorenz"처럼, 아이들과 함께 산으로, 들로, 바다로, 바람 따라 소풍하듯 유영하는 중앙유치원 원장이다. 생태전환교육의 중요성을 인식하여 독일 숲유치원을 탐방하고 유아교육 석사 과정을 거쳐 2016년 동아대학교 교육학 박사과정 이후 대학에서 유아교육학 강의를 했다. 25년 행복맞이학교 선정, 유보통합 교사학습공동체 '이끎교사단'의 컨설턴트로 위촉되어, 경남 유아교육 발전과 유보통합의 디딤돌을 놓는 데 힘을 보태며 미래지향적인 행복교육에 앞장서고 있다. 지속 가능한 삶을 살아갈 오늘의 아이들에게, 나는 생태전환교육에서 그 해답을 찾고 있다. 자연을 닮은 중앙아이들과 일상을 함께하며 체험한 활동들을 글로 남기기 시작했다. 자연과 아이, 그 숭고한 일상을 양산신문사와 기획하여 1년 동안 기고하고 있다. 놀이 속에서 드러나는 아이들의 진지한 눈빛, 불쑥 내뱉는 말, 자연스레 발현되는 몸짓을 따라 적어 내려가다 보니, 어느새 나 또한 아이들을 닮아가고 있음을 느낀다. 인간과 자연이 공존하는 세상, 그리고 생태감수성을 기반으로 한 전인적 성장을 바라며, 나는 오늘도 아이들과 함께 자연 속에서 배우고, 살아간다.

꽃들의 축제가
시작되었다

　　　　　　　　　　　달달한 바람을 먹었는지 흙이 포슬 포슬하다. 땅속에도 봄이 돌아다니고 사방천지에 봄기운이 널브러져 있는지 눈길 닿는 곳마다 아지랑이가 피어오른다. 꽁꽁 얼어붙었던 유치원 연못이 늘어지게 하품을 하더니 얼음장이 스르륵 녹기 시작했다. 금붕어도 긴 겨울잠을 눈 비비고 일어나 매끈한 비늘을 앞세워 수초 사이로 어슬렁거리며 몸을 풀고 있다. 나무는 나무대로, 들꽃은 들꽃대로 팔짱을 끼고 행복하다고 한다.
　　살아 있는 몸짓들이 봄날 장단에 맞춰 덩실덩실 춤추고 흔들고 깨운다. 긴 휴식에 들었던 동면의 땅이 이른 봄 꽃샘추위에 얼고 녹기를 반복하더니 기어코 생명을 품을 준비를 마쳤다. 한동안 정적이 흘렀고 나뭇가지에 앉은 새들이 봄소식을 퍼 나른다. 봄은 살아 있는 몸짓 하나면 충분하다. 봄 길을 함께 걷고 길가 나무와 눈 맞추면서 무거웠던 겨울을 털어낸다. 겨울은 의연하고 봄은 그 겨울의 염원을 잊지 않는다. 물관을 열고 밀어 올리고 꽃을 피우고 연초록 잎사귀를 낸다.

봄이 오면 아이들도 몸이 근질근질하고 마음이 바쁘다. 봄 구경꾼이 아니라는 걸 증명이라도 하고 싶은지 나무에 기대고 풀이 올라온 자리에 덥석 앉아도 본다. 봄은 아이들의 놀이터고 올망졸망 눈망울을 키우고 순수가 동심으로 물드는 계절이다.

생명이 시작되는 텃밭에 봄 단장이 한창이다. 밭을 갈고 고랑을 내고 두둑한 이랑을 만들고 구멍에다 씨감자를 쏙 파묻고 흙살을 덮었다. 생명을 잉태한 흙살이 침묵하고 눈길이 멈춘 아이들은 긴장한 채로 잔뜩 몸을 웅크린다. 아이들도 생명의 경외심을 알아차린다. 오랫동안 이어진 인간의 사유가 '존엄'이라는 것. 그것은 공부하고 설명 듣고 경험하는 데서 나오지 않는다. 본능적으로 받아들이는 원형질이 인류의 진화과정에 고스란히 남아 있다. 머지않아 유치원 텃밭에는 꽃불이 댕겨지고 새 생명이 움틀 것이다. 찬란한 연두의 기운이 나뭇가지에 얹히고 땅으로 번지고 아이들 동심에 머물 것이다.

텃밭 옆 언덕에 노란 산수유가 꽃망울을 터트렸다. 이에 질세라 엄동의 제왕인 고고한 기품의 소유자 매화도 그윽한 향기를 내뿜는다. 가냘픈 순정의 매력 덩어리 목련도 두툼한 털옷을 툴툴 벗어 던진다. 우아하고 고결한 순백의 꽃이 사람 마음을 흔든다. 엄동을 견디기 위해 땅바닥에 딱 달라붙어 보일 듯 말 듯 웅크렸던 냉이도 하얀 꽃대를 밀어 올린다.

식물은 땅속에서 끝없이 꼼지락거리고 아이들은 드넓은 창공에 '꿈'이라는 동심을 심고 가꾼다. 봄비를 맞은 풀들이 번지는 속도보다 봄꿈을 먹은 아이들이 더 빠르게 번질 것이다. 아이들의 봄은 신비로

박애진 　 같은 듯, 다른 듯이

움과 호기심이 지천에 널려 있기 때문이다.

　매화를 송이째 따서 미지근한 물에 넣어 향긋한 봄을 마신다. 설한풍에 맞선 매화도 연약한 한 송이 꽃이다. 매화 꽃차 마시기는 해마다 중앙유치원 6세 아이들의 생태 활동의 연장선상에서 이루어진다. 엄동에 태어난 새 생명의 상징인 매화는 '춘희'라는 명성을 얻었다. 쭉쭉 늘어진 가지 끝에 동글동글 봉오리가 벌름거리며 봄을 유혹한다. 앙증맞은 아기 주먹처럼 송골송골 곱게 맺혔다. 꽃가지마다 향기가 퍼진다. 텃밭 언덕배기에는 청매와 백매와 홍매가 꽃 문을 열고 팡팡 터진다. 제일 먼저 눈으로 보고 향긋한 향을 맡아보는 아이들 몸이 따뜻해지면서 웃음이 사르르 번진다. 맑은 아이들이 봄을 소리로 듣는 것은 연초록 마음이 번지기 때문이다.

　유치원 언덕배기에 봄까치꽃이 제법 군락을 이루었다. 칼바람과 음지를 피한 양달에 터를 잡는 지혜에 숙연해진다. 겨울에 어디서 엎드려 있다는 신호도 보내지 않았던 꽃이다. 자기만의 요새를 만들었고 하늘 색깔로 꽃을 피웠다. 꽃샘추위에 제때 엽록소를 만들지 못해 꽃잎은 불균형하지만 눈부시도록 고운 봄의 전령사다. 여리고 작고 엎드려 있는 꽃이지만 생존만큼은 다른 어느 매혹적인 꽃보다도 강인하다. 저절로 꽃피고 지는 것을 받아들이는 무위자연의 꽃이다. 봄나들이를 재촉하니 얼음장 물을 풀어 바다에 닿는 강물처럼 순리를 아는 꽃이다.

　봄까치꽃으로 손톱에 꽃물을 들였다. 보드랍고 앙증맞은 꼬맹이들의 다섯 손가락 위에 청록과 보라와 분홍빛 꽃물이 곱게 앉았다. 손톱에 봄꽃을 얹어 파란 하늘을 향해 다섯 손가락을 쫙 펼쳐 보인다. 기쁨과 탄성이 손가락 마디를 타고 파란 하늘로 유영을 시작한다. 두둥실 두둥실 감수성으로 무장한 동심이 포물선을 그리며 힘차게 날아오른다. 미지의 세상 밖으로 건너가는 호기심이 발동하고 있다.

 봄 전령사를 필두로 하루가 다르게 흙살을 툭툭 털고 올라오는 꽃들의 축제가 시작되었다. 나무 그늘과 담장 아래에도 어제 보이지 않았던 꽃들이 방긋하게 웃는다. 제일 먼저 소식을 전해주는 전령사 형제 변산바람꽃과 노루귀는 버선발로 반 발짝 먼저 힘을 내어 달려온다. 찰나 두어 번 지나니 봄꽃들이 앞다투어 고개를 내민다. 여기저기서 꽃망울 터트리는 소리가 폭죽 터지듯 팡팡 터진다고 감성 물이 든 아이들 몇이 멋진 표현을 내놓는다. 풀들도 덩달아 풀 더미를 만들어 밤하늘의 별처럼 풋향기를 쏟아낸다. 유치원 잔디밭에는 뾰족한 새싹들이 씩씩하게 돋아난다. 겨우내 무채색만 보다가 비로소 푸릇한 잔디밭을 만나고픈 소망이 이루어지고 있다.

 진분홍의 광대나물, 하얀 냉이꽃, 노란 유채꽃이 꿀벌과 아이들을 불러 모은다. 싱그런 봄꽃으로 '봄 카나페'를 만들어 먹었다. 아삭아삭, 쌉싸름한 맛의 풍미를 느낀다. 익숙하지 않아서 찡그리는 아이들을 배려해 꼬깔콘 위에다 마요네즈와 케첩을 넣고 봄꽃을 살짝 올려 만든 봄 카나페가 마법의 주문을 외운다. 생소했던 맛이 순식간에 동이 날 정도로 인기다. 유치원 텃밭과 언덕에 핀 봄꽃이 아이들을 만나 봄에만 맛볼 수 있는 먹거리로 재탄생을 한다. 감수성 꽃이 콧노래를 부르고 살랑살랑한 바람을 끌어들인다.

박애진 같은 듯, 다른 듯이

아이들의 감수성은 어떻게 시작될까, 꽃 문을 여는 봉오리와 연두를 밀어내는 나뭇가지에서 슬며시 다가온다. 텃밭에 씨감자를 심고 포실한 흙을 매만지고 매화 꽃차를 마시고 봄 카나페를 만들고 봄까치꽃으로 손톱에 자연물을 들이면서 온다. 자연은 유치원 언덕배기처럼 아이들의 감수성을 키워 주는 창고이다. 눈을 돌려 초롱초롱한 아이들만 보이면 잘 숙성된 어른들의 감수성을 만날 수 있다. 애당초 거창한 감수성은 존재하지 않는다. 아이들을 바라보는 따뜻한 시선이면 스스로 잘 자란다.

꽃물에 들다

　　　　　　　　　　　　붉고 곱다. 감실거리면서 웃고 있다. 미소가 퍼진다. 꿈에 보았던 것처럼. 꿈에 만난 것처럼. 사부작사부작 걸어와 곱다랗게 흔들린다. 그가. 내가. 손을 내밀지 않고 눈을 끌어당긴다. 나지막하게 속삭이다 보니 콧등에 자작한 땀 꽃이 피고 향기가 돋군 작은 입술이 도톰해진다. 마음 문이 열리니 어느 순간에 그윽해지는 어지럼에 힘껏 당긴 일상의 고단이 풀린다. 오랫동안 나는 그렇게 나를 놓아버리고 싶었다. 나의 원형질에 더 가까이 다가가고 싶었다. 동심에서 만난 나를. 들길에서 눈길을 주고받았던 그 모습 그대로.

　유치원 앞마당 곳곳에 봉숭아가 흐드러지게 피었다. 유실수가 제 몫을 다한 탐스러운 열매는 조금의 욕심이 빚어낸 안도에 군침을 삼키지만, 가느다랗게 핀 붉은 봉숭아 군락은 속 깊은 연정이 차오른다. 연정은 마음 깊은 곳에서 솟는 갈증 아닌가. 두레박을 내려 샘물을 길어 올리니 감정물이 차올랐다. 아이들과 해마다 거르지 않는 칠월의 연례행사는 기다림의 축제다.

　봉선화 꽃물에 배인 감정물에 갈증은 연정을 품다가 급기야 사랑

박애진　같은 듯, 다른 듯이

의 하모니를 연출한다. 그것은 축포로 쏘아 올린 밤하늘의 불꽃이 아니다. 낮은 곳에서 흙살에 기댄 고혹한 봉숭아의 숨결이 파동을 일으킨 사랑이다. 꽃 모양이 대롱대롱 봉鳳 모양을 닮아 봉선화라고 하는 그 꽃이 줄기와 가지 사이에서 자색, 백색, 홍색으로 꽃 문을 연다. 놀라운 일이 아니라 거룩한 몸짓이다. 곱게 피고 고운 자태로 손짓하면서 반긴다. 그러면서 두 손 들고 '얼싸 좋아라' 흥얼대면서 둥실거리지도 못한다. 가까이 범접할 수 없는 기품이 서려 있기 때문이다. 저 소담하게 핀 연약한 꽃이.

4월은 환희로 채워진 생명이 고개를 내미는 달이다. 해마다 식목일에 아이들과 유치원 화단에 꽃씨를 심는 행사를 연다. 각자가 심을 씨앗을 든 아이들의 호기심 가득한 눈빛이 사뭇 진지하다. 추위가 물러가고 흙이 나무를 품을 준비가 되어 있다는 식목일, 그날을 기점으로 '중앙유치원' 아이들의 생태 활동이 시작된다.

2월에는 유치원도 아이를 품을 준비로 바쁘게 보낸다. 3월에는 아이들과 눈인사를 하고 4월에는 생명의 순환 여정을 따라간다. 그 결실로 겨울을 건너온 새봄에 어린 생명이 움튼다. 아이들은 봄이라는 계절이 건넨 둥지 바깥에서 다시 자신의 자아를 심는다. 그때는 아이가 인생의 대지에 뿌리내리도록 자연이 두 손을 모은다. 간절함이 통하면 자연과 아이는 한몸이 된다. 자연과 섭리에 눈뜨고 다른 생명을 바라보는 힘의 원천인 '정서'라는 근육살이 붙는다.

화단이 소란스럽다. 한바탕 재잘거리는 아이들이 떠나고 손바닥보다 작은 모종이 흙을 만나 어렵게 자리를 잡을 것이다. 어린 모종이 감내하는 어둠은 얼마나 깊고 떨릴까. 살아남을 자신은 있는지. 무엇이 운명이고 순응인지 알고는 있는지. 작업할당을 마친 아이들이 유치원 담벼락 밑에서 옹기종기 모여 도란도란 이야기꽃을 피운다. 진득한 폭풍 말들이 폭죽처럼 퍼진다. 낯선 환경과 사투를 벌이는 모종이 자신을 응원하는 응원가로 들릴까. 이 아이가 어른이 된 어느 날, 인생이란 삶의 열매를 주렁주렁 매달아 놓고 유년의 유치원 기억을 끄집어낼 수 있으면 함박웃음 꽃도 덩달아 피겠지. 지금보다 좀 덜 각박한 세상이면 희망이라는 꿈도 꾸겠지. 4월에 뿌린 봉선화 씨앗이 자라서 꽃을 달았다는 추억을.

 어린 시절 여름만 되면 봉선화가 피기를 손꼽아 기다렸다. 어린아이가 마당을 서성거리는 간절한 염원을 꽃이 알아차렸는지 신기하게도 제때 절기에 맞추어 피었다. 농부의 지혜는 특별한 영감이나 경험이 아니라 착한 농심이면 충분했다. 꽃향기가 담장과 골목을 넘나들었다. 여름이 무르익어 가고 봉선화가 붉은색을 띠면서 아이의 들뜬 마음을 불러 모았다.

 여름 햇살을 피해 그늘에 앉았다. 여동생과 봉선화 잎과 꽃을 따고 명반 넣고 꽃물을 들이기 위해 가느다란 손을 내밀었다. 긴장도 되고 웃음도 나왔다. 신나게 얼굴을 마주 보니 홍조가 번졌다. 무명실을 자르고 비닐을 씌워 다홍빛 고운 꽃물이 스며들도록 서로 교대해가면서 열 손가락 손톱 위에다 봉선화를 올렸다. 설렘이 이어지기도 하고 지루한 시간을 감내하기도 했다. 몇 번이나 둥실한 생각이 잠기고 공주로 변신하기를 반복하다 보니 기적 같은, 아니 찬란한 꽃물이 덜

박애진 같은 듯, 다른 듯이

컹 안겼다.

  봉숭아를 물들인 손톱이 첫눈이 내리는 날까지 남아 있으면 첫사랑이 이루어진다는 속설이 있다. 하염없이 손톱을 들여다보며 확인했던 어린 시절이었다. 손톱이 빛났고 눈이 부셨고 길 가는 사람 누구에게도 보여주고 싶었다. 손을 펴고 동네를 사뿐사뿐하게 돌아다녔다.

  봉선화는 우리 집 장독대 사이나 담벼락 밑에서도 볼 수 있는 다정한 꽃이었다. 뒷문과 앞문을 활짝 열면 시원한 산바람이 관통했다. 여름철 마루에 걸터앉아 수박을 먹으며 동생과 "울 밑에 선 봉숭아야"라는 노래를 장단 맞춰 불렀다. 제대로 뜻도 모르고 불렀던 그 노래 곡조는 슬픈 멜로디였다. 애절한 가사는 아이의 심금을 울렸다. 흥을 끌어당기지 않을 때는 가슴이 먹먹해졌지만 별밤은 아이를 토닥이며 빛났다.

  학창시절 음악 시간에 "봉숭아"라는 가곡을 배우고 나서야 봉숭아꽃에 얽힌 사연을 알았다. 그 노래만 부르면 어린 시절을 회상하면서 숙연해진다. 일제 강점기에 나라를 뺏긴 백성의 슬픔을 달래고 눈물을 삼킨 가사로 우리 민족의 정서와 잘 맞는 꽃이다. 민초들은 초가집 울타리 아래서 모진 비바람을 견뎌내며 한여름 내내 빨간 꽃을 피우는 봉선화를 망국의 한으로 비유했다. 그러면서 조국을, 우리를, 슬픔을 감내했다.

  통통통 요란하다. 봉선화 꽃과 잎을 넣은 절구통에 빻는 고사리들의 손놀림이 분주하다. 한 손가락, 한 손에만 물들이는 아이도 있고 자기가 좋아하는 세 손가락에만 물들이고 싶다는 아이는 귀엽고 앙증맞다. 발톱에도 하고 싶다는 아이는 아름다운 여신의 정체를 숨기지 못한다. 자기의 생각이 뚜렷한 요즘 아이들이다. 해마다 아이들과 유치원 뜰에서 봉선화 꽃물들이기를 할 때면 나도 모르게 입가에 미소가 번진다. 유년의 내가 손짓하는 듯하다. 아득한 밤하늘에서 포물선을 그리는 유성처럼.

박애진 : 같은 듯, 다른 듯이

나의 문화유산답사기
밀양 표충사 편

소만 小滿이 지났다. 봄이 끝나가는지 햇볕이 쏜살처럼 지상에 꽂힌다. 식물은 찰진 광합성을 하는지 윤기 나게 반질거린다. 생장은 담금질로 이루어지는 것. 나뭇잎에 부딪히는 햇살이 힘차게 반짝인다. 잠들어 있는 풀잎을 깨우고 초여름 싱그러움을 길어 올린다. 무언가를 채우는 계절에 헛헛한 마음이 스치는 건 왜! 일까. 색색의 꽃들도 돌아서면 그 계절을 넘기지 못하고 꽃이 지는 걸 알기 때문이리라.

들뜬 마음으로 세 번째 "중앙토요자연탐험대"를 움직일 차비를 차곡차곡 챙긴다. 표충사의 여름은 어떤 모습일까? 하늘이 맑을까. 숲의 둥지는 푸르름으로 채워지고 있을까. 산사의 경내는 고졸한 여름 풍경을 잘 그려내고 있을까. 궁금함이 널리다 보니 길보다 마음이 앞서간다.

차창 문을 열었다. 풀 내음이 향긋하다. 연정을 품은 꽃내음은 반갑다고 손짓을 한다. 춤추는 새들은 낮게 날아오른다. 논물을 가둔 여름은 들판을 내어주면서 벼포기가 튼실하게 뿌리내린다. 때 이른 초여름 불볕더위와 사투를 벌이는 밭작물들은 여름 깊숙한 곳에다 고개를 숙인다. 마치 그렇게 살아내면서 자신의 존재를 각인시킨다. 아름다운 아침이고 풍성한 계절이다.

　기분이 좋다. 표충사로 가는 길은 늘 그랬다. 봄이면 봄맛이 상큼했다. 울창한 숲이 보일 때는 찬란한 둥지 속에서 종알거리는 어린 생명이 어른거렸다. 가을이면 울긋불긋 주황색 수를 놓은 단풍이 황홀했다. 딸과 함께 굽이굽이 이어진 산길을 따라 차를 몰다가 스친 등 굽은 나무들은 우직했다. 목적지는 다시 돌아올 정거장이라 서두르지 않았다. 운전대가 편안해지고 문득, 옛 기억들이 떠올랐다.

　마음을 빼앗긴 밀양 단장면의 단풍 옷들이 수놓는 향연은 가히 일품이었다. 아들의 취업공부에 방해가 되지 않으려고 까치발로 걸어간 거실은 마음 졸인 모정의 간절함이 있었다. 물안개가 피어 올린 밀양댐과 청아한 얼음골은 길손의 심중에 깊게 파고들었다. 오늘 답사지인 표충사는 남편과 틈새의 휴일에 종종 들리곤 했다. 수시로 바람을 쐬러 오던 곳이라 친숙한 곳인 셈이다. 그때를 생각하며 옅은 웃음을 짓다 보니 영문을 눈치챈 딸도 방긋하게 따라 웃는다.

　먼길을 왔다고 표충사가 반긴다. 짙은 초록의 솔숲에 삼삼오오 아이들이 모인다. 조용하던 숲이 환하게 열리고 생기가 돈다. 덤불 사이로 빨갛게 익은 지천의 산딸기가 아이들의 시선을 사로잡는다. 탐스럽게 달린 열매를 지키는 뾰족한 가시도 콧노래를 부르는 아이들의 등살에 무용지물이 되고 만다. 입속에 한입 넣는 아이들의 반응은 각양각색이다. 호불호가 분명하다 보니 각자의 성품이 언뜻 엿보인

박애진　같은 듯, 다른 듯이

다. 인스턴트 식품에 길들어진 아이들에게 있어 산딸기는 더는 침샘을 삼키는 과일이 아니다. 관심의 대상이 되지 못하고 외면당하다 보니 부모 세대는 그 깊은 맛을 설명할 방도가 쉽지 않다. 이 또한 아이들에게 있어 문화적 결핍의 전조가 아닌지, 무겁다.

산딸기는 아릿한 추억을 떠올린다. 세상사가 고단할 때는 더 가까이서 만난다. 아버지 당신의 흔적이다. 당신도 내가 보고 싶어 수도 없이 눈물을 훔쳤으리라. 모내기가 끝나고 이맘때쯤 밭에 일하러 가셨던 아버지가 집으로 오실 때 두 손 가득히 따서 우리 이쁜 딸 먹으라고 주셨던 그 산딸기가 얼마나 달콤한지 오랜 기억 속에 맴돌았다. 지금 생각해 보면 배고픈 시절이었다. 당신도 먹고 싶으셨을 텐데, 꽃송이 자식 주려고 곱게 바구니에 들고 오신 그 산딸기를 나는 차마 잊지 못하겠다.

그리움은 바다를 건너고 산을 넘는다고 한다. 당신의 어린 자식이 좀체 건너지 않을 것 같은 세월을 받아먹다 보니 어느새 두 아이의 부모가 되었다. 자식을 키우는 것은 당신이 논밭에서 일군 땀의 정직이 삶의 가훈이 되었고 소진된 몸은 삶의 위대한 훈장이 되었다.

자식이 보고 싶을 때마다 그리움이 절절하게 배인 울음보를 마음 속에다 터트렸을 아버지. 꽃 다 졌다고 쓸쓸해지는 당신의 마음을 헤아려본다. 객지에 나간 네가 보고 싶어 울었다는 말 한마디도 하지 못했던 당신의 사랑을. 이제는 나도 내 자식을 키우다 보니 실감이 난다. 그래서 자식 사랑은 내리사랑이라 하는 것일까.

키 큰 나무가 무성한 숲 주위를 어슬렁거렸다. 산중이라고 여름맞이 더운 열기는 계곡에 살포시 앉는다. 소나무가 남긴 흔적을 찾아본다. 솔방울과 나뭇가지와 솔잎을 찾아 다시 소나무에게 돌려주는 놀이에 동심을 배부르게 먹은 어른들이 더 신이 났다. 소나무에 얽힌 솔방울 삼대에 걸친 이야기를 듣고 엄마 나무도 찾아본다. 엄마 나무에 높이 올라 매달려 보고 안아주고 속삭이면서 교감을 나눈다.

다양한 나무의 밑둥치를 밀어 올리고 씨앗과 열매를 매단 뿌리를 찾아보는 체험을 통해 생태계가 군집을 이룬 다양성을 알아보았다. 다시금 우리 가족의 소중함도 생각하는 시간이 되었다. 밀양 나들이로 5행시를 지어보며 1학기 "중앙토요자연탐험대"와 마지막 인사를 나눈다. 하루의 석별을 나누는 정도 아쉽기만 하다. 잘 놀았고 음미했고 싹싹하게 손을 흔들었다.

박애진 같은 듯, 다른 듯이

봄 까치

입춘이 지났다. 봄이 오면 겨울은 다시 아득한 시간이다. 자연은 봄 여름 가을 그리고 겨울의 순환과정을 거친다. 동사 활용형 '그리고'는 시간과 계절을 이어준다. 봄이 온다는 것은 그만큼 봄을 기다린 겨울의 염원이 담겨 있고 만물이 소생한다는 진리를 증명하는 계절이다. 이는 자연의 섭리를 받아들이는 인간의 엄숙한 의식행위와 다르지 않을 것이다.

가까이 있는 봄을 벗들과 나누어야겠다. 창문을 열고 흙을 밟고 거리를 걸으면서 당신에게 안부를 묻는다. 어스름 새벽 나뭇가지에 앉은 새들도 봄이 왔다면서 사람들을 깨운다. 봄은 그렇게 서로의 안부를 묻는 계절이다. 숲은 나무에게 '잘 있냐'고 안부를 묻고, 나무는 '숲에게 잘 있다'고 안부를 묻는다. 봄을 나누지 못하고 독차지하려는 사람은 야만의 얼굴로 봄을 맞는다. 아이들은 정글의 법칙을 모른다. 그러니 봄은 아이들이 토닥이는 제철 계절이다.

봄이다. 텃밭의 흙살이 조금씩 포실해진다. 앙상한 나뭇가지에는 새 생명이 움튼다. 유치원 뜨락의 목련은 겨울눈이 달린 가지마다 어두운 털모자를 벗고 하얀 꽃망울을 내민다. 저 가련한 목련의 꽃망울은 잎보다 먼저 꽃을 피우는 봄의 전령사다. 봄을 시기하던 꽃샘추위도 절기에 한풀 꺾인다. 따스한 봄볕에 생명의 기운들이 물씬 터지고 있다. 겨울을 물고 온 까치는 겨우내 잠이 들었던 유치원의 첫 손님이다. 상큼한 봄이 왔다면서 아침부터 반가운 소식을 퍼 나른다.

중앙유치원에도 반가운 봄 까치가 찾아왔다. 생기발랄한 우리 아이들이다. 제 발로 걸어온 아기 까치다. 뒤뚱거리는 아이들, 두리번거리는 아이들, 금세라도 눈물샘이 열릴 것 같은 아이들이 쪼르르 몰려왔다. 진객인 '아기 까치'가 들린 유치원은 그야말로 눈이 부셨다. 두 손을 벌려 안아주는 선생님은 진심을 담았고 아이들은 환호했다. 이에 질세라 햇빛과 바람도 아이들을 감싸안았다. 아이들 세상은 위아래나 편견과 고정관념이 없다. 있는 그대로면 충분한 현재진형행이다. 꿈을 먹는 것도 지금 이 순간이다. 영혼이 맑은 아이들은 바라보는 사물과 느끼는 오감이 다르지 않다.

유치원이 사색에 빠질 때가 있다. 졸업과 입학의 틈새 공간이다. 숨을 죽인 교실, 텃밭의 풀들, 담장의 해그림자들과 아이들의 추억들이 유치원 곳곳에 남아 있다. 어떤 친구는 졸업 후 꼭 다시 들리겠다고 말하고, 또 어떤 친구는 자신을 잊지 말라면서 석별의 정을 애틋하게 새기기도 한다.

그리움은 쌓인다고 했다. 불현듯 3년 전에 졸업한 그 친구가 생각나고, 어떤 개구쟁이 친구는 상급 학년에서 얼마나 휘젓고 다니는지 궁금하다. 지금도 따사로운 햇살을 받은 복도 끝에서 꾸벅꾸벅 졸고 있는 친구도 있을 테고 유치원의 추억을 떠올리는 친구도 있을 테지.

박애진　같은 듯, 다른 듯이

생각에 잠기다 보니 아이들의 공터가 빚어낸 유치원의 풍경이 소솔하다.

2월말의 유치원은 졸업시즌이다. 텅 빈 공간의 유치원은 봄방학의 여유도 생기고 적막이 깔린다. 아이들이 문전성시를 이루던 놀이터에도 썰렁함이 맴돈다. 입학을 준비하는 선생님들의 분주한 마음만이 신학기를 재촉하면서 입학과 동시에 졸업을 향해 숨가쁘게 달린다.

유치원은 아이들이 주인공이다. 하루 종일 굴러야 하는 쇠똥구리처럼 아이들은 가만있지 못한다. 그들은 텃밭에서 벌레 한 마리만 만나도 둘러서서 소란을 피운다. 그러면서 생명의 존귀함을 배우고 자연 학습을 통해 스스로 인지능력을 키우면서 성장해간다. 세상은 성공이 전부가 아니란 걸 유치원에서 만큼은 알아차린다. 중앙유치원의 교육 목표는 자연과 생태를 최우선으로 설정한다. 그 아이가 어른이 되면 자연스럽게 가치관, 생명존중, 생태와 환경, 타인에 대한 존중이 배일 것이다.

3월 첫 주 입학식을 했다. 입학식은 호기심을 채운 안면트기다. 독립의 개념을 배우고 단체 활동의 성숙과 공동체를 배운다. 가느다란 인격체 나무가 자라고 고민의 흔적도 스며든다. 착한 것이 무엇이고 나쁜 짓을 하면 잘못된다는 원리를 알아간다. 조금씩 풍부해지는 감정이 만들어지고 슬픔이 아프다는 것을 느끼면서 공감의 소중함을 새긴다.

입학은 새로움과 익숙하지 않은 어수선함도 동시에 찾아온다. 아이들이 중앙유치원에서 반짝반짝 빛나고 밤하늘의 별처럼 무수한 상상력을 키우면 좋겠다. 꽃송이의 아름다움이 그 아이의 마음속에 자리 잡으면 좋겠다. 아이답게 생각하고 아이답게 놀 줄 아는 동심이 얼마나 중요한가를 내 자신의 교육철학이 한 번도 흔들리지 않았다는 것을 조심스럽게 고백해 본다.

 한 생명을 키운다는 것, 해맑은 아이들이 어떻게 자라는가를 지켜보는 것은 축복이다. 그러기 위해서는 '인내'를 마음속 깊은 곳에 저장해 놓아야 한다. 내 교육경험의 현장은 생각보다 단순하다. 되도록 간섭하지 않아야 한다. 무엇을 가르치기 이전에 아이의 마음 문이 열려 있는지 세심하게 살펴야 한다. 아이들은 잘 흔들리고 상처에 민감하다. 스킨십의 따뜻함이 용기를 북돋는다.

 유치원 선생은 떨림의 전도사다. 처음 신학기가 열리고 아이들과 대면했을 때 첫 떨림을 경험한다. 그 전날 밤은 상상 속의 아이들이 머금은 미소 얼굴을 그리다가 잠을 뒤척인다. 선생님과 이이들, 유치원 가족인 나무와 푸른 잎사귀도 떨림으로 지샌다. 떨림의 대상이 떨림으로 반기는 이치다. 인간과 자연에 대한 사랑은 그렇게 변치 않겠다는 언약처럼 진중해진다. 나도 아이들에게 '떨림'으로 남고 싶다. 강하지 않는 유치원 원장으로 기억되고 싶다.

 유치원은 행복 보따리의 매듭을 푸는 곳이다. 그럴 때 유치원 울타리를 따라 출근하는 발걸음이 경쾌해진다. 행복을 재단하는 '기쁨 디자이너'의 손놀림이 바빠지는 신학기에 아이들도 긴장을 풀고 덩달아 행복이 부풀어 오른다. 내일의 가슴 벅찬 설렘으로 희망을 품는다.

박애진 | 같은 듯, 다른 듯이

유치원에서 아이들과 보내는 하루하루는 다이내믹한 감정놀이다. 한없이 순수한 동심이 수레바퀴처럼 반복되는 일상이지만 지루하지 않다. 지나고 보면 모두가 행복인 거기서 사랑이 충만된다. 감사함이다.

나의 문화유산답사기
함안 아라가야 편

　　　　　　　　　　사월이다. 정말이지 놓치기 싫은 계절이다. 따뜻한 봄 햇살이 무색할 만큼 뜨겁지만 어디선가 봄 향기가 불쑥 튀어나올 것 같다. 콧노래가 절로 나온다. 요동치듯 감정의 높낮이가 널뛴다. 늦잠을 자는 딸을 서둘러 깨우면서 흥얼거린다. 어제 마트에서 사다 둔 오이와 당근, 체리와 포도를 씻어 작은 통에 넣고 김밥을 주문한다. 냉장고에서 시원한 물을 챙겨 배낭에 넣고 집을 나선다. 역사의 향기가 진하게 밴 함안 아라가야로 향하는 발걸음이 가볍다. 운전대를 남편에게 맡기니 홀가분하다. 남편의 표정도 봄에 피는 꽃처럼 화사하다. 봄을 다 보내고도 마음의 봄만큼은 꼭 붙잡아야겠다.

　　오늘 "중앙토요자연탐험대"가 탐방할 장소는 역사 도시 함안의 아라가야다. 중앙유치원에서는 한 달에 1번, 부모님과 아이들이 동행한 숲과 생태와 역사와 문화 탐방을 진행한다. 질문하고 토론하고 학습하면서 인문학적 관점이 길러낸 다양한 사고를 공감할 것이다.

　　역사를 바라보는 안목의 출발지는 유물과 기록을 바라보는 혜안에

박애진　같은 듯, 다른 듯이

있다고 한다. 그러니 현장은 답사의 얼굴이다. 상상의 꼬리로 이어지는 출발점이다. 그 첫 탐방지가 아라가야의 찬란한 문화유적지가 산재한 함안박물관과 말이산고분군이다. 기원후 6세기까지 500년간의 왕도가 자리 잡은 아라가야는 비밀로 채워진 신비로운 곳이다. 중앙의 가족이 함께한 오늘은 마음의 문이 열리고 심장이 뛰고 가슴에 차오르는 벅찬 설렘이 요동친다.

함안의 지리에 익숙한 남편의 운전실력 덕분일까, 아니면 집 나서는 길손의 둥실한 마음 때문일까. 몸보다 마음이 먼저 재촉하는 곳. 마음속에 다가온 함안의 선경이 그려진다. 일행과 만나기로 한 시간보다 일찍 도착했다. 봄 햇살이 곱게 반기는 함안박물관 입구에 들어서니 벌써 함안 아라가야의 상징과도 같은 '불꽃무늬토기'의 웅장함에 매료되었다. 불꽃의 형태를 굽다리 부분에 뚫어 장식한 토기였다. 4~6세기까지 널리 유행했다고 한다. 우리가 가늠하기조차 어려운 세월 동안 어떻게 웅장한 불꽃 형상으로 용틀임했는지 자못 궁금했다.

함안박물관을 향해 답사 차량이 들어오고 만나는 아이들과 부모님께 반갑게 인사를 나누었다. 늘 만나는 아이들인데, 어제도 유치원에서 만났던 아이들인데 아이들과 눈이 마주칠 때마다 묘한 감정이 일렁인다. 순백의 화선지는 인지가 생성되는 공간이라고 한다. 초롱초롱한 아이의 눈망울은 호기심이 발동되는 열린 산실이다. 오늘 답사에서 아이들이 무엇을 인지하고 그려내고 상상해낼까. 박물관과 고분길에 풀어놓으면 먼 훗날 스스로 답사의 아련한 추억 한 조각은 기억하겠다는 생각이 스친다.

동 시간대에 한 공간에서 공동의 주제로 역사를 이야기하고 공감하며 함께한다는 사실이 현장에 와 보니 더욱 실감난다. 이는 우리가 인지하는 공동체적 의식일까. 공동체의 구성원이라는 높은 자존감일까. 역사는 동질성의 재확인 과정이라는 보편적 진리를 받아들이는 실체일까. 생각 언저리 너머에 각인되는 역사의 혼을 더듬어 올라가 본다. 역사기행만으로도 그 후손인 우리가 지금 시공간을 초월한 이곳에 존재하고 살아 숨쉬지 않을까. 아이들에게 최고의 선물은 삶의 성장 과정에서 단단한 뿌리를 내릴 수 있도록 상상의 고리를 이어주는 '견문'이라는 자양분을 건네는 것이다. 새들이 창공을 힘차게 날아오를 수 있는 것은 날갯짓에 앞선 광활한 세계에 대한 궁금증이다. 오늘 아이들도 그러하리라.

박물관 입구에는 말이산 4호분 출토물 '수레바퀴모양토기'가 10배 크기로 확대되어 전시되어 있었다. 특히, 말이산고분군 전시실에는 최근까지 발굴된 다양한 유물을 전시하고 있어 아라가야의 역사를 한눈에 볼 수 있었다. 함안은 남강과 낙동강의 잦은 범람으로 형성된 충적 지대가 넓게 펼쳐져 있어서 구석기, 신석기, 청동기시대의 광범위한 주생활 무대의 터전이 되었다고 설명하고 있다.

2층 전시관에 들어서자마자 눈에 확 띄게 들어오는 말 모양이 인상적이었다. 말을 부릴 때 쓰는 연장이나 말에 딸린 꾸미개로 장착된 말 갑옷이었다. 아라가야의 기병 전사들이 전쟁터를 누빈 흔적이라 뭉클했다. 1,500년 만에 실물 한 편의 드라마를 보는 벅찬 감동이 밀려왔다. 더구나 신문 배달 소년의 우연찮은 공사현장 목격에서 이 유물이 살아남았다니, 놀라운 일이다. 배달 소년이 10분만 늦게 공사현장을 스쳤어도 영원히 잠든 아라가야의 영혼은 빛을 보지 못했으리라. 아찔한 일이다.

말이산 13호 고분군에서 아라가야의 별자리가 새겨진 천문도인 덮개석이 확인되었는데 이는 한반도 남부에서 확인된 유일한 고대 별자리로 5세기 후반 최전성기 아라가야의 위상을 보여주었다. 별자리는 점성술과 현해탄을 건너는 항해일지로 긴요하게 사용되었다고 한다.

중앙의 아이들에게 인기가 있었던 영상실에서는 함안 낙화놀이가 환상적으로 진행되고 있었다. 화려한 불빛들이 쏟아내는 불꽃은 시시각각 모양을 달리하며 아이들의 호기심을 연발하게 했고 불빛은 다양한 놀이로 재생되어 아이들은 물론 어른의 마음을 사로잡기에 충분했다. 함안의 대표적인 연꽃, 700년의 기다림 끝에 환생해 꽃을 피운 '아라홍련'은 시간의 유수함을 견딘 생명의 강인함은 실로 위대했다.

말이산은 '왕의 무덤이 있는 우두머리 산'을 의미한다. 말이산고분군은 함안 곳곳의 100군데가 넘는 대형고분군이 말이산 능선을 따라 펼쳐져 있다. 이는 국내 최대급 규모라고 한다. 1~6세기 가야 연맹을 구성했던 아라가야의 대표 고분군의 위상을 자랑하듯 명맥을 유지하고 있었다. 중앙가족은 그 고분군 오름길을 따라 걸으면서 자연경관에 폭 빠져들었다. 파란 하늘 아래 그림같이 서 있던 노거수가 마치 고분군의 파수꾼을 자처하고 서 있는 듯 고졸한 멋을 자아냈다.

고분군 언덕에 노랗게 피어 있는 양지꽃, 보랏빛의 남산제비꽃, '꿩의밥' 열매를 손바닥에 올려 비벼 맛보았다. 노랗게 무리를 지어 피어 있는 애기똥풀의 가지를 꺾어 손톱에 자연물도 들였다. 가지를 꺾으면 노란 물이 나오는데 그 모양이 마치 애기 똥같이 생겨 '애기똥풀'이라고 부른다. 같은 듯 다른 하얀 냉이꽃과 말냉이꽃의 생김새를 비교해보는 생태 수업에서 연신 감탄사가 흘러나왔다. 500년의 역사가 살아 숨쉬는 곳에서 자연에 다가가는 시간, 저마다 가슴속에 뜨거운 감동이 물결처럼 일렁거렸다.

박애진   같은 듯, 다른 듯이

엄마의 냉장고

알람 소리가 요란하다. 정적을 깨우는 건 잠재된 의식이라고 한다. 자고 나면 배시시 웃고 있는 갓난아기와 차원이 다른, 나를 다그치는 건 할 일이 있다는 경고음이다. 조금만 더 자고 싶은 나태한 몸과 일어나야 한다는 강박증이 잠시 충돌한다. 일어나지 못하고 몇 분간 뒤척일 때도 부지기수다. 언제부터인가 달콤한 휴식이 그리워질 때는 뭔가 그 일들을 꽉 쥐고 나선 주말 나들이로 보상받는다.

웬일일까. 무거운 몸을 뒤척이면서 침대에서 일어나지만 상큼하다. 마음이 먼저 길을 나서는 오늘은 친정 가는 날. 집들이 오순도순 앉아 있는 고향마을에 들리는 날. 들길에는 풀들이 기댄 군락처럼 마음이 따스해진다. 고향에 홀로 계시는 엄마의 손등과 목주름과 성성한 백발이 떠오른다. 주름살이라는 생의 나이테와 등 굽은 나무를 닮아버린 곡진한 세월을 무상한 것이라면서 애써 숨기고 살았을 당신은 무심의 달관이 되어버린 것 같아 안쓰럽기만 하다. 늘 그랬듯이 여름휴가가 시작되는 7월 말쯤이면 세 자매가 이심전심 둥둥둥 진군 나팔을 불면서 출동한다. 평소처럼, 엄마가 좋아하는 음식과 필요한 물건들을 트렁크에 가득 싣고 떠난다.

  운전은 남편에게 맡기고 세 자매는 어릴 적 추억을 하나, 둘 꺼내 들어 이야기꽃을 피운다. 남편은 귀를 쫑긋 세우고 우리는 나뭇가지에 앉은 새와 수직으로 떨어지는 폭포와 백화제방의 들꽃처럼 말문들이 일제히 열리고 솟구친다. 할 말이 많은 것보다 하고 싶은 말이 많은 것은 지금 순간이 행복하다는 것. 아버지의 넉넉함과 엄마의 강인함이 오버랩으로 겹친다.

  김해에서 진도 가는 날은 언제나 소풍 가듯 즐겁고 설렌다. 설렘이 설렘을 낳는 날이 잦아질수록 유년의 달밤과 별이, 서걱거리는 바람이, 이슬에 젖은 풀꽃들이 스친다. 곰곰이 생각해 보니 눈물로 키웠고 남들보다 더 잘해주지 못해 부끄럽고 미안한 마음이 오죽했을까. 오늘도 엄마는 동구 밖에 나와 우리를 기다릴 것이다. 차 문을 열 때마다 더운 바람이 왈칵 몰려온다. 세 딸은 걱정이 앞서고 근심이 쌓인다. 더군다나 오늘은 폭염경보가 내리지 않았던가. 젊은 날의 폭염은 곡식이 또록또록 여물어간다는 섭리에 버텼지만, 지금은 그저 연로한 노인이 견디기에는 벅차지 않을까.

  엄마는 우리가 출발한다고 전화하면 도착하기 몇 시간 전부터 마을 어귀에 나와서 우리를 기다리신다. 아버지 생전에도 그랬고 지금은 엄마 혼자서 그렇게 한다. 걱정되는 마음이 앞서는지 막내가 먼저 전화를 한다. 오늘은 날씨가 너무 더우니 나와 계시지 말고 집에 가만히 계시라면서 몇 번이나 우격다짐처럼, 그러면서 조곤조곤 목소리를 높인다. 잠시 뜸을 들인 후, 도착할 때쯤 다시 전화를 드리겠다면서 안심시킨다. 늘 엄마는 내 걱정하지 말고 조심해서 천천히 오라면서 오늘도 같은 대답을 하신다. 엄마가 해주신 음식으로 어른이 되었는 줄 알았는데 어느 순간 엄마의 사랑이 우릴 '그리움'이라는 고마움을 붙들고 있다는 걸 깨달았다.

 섬진강 휴게소에 들러 간단히 목을 축이고 다시 진도를 향해 달린다. 순천을 지나 드넓은 벌교 갯벌과 어느새 해남이 시야에서 사라지고 드디어 진도대교를 가리키는 안내판이 보인다. 고향이 점점 다가올수록 아버지를 향한 그리움과 엄마를 향한 안쓰러움이 교차한다. "고향이구나." 유년의 친구들이 어른거린다. 낯선 곳과 생경한 장면들이 밀려온다. 감회가 생기고 난 후의 가슴은 요동친다.

 멀리 고향집이 보인다. 시선은 마을 앞 동구 밖으로 향한다. 작고 희미한, 어딘지 모르게 익숙한 자태, 엄마다. 그렇게 당부했건만, 엄마는 꼿꼿하게 그 자리를 지키고 계신다. 풍상을 겪은 노거수처럼 눈시울 적신 흔적을 남기지 않으려는 엄마가 불쌍해 보인다. 더운데 언제부터 나와 있었냐고 세 딸은 엄마를 향해 목소리를 높이고 엄마는 반가움에 두 팔을 벌려 우리를 안아 주신다. 등이 굽은 엄마의 눈가에 이슬이 맺힌다. 한 번도 인생의 빛나는 이슬이 되어보지 못한 당신! 그렇게 고단했던 당신! 지난밤에도 숨죽이며 우리를 기다렸을 당신! "엄마, 제발 일 좀 그만하세요." 세 자매는 잔소리 같은 당부가 이어졌다. 그리고 그간의 안부를 물으며 집으로 향한다. 제때 안부 전화도 드리지 못한 죄스러움이 인다. 엄마는 땀으로 우리를 일구었다. 눈물로 한 생의 멍에를 짊어지고 앞만 보고 걸었다.

집에 도착하여 늦은 점심을 준비하려고 냉장고 문을 연다. 아버지는 지난가을에 이승에서 우리와 마지막 작별을 했다. 전화로 안부를 물을 때마다 혼자서 외로움을 삼키는 흔적이 다 보였고 가늘게 떨리는 목소리에는 힘이 없었다. 엄마는 혼자가 되고 난 후 식사를 잘하시지 않는 다는 것을 어림짐작으로 알 수 있었다. 엄마의 건강이 염려되어 달포 전 준비해 놓고 간 석쇠불고기와 여러 가지 음식들이 그대로다. 우리가 전화로 물을 때는 잘 먹고 있다고 했지만 우리는 늘 반신반의했다. 걱정하지 말라고 하셨는데 어떻게 된 겁니까? 엄마는 그냥 흐릿한 웃음만 보인다. 우리 세 자매의 말과 생각도 부질없다는 것이라는 것을 우리는 안다. 엄마는 한평생 당신 자신을 위해 살아본 적이 없다는, 고단한 운명까지 헤아리지 못한 우리 자신이 부끄러울 뿐이다.

　눈물이 흐른다. 엄마는 늘 맛난 것만 있으면 냉장고에 넣어두시곤 했다. 자식에게 먹이고 싶은 마음을 어찌 다 헤아릴까. 우리가 맛있게 밥을 먹을 때도 엄마는 늘 웃고 계신다. 그럴 때면 세 딸은 돌아가며 "엄마 얼른 많이 먹어. 왜 안 먹어."라고 하면 우리 먹는 것만 봐도 배가 부르다고 하신다. 엄마는 가장 먼저 식사를 시작하여 가장 늦게까지 숟가락을 들고 계신다. 우리의 목소리를 찬찬히 끝까지 듣기 위해서.

　엄마 집에는 냉장고가 3대 있다. 봉지마다 알 수 없는 것들로 가득 차 있다. 김치냉장고에도 또 다른 냉장고에도 빈 곳이 없다. 까만 비닐봉지마다 참기름, 깨소금, 매실청, 검은콩, 죽순나물 등이 우리를

박애진　같은 듯, 다른 듯이

기다리고 있다. 제철 농산물과 애지중지 여기던 물건들이 나누어 줄 자식 수만큼 차곡차곡 채워져 있다. 봉지에 넣으면서 기뻐하고 차에 실어주면서 흡족해하며 웃음 짓는다. 엄마의 냉장고는 당신의 분신이다. 어릴 적에는 우리가 분신이었다. 두 눈을 감기 전에는 식지 않을 자식 사랑이 당신을 지탱해주리라.

이제는
바람과 햇살이
나설 차례다

단옷날이 가까이 왔다. 창포물에 머리를 감고 그네를 타던 어린 시절의 시골 풍경이 뒤따라온다. 유년의 추억은 누구도 말리지 못한다. 하세월 다 보낸 것 같아도 뚜렷하게 각인되고 선명하게 떠오른다. 여름 초입은 여성이 '단오'를 머리에 이고 가는 계절이다. 농번기에 접어들고 나무가 해그림자로 키를 키우고 식물은 봄에서 여름으로 걷고 여름에서 가을로 익어가고 가을에서 겨울로 들어간 그곳에서 봄이라는 생명을 잉태하면서 순환한다.

단오는 계절의 화신이다. 천지간에 소통하는 기운이 넘치고 햇볕이 풍부하고 만물이 생장하며 차오른다. 이른 봄날, 곡식 창고에 저장해 놓았던 종자 대방출이 이랑과 고랑으로 구분 짓는 골과 골 사이에 수평을 이루고 논밭에는 보리 이삭이 누렇게 익어서 집 나간 사람이 돌아오고 산 사람에게 거미줄을 친다는 계절이다.

박애진 같은 듯, 다른 듯이

단오는 음력 5월 5일로 여름에 들어서는 초하^{初夏}의 계절이다. 일명 수릿날^{水瀨日}이고 천중절^{天中節}과 단양^{端陽}이라고도 한다. 단오의 단^{端}자는 처음 '곧'이라는 첫 번째를 뜻하고, 오^{午}자는 '오^{五}'라는 다섯의 뜻으로 통하므로 단오는 초닷새^{初五日}의 뜻이 된다. 과거 농경사회였던 우리 조상들이 모내기를 끝내고 단옷날에 풍년을 기원하는 제사를 지내기도 했다. 고유의 명절인 설날과 추석과 함께 삼대 명절로 정해진 적도 있었다고 한다. 단오를 맞이한 중앙의 아이들이 자연과 교감하는 생태전환 교육으로 진행된 현장으로 들어가 체험을 해본다.

꿈틀꿈틀 생명이 태동을 준비하던 춘삼월 어느 날 매화가 꽃샘추위를 뚫고 가장 먼저 봄을 알린다. 유치원 언덕배기에서 뜨거운 봄햇살의 진액을 받아먹은 꽃이 진 자리에 파란 열매가 옹골차게 달렸다. 동글동글한 매실 열매가 앙증맞게 달콤한 향기를 솔솔 풍긴다. 매화 열매인 매실이다. 청매실은 푸르스름한 솜털로, 홍매실은 군침을 넘기는 눈맛으로, 백매실은 담백한 색채로 조물거린다.

중앙의 아이들이 매실을 따기 위해 긴 장대를 들고 언덕배기로 들어선다. 아이들보다는 족히 두 배 정도 높이의 매화나무 가지 끝에 달린 매실을 향해 장대를 휘두른다. 탁탁탁, 투욱투욱, 몇 번을 내리쳐 보지만 매실은 좀처럼 떨어질 기미가 보이지 않는다. 어쩌다 '톡' 하고 매실이 한 개라도 떨어지면 '우와' 하면서 환호성과 감탄이 쏟아지고 왁자지껄 소란스럽다. 선생님이 이렇게 설명해주었다. "처음부터 연약한 열매는 없다. 추위와 비바람에 살아남기 위해 제 몸 붙들고 있는 저 열매를 봐라."

　아이들은 매실따기 체험에 시간 가는 줄 모른다. 시간은 인간이 효율을 높이기 위해 점지한 것. 호기심이 가득한 아이들 공간에서는 시時와 때가 따로 없다. 몰입하는 장소만 주어지면 꿈을 만들고 상상의 성城을 쌓는다. 눈을 동그랗게 뜨고 매실나무를 향해 장대를 조준해대는 아이들로 인해 꽃필 때 절정을 맞았던 매화나무도 숨길 수 없는 생의 끝자락에서 순명을 받아들인다. 매실의 '생'이란 설한풍을 견딘 고난의 행군이 있었다. 봄소식보다 먼저 영양분을 가지 끝으로 보내야 하는 간절함이 그 나무의 본성이리라. 그럴 때 비로소 매실나무는 매실을 따겠다고 작심한 아이들의 열정에 그만 두 손을 들고 항복하리라. 정말이지 자연의 숭고함은 어른들의 영역에서는 그리 쉽게 이루어지지 않는다. 바람 한 점 없어도 떨리는 연초록 잎처럼 인간의 숭고함은 아이들의 여린 심성에서도 출렁인다. 눈뜨면 출렁이고 날마다 떨림으로 존재를 확인시키는 아이들은 그만큼 여린 새순처럼 민감하고 쉽게 상처를 받는다.

　아이들은 매실이 떨어지든 말든 깔깔깔 웃어 댄다. 긴 장대로 매화나뭇가지를 휘두르며 툭툭 치는 것 자체가 이미 재미가 되어 버렸기 때문이다. 매실 따는 것에서 놀이로 변신했다는 신호다. 아이들의 놀이는 순서가 없다. 순서가 없으니 언제 어디서나 누가 먼저라고 할 것도 없이 자연스럽게 시작되고 사라진다. 그런 천방지축 놀이는 순서가 없는 것 같아도 자세히 바라보고 지켜보면 일정한 리듬을 타면서 진행된다. 호기심이 생기면 달려들고 싫증 나면 내려놓는 이치다.

박애진　　같은 듯, 다른 듯이

배부른 놀이 밥이다 싶으면 재빠르게 다음 순서로 넘어가든지 다른 놀이를 찾는다. 놀이는 다채롭고 아름다운 아이들이 구김 없이 자랄 수 있도록 돕는 자양분이다. 아이들의 놀이 밥은 세상을 소통시키는 가교 역할을 한다. 중앙의 아이들이 놀이 밥과 재미 밥을 먹는 사이, 아이들은 익어가고 매실은 수북하게 쌓였다.

　이제 매실을 씻을 차례다. 물과 매실과 아이들의 삼박자 만남이 시작되었다. 아이들과 물이 만났으니 물 만난 고기처럼 오죽하랴, 상상에 맡긴다. 유치원 잔디밭 놀이터의 홍가시나무가 그늘을 만들어 주는 수돗가에서 매실을 씻는다. 뽀송뽀송 아기 솜털 같은 잔털을 뽀드득 제거하고 단단한 열매꼭지를 놓치지 않고 땄다. 깨끗이 씻어 커다란 소쿠리에 건져 올려놓으니 금방 목욕하고 나온 매실 열매가 반짝반짝 윤이 난다. 이제는 바람과 햇살이 나설 차례다. 매실이 자신의 몸을 말리는 것은 낡고 묵은 시간을 견뎌온 보상이고 아이들에게 선물하려는 본능에 충실한 책임 아닌가.

　까르르 웃던 아이들이 떠난 유치원은 정적에 쌓인 공터로 변신한다. 밤을 넘긴 아침이 왔다. 등원하는 아이들의 종종걸음이 빨라지고 나뭇가지에 앉은 새들이 목청을 높인다. 어제 씻어 놓은 매실 앞으로 쪼르르 달려가 매실의 생사를 확인하고 나서야 "휴"하고 안도의 숨을 쉬며 웃는다. 설탕과 매실을 유리병에 일대일 비율로 차곡차곡 넣었다. 스스로 직접 만든 매실청을 양손에 들고 요리조리 들여다보며 만족하는 듯 자랑을 한다. 뿌듯한 성취감이 번진 얼굴에는 화색이 돈다. 강요에 익숙한 아이의 얼굴은 그림자가 생기지만 만족에 익숙한 아이의 얼굴은 자신감이 넘친다. 만족은 그윽한 사랑과 칭찬에서 나온다.

  단옷날을 맞아 중앙유치원에서는 수리취떡을 동글납작하게 빚은 후, 전통문양 떡살을 찍어 달콤한 꿀에 발라 먹고 잔디밭에서 널뛰기 놀이를 했다. 나무판 양쪽 끝에 서서 서로 번갈아 가며 널을 뛰었다. 높이 날아오르는 널 위에서 아이들의 상상도 함께 날아오른다. 아이들이 전통을 체험하고 보존하는 것은 신문명을 받아들이는 개방과 창조성을 키운다고 필자는 믿는다. 그 연장선상이 '생태전환교육'이다. 다양한 생명이 운집한 유치원 마당과 정원은 아이들의 마음이 둥둥 떠다니는 은하수가 아닐까.

박애진   같은 듯, 다른 듯이

인생 친구
내 동생

오늘도 무덥다. 태초에 하늘과 땅이 열리고 대륙판이 요동칠 때는 바다와 육지가 합치고 갈라졌다고 한다. 인간이 자연을 숭배하는 것은 홍수가 나고 천둥 번개가 몰아칠 것 같은 두려움 때문이다. 지구가 새 생명을 잉태할 때는 순한 양이 되지만, 온난화로 욕망이 팽창하는 지금의 지구별은 여름이 다 가도록 불덩이를 키울 기세다. 찜통더위 앞에 장사 없다고 한다. 정말이지 가을이 오지 않아 낙엽을 밟지 못하면 남는 것은 무엇일까. 상심으로 이어지는 슬픔이나 건조한 일상이겠지.

오랜만에 우리 집에 여동생이 놀러왔다. 여름 산 울창한 나무들이 더운 땀 식혀 줄 것 같아 서둘러 집을 나선다. 가끔 틈 만들어 우리 집에 놀러 오는 여동생은 집 뒤에 있는 분성산 둘레길 걷는 것을 좋아한다. 동생이 올 때마다 나도 신이 난다. 숲길에서 조곤조곤 말하는 동생은 천상 저 옅은 표정으로 떨림을 감추는 나무를 닮는다.

분성산 숲길을 걸으면 잡다한 상념이 사라진다. 잘 가꾼 생태숲에는 흙냄새와 바람 냄새와 나무 냄새가 풍긴다. 인간의 발자국이 적의를 품지 않으면 원시림으로 거듭 태어나고도 남을 천연 숲에 가깝다. 그늘진 테마공원을 걷다 보면 산책하는 철학자의 사색도 띄엄띄엄 흔적을 남길 것 같은 숲이다. 나도 어쩌다 일찍 일어나는 아침이면 습관처럼 오르지만 무성한 숲은 언제나 고요한 얼굴이다.

 동생과 분성산을 오른다. 햇살이 인정사정없이 숲을 파고들지만, 태양을 등지도록 설계된 나무 그늘이 이 많은 나무 얼굴의 그림자 분신이 된다. 덥지만 더운 줄 모르는 산길을 응원하는 초록 잎이 춤사위로 폭염을 가라앉힌다. 점점 더 물오른 잎사귀로 무장한 나무는 땀 흘리는 비석처럼 제 몸을 열어서 여름을 달군다. 나무가 여름을 달군다는 것은 푸르름을 생산하는 물레질을 한다는 것. 나도 덩달아 상큼한 감정선이 창공을 향해 날아간다.

 숲길을 따라 걷다 보면 곳곳에 얼굴을 내미는 꽃들과 인사를 나눈다. 이에 질세라 도란거리면서 숲속을 돌아다니는 바람도 '이곳이 천국이지 않습니까'로 묻고 나는 화답한다. 동생과 나는 숲의 은덕에 줄 것은 없어도 고마움은 안다. 오랫동안 숲을 걷다 보면 나무가 말을 걸어온다고 나는 믿는다. 나무를 믿는다는 것은 숲에서 귀를 쫑긋 세울 줄 아는 사람만이 느끼는 오롯한 감정이다.

 분성산 생태숲 둘레길 한쪽에는 황토로 조성된 길이 반듯하다. 잘 정비된 숲길과 매칭이 된 덕분인지 사람들의 발길이 끊이지 않는다. 자연 그대로의 생태환경 덕분에 누구나 편하고 쉽게 산책할 수 있는 도심 속 힐링 공간으로 사랑을 받는다. 황톳길은 맨발이 제격이다. 황토는 황색의 대지가 품고 있는 최상의 알집이다. 알집은 생명을 품고 부화시키고 깨뜨리는 곳이다. 오감을 열어주고 세포를 뛰게 하고 생명의 힘찬 고동 소리로 탄생의 축복을 선물한다.

 황톳길을 걸을 때마다 유년의 추억이 소환된다. 유년의 추억이 서려 있는 고향 진도는 무궁무진한 동심을 남겼다. 초등학교는 집에서 4km 남짓 떨어져 있었다. 멀고 힘든 길만큼 상상을 채우는 꿈들이 널려 있었다. 동생과 나는 설익은 꿈을 먹기도 하고 줍기도 하면서 매일 그 길을 걸어서 학교에 다녔다. 조금만 비가 내려도 납작한 흙탕물이 튀어 바지와 신발을 적시고 세찬 바람이 불 때는 물길을 거슬러 올라가는 물고기처럼 등을 낮추면서 걸어야 했다. 밤새 함박눈이 쌓여 발목까지 빠질 때는 사투를 벌이면서 걸었다. 동생과 나는 그 틈새에 눈사람을 덩그러니 만들어 놓고 설치 미술의 초보자가 누리는 포만감을 누렸다. 내 동생은 나와 함께 걸으면서 말동무가 되어주었고 나누어 먹을 군것질 앞에서도 욕심부리지 않았다. 동생은 그때도 지금도 두 살 어린 귀여운 내 동생이다. 등굣길은 내가 마음이 급했고 하굣길은 동생이 더 많은 놀잇감을 물고 다녔다.

 학교 가는 길은 흙에다 돌과 자갈이 깔린 비포장도로였다. 간혹 대형차라도 지나갈 때면 뿌옇게 흙먼지가 일던 신작로는 지금도 눈에 아른거린다. 먼지를 덮어쓰고 불편하게 걸었지만, 허기를 채우는 먹는 것이 더 급선무였다. 비바람이 몰아치고 눈이 오고 먼지가 풀풀 날리어도 신작로는 갈지자 어린아이의 행군길이고 신나는 놀이터였다. 지금까지 끝나지 않는 기쁨을 충만 시켜 주었으니 돌아서면 다시 걷고 싶은 유년의 길이다.

황토 특유의 부드럽고 촉촉한 감촉이 발바닥을 자극한다. 한 발 한 발 옮길 때마다 찰흙을 밟는 것처럼 진득한 감촉이 매끄럽다. 마치 엄마의 속살처럼 보드랍고, 인절미 쑥떡처럼 찰진 느낌이 통한 듯 동생과 마주보며 웃어본다. 간간이 불어오는 바람이 시원한 것은 그 바람의 진원지를 알고 있기 때문이다. 내가 태어난 곳. 내 꿈이 모인 곳. 눈 감으면 떠오르는 고향마을의 풍경이 휘감는다.

　가족과 함께 산책 나온 아이들이 까르륵 장난을 치며 황톳길을 걷고 있다. 황톳길 옆에서 반려견이 졸랑졸랑 눈망울을 굴리고 쿵쿵거린다. 천천히 뛰다가 가볍게 걷는다. 주인인 듯한 아주머니는 목줄을 잡고 천천히 가자는 듯 다정한 미소를 흘리고 이야기를 토닥이면서 나란히 걷는다. 최근 건강에 좋다는 맨발 걷기 열풍일까, 황토는 체내 노폐물을 분해하고 항균 효소가 다량 함유되어 있어 세균 억제뿐만 아니라 독소 해독, 불순물을 정화해 준다고 한다. 울창한 숲길을 따라 조성된 황톳길은 인기 만점이다. 걷는 열풍만큼 사색하는 공간 길이 제 자리를 지켜주면 좋겠다.

　숲속이 주는 청명함이 이런 것일까. 천국이 따로 없다. 그냥 히죽히죽 웃음이 나고 어화둥둥 어깨춤이 절로 난다. 여기저기 생명의 기운이 물씬 풍기는 자연을 알현하니 경이로움에 숙연해지기까지 한다. 어린 시절 비를 쫄딱 맞고 집에 도착하여 젖은 옷을 갈아입고 따뜻한 구들장 아랫목에서 한숨 푹 자고 일어난 기분이 이랬다. 세상 부러울 것 없이 충만한 만족과 포근함이라고나 할까. 지금 나와 동생은 마치 유년의 어린아이가 되어 황톳길을 걸었던 추억을 공유한다. 자연의

박애진　같은 듯, 다른 듯이

매서움, 포근함, 싱그러움과 어깨를 나란히 하면서 십 리 길을 함께 걸었다. 내 마음에는 지금도 동생은 철부지 어린아이다. 인생을 함께 하는 친구 이상의 내 동생이다.

파수꾼

아이들의 웃음소리가 들린다. 도란도란 이야기 소리도 들린다. 조용히 귀 기울이면 새소리도 들리고 바람이 흔드는 나뭇잎의 떨림도 듣는다. 엄동의 나무는 그렇게 숨죽였다가 봄의 어느 날 연초록 이파리를 낸다. 이는 자연의 섭리이고 법칙이다.

아이들도 그렇다. 겨울 햇살을 받은 교실 한쪽에서 한바탕 왁자지껄 떠들썩하게 노는 아이들이 눈부실 때가 있다. 이 또한 유아기를 거치는 과정이다. 어느 날 유년기를 지나온 아이들은 소년기를 거치고 청춘의 성장통을 앓는다. 마치 대자연의 생명처럼 끊임없이 담금질하면서 성숙한다. 그 과정에서 아이들은 넘어지고 좌절하고 꿈을 꾸면서 일어선다. 눈물 꽃이 피었다 희망 꽃이 피기도 한다. 슬픔이 따라온 연민 같은 것을 느끼고 학습하기도 한다. 종잡을 수 없는 아이들은 그 자체로 다채롭다. 이는 만물이 소생하는 봄날처럼 아이들이 누리는 다양성의 색깔이고 축복이다.

허수아비는 황금들녘을 지키는 파수꾼이다. 불철주야 한눈팔지 않고 오곡백과를 지킨다. 제자리에서 두 팔을 벌리기도 하고 바람 따라

박애진 같은 듯, 다른 듯이

뱅뱅 돌면서 참새를 쫓는다. 허수아비의 머릿속에는 참새들 생각뿐이겠다는 생각이 들 때마다 나는 겨울 빈 들판의 논에서 서성이는 허수아비를 떠올려보곤 한다. 그 사이 농부는 나락 내는 방앗간을 상상할 뿐, 더 이상 그윽한 눈길을 보내지 않는다. 그런 허수아비도 존재로 인식하면 가장 탁월한 가을의 얼굴로 변신한다. 아이들도 진심이 담긴 사랑의 꼭지를 틀면 물조리개는 감수성 높은 자아나무로 성장한다.

가을 들판의 허수아비는 스스로 들판의 주인이라 생각할지 모른다. 그것이 유일한 낙인지 모른다. 생각은 생각을 입히는 법. 생각 너머에서 바라본 허수아비는 스스로 걸친 옷의 무게를 어떻게 받아들일까. 인간은 생의 종착이 빈손이고 허수아비는 존재감이 선명한 가을도 빈손이다. 인간은 무거움을 내려놓을 때 허수아비는 가벼움조차도 제 무게로 감당한다.

나는 허수아비를 풍경으로 바라보다 출렁이고 허수아비는 참새를 지켜내지 못한 자괴감으로 쓸쓸해지기도 할 것이다. 그뿐 아니다. 엄동을 건너지 못한 봄날이 얼마나 환희로 가득 채워지는지 알 길이 없다. 그러니 허수아비의 본질은 결핍된 존재다. 허수아비와 동병상련이 되는 인간의 결핍은 영원히 채워질 수 없다.

유치원 담장 너머로 울긋불긋 선홍색 꽃을 달고 있는 동백이 시야에 들어왔다. 꽃이 피기까지는 매순간 무너지고 용트림하면서 엄동을 견뎠으리라. 설한풍에 맞서면서 꽃을 피우고 기온이 내려갈수록 더 진한 향기를 낸다는 동백은 죽음의 존재조차 망각하면서 송이째 떨어진다. 온몸으로 살았고 온몸으로 꽃을 피웠다. 어떤 때는 우리네 인생사처럼 한순간에 쓰러지다가 금세 훌훌 털고 일어서기도 했다. 동백꽃은 연약하게 보이지만 실은 강인하다. 성정이 한없이 착한 꽃이라 그렇다.

우리 중앙유치원 텃밭에도 허수아비가 둥지를 틀었다. 가을 들판의 허수아비와는 분위기부터 다르다. 지나가는 아이들을 불러 모아 호기심 천국이 '여기다'라면서 조곤거린다. 밋밋했던 텃밭의 허수아비 얼굴에 뽀얗게 색을 칠해주고 양 볼에는 볼그스름한 연지도 찍어 발라 주었다. 아이들이 생명을 불어 넣을 때마다 금세 생기가 돌았다. 전류처럼 지나가는 교감의 열망이 아이와 허수아비에게 닿았다. 관심을 가진다는 것. 인정을 받는다는 것. 사랑한다고 나지막하게 속삭인다는 것. 허수아비도 아이들처럼 출렁이면서 천진한 웃음을 짓지 않을까. 오늘도 허수아비는 아이들의 보물창고 텃밭을 지키는 당당한 파수꾼이다.

중앙유치원 텃밭에는 꿈이 자란다. 농부처럼 능숙한 솜씨 대신 아이들의 농사는 얼기설기 삐뚤빼뚤 제멋대로다. 참새처럼 와작거리면서 꿈을 파종하고 몸통을 키우고 신기하게 열매를 단다. 동그란 눈빛을 담아서 그런가 보다. 유치원의 텃밭만큼은 아이들의 발자국 소리를 들으면서 자란다.

아이들 텃밭은 벌레도 친구가 된다. 가끔은 지나가던 까치가 주인처럼 자리를 잡고 앉아 있다. 바람도 허수아비를 보고 한참을 맴돌다 간다. 오늘은 꼬마 농부들이 찾아올려나? 허수아비는 유치원 텃밭을

박애진 같은 듯, 다른 듯이

향해 자꾸만 몸이 기울고 시선이 멈춘다. 아이들이 있어야 빛나는 허수아비는 사철 내내 중앙유치원 가족이다. 가족은 더운밥이다. 따뜻한 마음이다. 사랑의 언저리에 기댄 가족의 불침번이다.

  겨울은 살아 있는 생명체의 불꽃이다. 어떤 친구는 흙속을 기웃거리고, 또 어떤 친구는 스스로 꼼지락거리면서 얼음장 같은 불꽃을 피운다. 가장 차가운 별이 가장 밝게 빛난다고 하지 않던가. 언 땅의 벌레와 나무들도 겨울을 건너가면서 어느새 파수꾼을 닮아간다. 꽃샘추위를 뚫고 곱게 얼굴을 내민 봄까치꽃이 아이들과 허수아비를 반긴다. 봄이 저만치서 걸어오고 있다. 엄동을 견뎌낸 텃밭이 생명을 품을 준비에 바삐 움직인다.

  따사로운 햇살과 파릇파릇한 생동감이 넘치는 봄이면 아이들 얼굴에도 웃음이 가득하다. 씨앗을 뿌리고 모종을 심고 폭염의 계절을 보내고 난 구릿빛 얼굴의 가을 텃밭은 탐스러운 열매를 선물한다. 여름이 오고 가을이 지나간 겨울의 허수아비는 환희로 채워질 봄을 기다린다. 엄동을 지키는 파수꾼은 중앙유치원의 소중한 가족이다. 허수아비는 엄동이 지나면 봄이 온다는 것을 알고 있다. 아이들 발자국 소리를 손꼽아 기다린 염원 아니겠는가.

  그런 허수아비도 사람들의 관심을 받을 때 빛난다. 누구도 거들떠보지 않을 때는 빈 들판의 허수아비로 남는다. 그럴 때는 존재로 남아 있지 못하고 망각 속으로 사라진다. 햇살이 느릿느릿 서산으로 넘어갈 무렵의 가을 들판은 적막에 휩싸인다. 나른한 허수아비가 잠시 낮잠을 청할 무렵이면 고요도 따라 앉는다. 참새는 그 틈새를 놓칠세라 재빠르게 찾아와 최고의 성찬을 즐긴다. 생이란 그냥 그 자리에서 자신을 내보이면 그뿐이다. 아이들도 그렇지 않은가. 허수아비도 개별적 존재로 바라보면 가을 들판이나 중앙유치원의 터줏대감인 파수꾼으로 제 몫을 다한다. 아이들은 거기서 꿈을 꾸고 파종하면서 상상의 나래를 편다.

박애진 같은 듯, 다른 듯이

길을 비켜라,
푸른지구 지킴이 나가신다

　　　　　　　　　　매년 6월 5일은 세계환경의 날이다. 이날은 1972년 스웨덴 스톡홀름에서 열린 유엔 인간환경회의에서 제정되었다. 환경은 지구와 인간 사이의 영역이고 경계다. 좀 더 확장하면 지구 환경과 인간 환경은 필요 불가분한 관계다. 생각을 조금 깊이 들어가면 지구의 문제가 아니라 인간의 문제다. 전 지구적 고민과 나 개인의 고민이다.

　　지구 생태계는 질서로 순명하는 섭리의 최전선에 있다. 최근 들어 기후변화, 해양오염, 생물 다양성 파괴 등 환경 브레이크가 고장이 났는데도 가속페달을 밟는다. 세계환경의 날은 위험지수를 끌어당겨 경종을 울린다. 이날 하루만큼은 전 세계 언론, 정부, 환경단체를 필두로 시민사회가 뇌사상태로 빠져드는 지구 환경 문제에 대해 경각심을 높이고 집중조명한다. 일회성 행사나 관심이 난무하면 이해관계자가 선점하는 개발 성장 논리와 자본 욕망을 제어할 수 없는 것이 불을 보듯 명약관화하다.

　　생태 환경의 편리성과 이해관계 앞에서 소수만이 무기력한 목소리를 낸다. 성장 문제와 과도한 이윤 앞에서 불안한 미래를 걱정하고 각자도생의 선택을 한다. 다른 한편에는 유치원 아이부터 학생, 교사, 사회구성원 모두가 환경문제에 대해 심각성을 제기하고 토론하는 공론의 장이 열린다. 실제로 많은 학교나 지역사회에서 환경 캠페인과 체험활동과 쓰레기 줍기 등으로 이어지고 있다. 정부는 성장 논리의 반대급부인 환경 정책을 수립하고 기업 또한 ESG 경영, 탄소 중립 계획 등을 공개하지만 이 또한 선언적 의미고 소극적 대처 방안 아닌가.

환경은 한 번 훼손되면 되돌리기가 어렵다. 어쩌면 청정지구를 영원히 잃을 수 있다. 올해도 어김없이 찾아온 6월 5일은 우리가 자연과 어떻게 상생하면서 살아가야 하는지를 돌아보게 해주는 '경고등'이자 마지막 '희망의 신호'가 되는지도 모른다. 기후 악당의 주범인 탄소를 줄이기 위한 저탄소 운동이 활발하게 논의되지만 진짜 주범은 탐욕을 멈출 줄 모르는 인간이다. 그러니 이기적 인간이 공동체 일원인 생태계를 독점하지 말아야 한다.

그린 Green 환경을 위해 무엇을 준비하고 실천할 것인가. 환경이라는 명제에 접근하기 위한 '화두'는 던지는 것이 아니라 실천하기 위해 질문하는 것이다. 재생에너지 사용과 탄소 배출을 획기적으로 개선할 수 있는 친환경 전력 생산 비중을 획기적으로 높이는 일이다. 이는 무해하고 고갈될 염려가 거의 없고 소자본으로 이익을 창출하고 자연과 공생공존할 수 있다.

기후변화는 자연재해와 직결된다. 자연재해는 농작물에 심대한 타

박애진   같은 듯, 다른 듯이

격을 미친다. 지구 온난화와 냉해는 전 세계적 현상이다. 꿀벌이 종적을 감추고 과수 열매가 제대로 착생하지 못하고 조기에 낙과하는 현상이 곳곳에서 일어나고 있다. 냉해 보상금 등의 대책은 언 땅에 물 붓기지만 그래도 친환경 포장과 비건 제품 선호와 종이 빨대 사용은 긍정적이다. 당근 마켓과 중고 나라 이용이 늘고 있는 현상은 지구의 과포화를 막는 지름길이다.

세계환경의 날은 아이들의 운명을 판가름할 대전환의 인식을 당기는 행사가 되어야 한다. 눈망울이 초롱초롱한 중앙유치원의 아이들이 푸른 지구 지킴이로 나섰다. 아이들은 생각보다 지구 생태계가 위험수위에 놓여 있다는 것을 본능적으로 알아차리고 심각하게 받아들인다. "우리가 지구를 살리자" 이 캠페인만 내걸면 누가 먼저 할 것 없이 한 손에는 에코백을 들고 다른 손에는 집게를 든다. 움직이는 동선을 따라 플로깅을 즐기면서 유치원 인근의 서남공원으로 향한다. 이삭을 줍듯이 땅에 떨어진 쓰레기를 꼼꼼하게 줍는다. 마치 보물찾기라도 하는 듯 쓰레기를 발견할 때면 '찾았다'라고 목청껏 외친다. 버려진 쓰레기를 찾으려고 숨바꼭질 놀이로 사방을 두리번거린다. 아이들의 사기를 높이기 위해 없는 쓰레기라도 살짝 놓아 주고 싶은 심정일 때도 있다.

중앙유치원은 '푸른 지구 환경 지킴 프로젝트, Earth & Us'라는 주제로 아이들과 교육과정을 연계하여 진행하고 있다. 거창한 프로젝트는 아니더라도 진지한 눈빛이 발산하는 열성만큼은 한여름 폭염도 녹일 기세다. 거기에다 이상기온에 더해 미세먼지, 해양 플라스틱 등 다양한 환경문제를 놀이 중심과 생태 전환을 융합한 교육을 진행하고 있다. 지속 가능한 미래의 든든한 희망을 뿌리내리려면 아이의 시선으로 지구를 바라보는 어른의 지혜가 절실하다.

어떤 일에 그 행위가 옳다고 정의를 내리면 아이들은 앞뒤 재지 않고 몰입한다. '지구별에게 편지쓰기'가 한창 진행 중인 교실에는 아이들의 각오가 지구를 들어 올려 환경을 지키겠다는 결의가 넘쳐 금세라도 성과를 맺을 것처럼 맹렬하다. 입학하고 3월부터 진행된 '푸른 지구 지킴이' 활동으로 일군 결과물들이 착착 모인다. 환경 교육이 제대로 꽃을 피우는 현장은 부산하면서 진지하다. 지구야, 아프게 해서 미안해. 쓰레기는 내가 줍고 물을 아껴 쓰고 전기 낭비도 하지 않고 힘들지만 더워도 참을 만큼 참아 볼게. 엄마에게도 말해 볼게. 아이들은 보는 대로, 느끼는 대로, 있는 그대로 해법을 제시한다.

때 이른 불볕더위가 푸른 나뭇가지를 파고든 오후 나절이다. 유치원 잔디밭에는 7세 형님들의 달리기가 한창이다. 수건돌리기할 때처럼 동그란 원을 만들어 앉아 순서대로 한 바퀴를 돈다. 경합을 벌이나 싶어 내다보니 아이들이 '지구 지킴이 깃발'을 들고 뜀박질을 한다. 선생님께서 '지구를 사랑하는 만큼 뛰어 보자'라는 말이 떨어지기 무섭게 아이들이 전력 질주를 한다. 우리는 푸른 지구 지킴이라는 의지가 활활 타오른다. 기필코 지구을 지키겠다는 야무진 각오가 철철 넘친다.

잔디밭 한쪽에는 막내인 5살 동생들이 '루페'를 들고 나무와 꽃을 들여다본다. 제각각 사방으로 흩어져 들여다보는 세상은 신기로운

박애진   같은 듯, 다른 듯이

듯, 놀란 아이들의 눈이 휘둥그레진다. 아이의 눈으로 보면 개미와 콩벌레와 꽃도 나뭇잎도 거대한 거인이 요술을 부리듯 자세하게 보인다. 그만큼 아이의 눈은 호기심이 넘치고 눈이 맵다. 자연관찰도 처음에는 꽃과 나무로 시작하여 곤충, 벌레로 서서히 확장되고 스며든다. 지속 가능한 삶과 지구별은 개별적 조건이 건강해야 미래를 담보할 수 있다. '생태전환교육'은 생태계 토양이 꿈틀거리는 미생물로 채워져야 우리의 둥지인 지구를 영속시킬 수 있다.

박영희

아이들의 호기심을 좋아한다. 각자의 집을 만들어가는 모습이 재미있고, 존재를 확인해 가는 과정도 기쁘다. 그 여정 속에서 부모들을 만났고, 그때부터 부모 교육과 상담 공부를 시작했다. 이후 부모 교육 강사이자 상담수퍼바이저로서 전문적인 작업을 이어오고 있다. 인제대학교 교육대학원에서 상담 심리 석사학위를, 경상국립대학교 대학원에서 교육 심리 및 교육 방법 박사학위를 받았다. '영유아 학교 시범기관' 국공립장유어린이집 원장으로서 아이와 교사, 부모가 함께 성장하는 교육 현장을 이끌고 있다. 또한 김해시가족센터 전문 상담 위원으로서 사회 적응의 어려움과 관계의 갈등을 함께 풀어가며 마음을 키워간다. 사람들이 만들어 내는 관계의 언어와 '다름'이 공존하는 세상을 사랑한다.

그대,
촉촉한 언약을

　　　　　　　　　　가족여행! 꿈이 이루어진다는 게 어쩐지 반갑고 낯설고 쓸쓸하다. 오십 대 중반을 넘긴 나잇살의 무게가 가늘게 떨린다. 그렇게 열심히 현실을 파먹었는데도 유년이 꿈틀거린 감성을 다 소진하지 못하고 가지 끝에 매달린 꿈이라도 남았다니, 헛헛한 웃음이 실실거린다. 앞만 보고 달려온 삶의 고단들이 스친다. 삶의 질주를 잠시 멈추니 곡선 길이 보이고 상상이 따라온 간이역의 풍경이 마음 곳곳에 스민다. 이렇게 살고 싶었다. 나를 돌아보고 싶었다. 그대를 만나고 기다릴 간이역에 내리고 싶었다. 역전의 야윈 나뭇가지를 그윽하게 바라보고 싶었다.

　휴양림에서 하룻밤을 잔다니, 생각만 해도 떨린다. 가을이면 단풍과 이별하는 그곳의 나무도 떨리겠지. 유년을 소환하면 별들이 총총총 내려오겠지. 그럼 주먹을 펴야지. 아니, 나도 나무도 별을 올려다보겠지. 나뭇가지 사이로 떠도는 바람들이 소리를 내겠지. 그 소리를 들으면서 잠이 들겠지. 별나라 꿈나라 달나라를 유영하다가 새벽을 맞이하겠지. 그렇게 그렇게 되겠지. 아득한 시간여행을 떠나는 나를 꼭 안아줘야지.

  올해는 유난히 하루하루가 뒤숭숭하다. 연일 장마와 폭우와 폭염 문자가 쉴 새 없이 경고음을 울리고 도배한다. 매년 이맘때 가족여행을 계획했지만 언제나 공염불이 되었다. 공부하는 엄마, 직업전선을 사수하는 엄마로 살다 보니 차일피일 미루어졌다. 작년에는 남편 환갑 기념으로 여행을 가려 했으나 뒤늦게 코로나에 감염된 나로 인해 가지 못했다. 곰곰이 생각해 보니 갈 수 없는 핑계는 차고 넘쳤다.

  둘째 딸과 남편이 기다리는 마트로 갔다. 장을 보는 사람들로 시끌벅적했다. 가족들이 먹을 음식을 카트에 가득 담았다. 신이 났다. 남편도 기분이 좋았는지 얼굴에 번지는 홍조를 숨기지 못한다. 그래, 당신도 앞만 보고 살았고 사춘기를 겪었고 빛나는 상상들이 두둥실 떠돌아다녔으리라.

  신비롭다. 빗방울이 차창을 두들긴다. 비님은 차창에 기대고 나는 홀연히 다가온 그대에게 기댄다. 동병상련의 비님과 나는 서로 손짓하면서 기댄다. 숲속을 달리는 기차여행을 하는 것처럼 진폭을 올린 감정이 파동을 일으킨다. 운문사도 적막이 깔리니 신비롭다. 비에 젖은 나무는 열반에 든 것처럼 침묵하고 있다. 수피는 촉촉하고 짙고 중후하다. 물기를 머금은 잎들은 투명하고 눈부시다. 우산 밖으로 손을 뻗어 산사의 빗방울들과 인사를 나눈다. 살갑다.

  정갈한 경내를 거닐다가 걸음을 멈춘다. 한 나무에 두 가지 모양과 빛깔로 버티고 있는 단풍나무를 알현했다. 몇 번이나 나무를 돌면서 살펴보았다. 남편도 말없이 나무를 돌아보았다. 이윽고 남편과 나는 마주 보면서 탄성을 질렀다. "한 나무에서 올라온 가지가 맞다.", "맞다 맞다" 하며 야릇한 미소를 지었다. 뿌리가 달라도 같은 나무로 생장해 왔다. 뿌리에서 어떤 언약을 했는지. 이렇게 두 가지 색깔로 모양을 내다니. 이 사랑은 오래갈 수 있는지. 붉은 단풍과 연두 단풍의 사랑은 빛나는 언약이다. 우리 사랑도 처음에는 달콤했지. 거친 세파가 우리를 무디게 했지. 누구의 책임이 아니다. 그냥 그렇게 되더라고.

쉬이 잠들지 못하는 남편도 흔들리는 나무일지 모른다. 한 가정을 지켜야 한다는 강박관념이 얼마나 무거웠을까. 당신도 처음에는 연초록 잎이고 비와 바람과 시와 함께하는 나그네일 수 있는데. 그 감성들이 얼마나 남았을까. 꿋꿋하게 가족을 건사하기만을 바랐다. 삼십여 년 전 초례상 앞에서 맞절하고 술잔을 나누고 백년해로를 다짐했다. 단령포를 걸치고 사모를 쓴 믿음직한 신랑은 어디로 갔을까. 오늘따라 당신에게 왠지 모를 쓸쓸함이 엿보인다. 당신이 원하는 대로 잘 살아가고 있는 걸까.

사는 것이 고단했다. 남편이 좋아하는 것이 무엇인지를 묻지 못했다. 아니 묻고 싶지 않았다. 묵묵히 그 자리에서 든든한 나무로 가족의 그늘이 되어 주길 원했다. 나도 그랬다. 두 딸이 자기 인생을 잘 살아갈지에 온 신경을 집중시켰다. 한 나무인지 두 나무인지 모를, 고찰의 풍경이 화두가 되는 그 나무의 삶에 대한 의문을 마주하기 전에는 앎에 대한 진리를 찾는 것처럼.

숙소로 향하는 길은 굵어진 빗방울이 때렸다. 그곳에서 큰딸 내외와 손녀를 만났다. '무당벌레' 숙박 시설은 안온하고 정갈하고 운치가 있었다. 4살 손주 '예나'는 "오두막집이다." 하면서 깔깔거린다. 그림책에서 본 동화가 생각난 것 같다. 예나를 안고 통나무집 주변을 둘러본다. 아니나 다를까 숲속 벌레가 우리를 반긴다. 아이가 만질세라 겁을 먹은 엄마의 모습에 아랑곳하지 않고 "놀러 왔나 봐." 신기한 듯 나무 냄새와 함께 두 볼이 상기되었다. 큰딸 내외는 MZ세대 부모이다. 주말이면 아이가 좋아할 만한 체험이나 자연을 찾아 떠난다. 아이와 놀다가 힘들면 잠시 우리 집에 와서 밥을 먹고 가곤 한다. 큰딸 내외를 먼저 맞이하지 못할 때는 '할머니가 이래도 되나' 하며 능청을 떨어보기도 한다.

우리는 간단한 짐을 풀었다. 자연이 주는 선물을 누리면서 사랑의 소리로 서로에게 건네준다. 같은 풍경을 바라보고 마음을 공유하면서 남편의 생일을 축하하는 노래가 운문사 곳곳에 메아리가 되어 돌아온다. 기뻐하는 아빠의 순간을 기억하기 위해 둘째 딸은 계속 폴라로이드를 돌리면서 찍고 있다. 그 틈을 비집고 창틈을 넘어오는 빗소리는 '무당벌레' 가족의 옛이야기를 다 아는 듯 사랑의 세레모니를 연주한다. 밤이 깊어 가고 있다. 가족이 무르익어가고 있다. 소중한 것은 무언의 언약이다. 우리가 처음 만났을 때 당신이 그윽하게 감았던 눈. 나도 촉촉한 눈이었다. 고찰을 지키고 있는 그 나무처럼.

박영희   같은 듯, 다른 듯이

숲속의 식탁

　　　　　　　　　　숲속이다. 서늘한 바람이 노닐고 있는 가을 속으로 들어왔다. 단풍이 드는 나무들 앞에 놓고 나도 붉게 물든다. 숲길에는 개미가 파놓은 흙살이 보드랍다. 도란도란 함께 사는 그 집에는 잎들이 부스럭거린다. 나도 흙장난을 좋아하는 아이들처럼 슬며시 다가가 흙살을 만져본다. 어느새 호기심이 발동하고 관찰로 이어진다. 어떤 때는 숲의 신대륙을 발견했는지 '여기가 내 땅이라는' 근사한 지도를 그리곤 했다. 삶의 낡은 지도를 보는 데만 익숙한 지금은 세월의 흔적만 떠올리고 지우면서 쳇바퀴만 굴린다.

　가을 숲은 뚜렷이 그려지는 사물의 화선지다. 목마름이 채워지는 생각의 골짜기다. 짙은 주황색의 쭉 뻗은 나무는 방긋한 해님 색을 닮았다. 연기 나는 굴뚝의 작은 집의 커다란 창가에 유유자적하는 노루가 보인다. 집 앞에 다소곳이 앉은 토끼 한 마리가 절레절레 고개를 들고 두리번거린다. 동화 속의 숲은 생각 너머의 그 무엇이 꿈틀댄다. 보석 같은 책 향기가 콧등을 간질거리면서 번진다.

　유타 바우어의 '숲속 작은 집 창가에' 제목이 달린 그림책을 한 손에 든 숲 해설가가 우리를 숲 둥지로 안내한다. 토끼처럼 다소곳이 귀를 열어 숲의 길잡이에게 신경을 곤두세우고 감각을 맡긴다. 조곤조곤한 말이 이어지면서 토끼도 여우도 사냥꾼도 어느새 눈망울이 맑은 노루와 친구가 된다. 용지 호수공원 숲길 따라 사뿐하게 걸어가는 유아 교사와 원장은 노루의 초대로 곰삭은 책과 덥석 인연을 맺었다. 가을 잎을 보내고 있는 숲도 우리를 안아주었다.

키 큰 상수리나무는 다갈색으로 물들었다. 은행나무 잎은 샛노랗게 달렸다. 이 계절의 은행나무는 살아 있는 화석이 아니라 금세라도 심금을 울리고 떠날 채비를 한다. 가을 숲은 어떤 존재로 남을까. 잎 떨어지는 자연의 섭리에 백전백패지만 인간에게 사색의 끈을 선물했고 자신의 존재를 다 드러내고 떠난다.

잎 가장자리가 톱니처럼 생긴 느티나무가 반긴다. 숲 해설사가 아이에게 표피가 파인 각질층이 조금씩 벗겨진 여러 흔적을 가리키며 무엇으로 보이는지 물어보면, 이구동성으로 나비, 오리, 입술 등등을 대답한다고 한다. 같은 모양을 보아도 모두 다르게 답을 한다면서 우리에게 재차 질문을 던진다. 우리는 구름, 하트, 얼굴 등 제각각의 관점에서 바라본 그 세계의 울림을 연주하는 숲속의 지휘자가 되었다. 가을은 나무를 경배하는 계절이라고 말하면 당신은 숲속의 철학자다. 탄소동화작용을 멈춘 겨울나무는 숲속의 성자다.

사부작사부작 낙엽이 밟히는 발소리가 정겹다. 자연과 동화된 숲이 잠자듯이 숨을 쉬고 있다. 탈색된 솔잎들이 키 작은 활엽수에 걸쳐져 있다. "사철 푸른 잎사귀와 갈변한 갈비로 변신한 차이는 무엇일까요?" 일행 중 누군가가 숲 해설가에게 질문했다. 햇빛을 많이 받

박영희　같은 듯, 다른 듯이

아야만 살 수 있는 소나무는 주변에 다른 종이 있음을 직관한 후 어린 활엽수에게만 잎 커튼을 친다고 설명해 주었다. 나무의 입장에서 바라본 숲 해설가의 설명이 숲 생태계까지 아우르고 있다. 주위에 있는 작은 나무들이 고사되어가는 것은 생태계의 법칙이지만 어쩐지 우리 인생처럼 적자생존의 냉혹함을 읽을 수 있다. 그들의 생존술은 놀랍게도 '생존' 그 자체에 최적화된 종으로 살아남았다.

스스로 굽은 소나무도 있다. 반려자인 옆지기에게 피해를 주지 않을 방도를 찾다가 비틀어지는 그 소나무의 표피가 황홀한 광채로 풍경에 힘을 보탠다. 그뿐 아니다. 때로는 튼실하게 토착하기 위해 그들과 상생하기도 한다면서 몇 가지 예를 들려주었다. 더 많은 햇빛을 받으려는 등 굽은 소나무의 생존 전략이라는 해설가의 진지한 설명을 들으면 들을수록 더 깊게 가슴에 와 닿았다.

유독, 가지가 휘어지도록 알알이 맺힌 솔방울 앞에서 멈칫해진다. 해설사는 자신에게 남은 영양분을 모두 소진한 번식의 본능에 충실한 산 증언이라면서 힘을 주어 설명해 주었다. 그 많은 솔방울이 떨어진 후, 그 땅에 뿌리를 내린 아기 나무가 흙살을 비집고 올라오는 삶의 여정이야말로 눈물겹도록 아름답다. 어미 소나무는 가을날 마지막 에너지를 불태우면서 아기 소나무 곁에서 지켜보고 있다. 인간이 생을 마감할 때까지 자식한테 아낌없는 사랑을 모두 주고 떠나는 부모의 심정도 이와 다르지 않을 것이다. "많이 아프겠구나.", "삶을 놓아야 하는 거 다 알아.", "그래도 더 주고 싶다." 마음이 숙연해진다.

정부의 '유보통합'은 이미 시작되었다. 영유아 교육·보육의 질 향상과 상향평준화의 제도적 시행이 닻을 올렸다. 어린이집과 유치원의 관리체계 일원화는 시대가 요구하는 대세의 흐름이 되었다. 경남교육청 유보통합추진단에서 진행한 '그림책과 숲으로 아이 마음 읽기'의 영유아 정서발달지원 역량 강화 연수는 일선 교육 현장을 긴장시키기에 충분했다. 깊어가는 가을, 자연현상을 묻고 답하는 선행 교육과정인 숲 이야기는 유보통합의 본질을 묻고 답하기에 시의적절했다. 당위론적 관점에서 충실한 이행자 역할을 선도하는 방편이 되었다.

 자신의 존재가치를 높이고 의미를 찾는 소나무는 한국인의 정서를 담고 있다. 편백나무군락지에서 외로운 고투를 벌이는 동백나무 한 그루는 '존엄' 그 자체다. 그들에게서 한 뼘 크기만큼 커 가는 가을날 내면을 나는 만났다. 거기서 부둥켜안고 사랑을 나누고 이별을 감내하는 숲의 이야기를 듣다 보니 순수한 동심 가득한 세상 물정 모르는 아이와 닮아 있었다.

 숲속 작은 집 식탁에 둘러앉은 토끼와 여우와 노루와 사냥꾼은 서로에게 속삭인다. 숲을 깊이 들여다보면 누구나 호기심이 많은 아이처럼 자신만의 원형질 씨앗을 가지고 있다. 존재로 빛나는 숲은 선물 꾸러미다. 자축하는 가을이 성큼 다가왔다. 오랜 숙원사업인 유보통합의 보따리를 잘 풀어가자. "작은 여우야 들어와 손을 잡으렴." 따뜻한 온기가 가을 산을 붉게 물들인다. 아이는 지금 우리 곁에 있다.

박영희   같은 듯, 다른 듯이

장꾼들의 놀이터,
장날이 서다

창가에 기대서서 호수공원을 보고 있다. 붉은 불빛이 같은 간격으로 서로를 비추고 있다. 구슬이 구슬을 꿰고 비춘다는 '인드라망'처럼 이 불빛이 생명공동체의 화신으로 다가온다. 서로의 손을 맞잡고 마음을 나누고 공감이 스며드는 공동체는 그 사회를 지탱하는 버팀목이다. 시나브로 불빛을 받은 호수는 잔잔하다. 나도 조금씩 평온해진다. 내가 서 있는 교육적 토양이 아슬아슬하지만 거기서 유아교육의 희망을 걸어야 하고 미래를 담보해야 한다.

전국에서 모인 가칭 영유아 학교 기관장 150여 명은 2박 3일 동안 세종시에서 직무연수를 받았다. 유아교육 현장을 주도한 것은 치열한 토론이었다. 2005년 유보통합의 필요성이 대두된 이래 진척은 더디고 지리멸렬하기만 했다. 토론은 언제나 난상토론이었고 해답은 요원해 보였다. 유치원과 어린이집이 처한 현실은 지역과 규모와 정책 방향의 난맥상이 그대로 드러났다. 마치 지구 온난화 대처처럼 개별적 입장에 매몰되다 보니 그만큼 절실하지 않았다.

그러나 시대가 변했다. 대한민국의 선진국 도래와 합계출산율 저하는 유아를 공공재적 성격으로 규정했다. 최근 몇 년 사이에 본격적인 유보 격차 완화와 온종일 돌봄체계의 구축을 위한 연구가 착착 진행되었다. 작년 9월에 비로소 현장의 목소리와 지역의 특색이나 조건을 조율하면서 '유보통합' 지원 요건과 시범 기관을 검토하고 선정하면서 제 자리를 찾아갔다. 그 과정에 나타난 갑론을박의 현상은 당면한 '유보통합'의 지렛대로 활용될 것이란 확신이 생기면서 기대 반, 희망 반이 꿈틀거렸다.

처음 가는 길은 때때로 암초를 만나고 삐거덕거린다. 교육부와 도교육청의 고민이 깊어진 흔적이 곳곳에서 감지되었다. 교육부 '영유아교육지원과' 이병승 과장님의 '유보통합 정책 이해와 기관장의 역할'에 관한 강의를 집중해서 들었다. 가뭄에 단비처럼 유보통합을 바라보는 인식의 눈이 번쩍 뜨이면서 영유아 교육의 방향성과 향후 실행될 통합절차가 그려졌다. 지난 4개월 동안 진행한 영유아 학교 시범사업 실제 사례 나눔을 협의하면서 꼼꼼하게 복기를 반복했다. 더구나 필자가 근무하는 어린이집에서 진행한 공동육아시스템인 '부모 참여를 통한 지역사회연계'가 어떻게 선순환구조를 만들어 영유아 교육과 보육의 질을 근본적으로 변화시키고 질적 향상을 이루었는지에 대해 타 기관장들과 공유할 때는 뿌듯한 마음이 쑥쑥 들었다.

행사 하루 전날 일과가 모두 끝난 시간이지만 교직원들은 바쁘게 움직인다. 30년 이상 근무하신 조리사 선생님은 육수 만들 재료와 배추김치 담그는데 넣을 양념을 준비하느라 한치의 여념이 없었다. 선생님들은 조밀한 요리 순서도를 만들고 각 학급별로 나누어 점검했다.

행사 당일은 긴장되어 평소보다 일찍 출근하였다. 어제 만들어 놓은 양념 탓인지 구수하고 매콤하고 달콤한 향이 스며든다. 1층과 2층 보육실을 둘러보고 내려오니 앞치마를 가방에서 꺼낸 아이들은 벌써 들뜬 마음이 들었는지 앞치마를 올렸다가 내리기를 반복했다. 아이들은 요리가 놀이다. 진지한 놀이라 눈망울이 커진다. 겨울이 오면 '우리 할머니 할아버지 손맛이 최고야!' 김치 담그기에 동참한다. 올해 김장 행사에 여섯 분의 조부모님이 신청하셨다. 귀염둥이 지온이 할머니는 먼 거리의 의령에 거주하면서도 매년 참석하신다. 올해는 직접 농사 짓은 상추를 들고 와 우리를 기쁘게 했다.

어린 영아는 미리 준비해 놓은 교실에서 두 분의 할머니 선생님과 함께 김치를 만든다. 절인 배추를 잘게 썰고 나누어주어 직접 체험할 수 있도록 도와주신다. 조물조물하다가 어느새 콧등과 양 볼에 빨간 자국을 내고 입 속으로 넣는다. 이런 꼬맹이들이 어른들 앞에 서면 웃음 전도사가 된다.

식당에서는 요리 경험이 있는 유아들이 배추 4분의 1쪽을 각자의 쟁반에 담아 양념에 치대었다. 할머니 선생님은 무, 배추를 소금에 절이고 버물린 양념을 발효시켜 먹는 김치에 대해 천천히 설명해 주셨다. 창원에 거주하는 서윤이 할머니는 손녀에게 비타민과 무기질이 많아 뼈가 튼튼하게 자란다면서 손녀 사랑을 은근슬쩍 내비치었다. 아이들에게는 절인 배추포기 하나하나가 가족 사랑이고 뭉클한 감동이었다.

    조리실에서는 고소한 수육 삶는 냄새가 진하게 풍겨 나와 입맛을 돋우었다. 칼칼한 김치 양념 향과 어우러지면서 어린이집을 따뜻하게 감싸안았다. 식당 한쪽에서는 할머니와 아이들이 대화를 나누고 수육은 풍성한 국물과 함께 익어가고 있었다. 전통적인 한국 가정에서 볼 수 있었던 한겨울을 준비하는 풍경이라 소소한 웃음이 끊이지 않았다. 아이들 기준에서는 이 모든 것이 예술작품이고, 생각에 잠기는 철학이었다.

    오후 4시부터 '장블리마켓'이 열렸다. 각 가정에서 보낸 잘 쓰지 않는 물품과 장난감, 작아진 옷, 신발 등을 전시하였고, 문구와 장난감은 어린이집에서 준비하였다. 그리고 '영유아정서심리지원'을 위한 '김해시가족센터'와 협약서를 체결해 기증받았던 동화책과 지역운영위원이 후원해 주신 50개가 넘는 인형과 지인에게 받은 영어책을 강당에 펼쳐놓았다. 1층 식당에서는 오늘 만든 영양 만점 수제 김치와 떡볶이, 어묵, 찐빵 등의 먹거리 장터로 채웠고, 각 코너에 선생님과 도우미 부모님이 상인이 되어 아이들을 기다리고 있었다.

    아이들은 어깨에 낡은 티셔츠로 만든 장바구니를 메고 부모의 손을 잡고 입장하였다. 1층 입구부터 꽝이 없는 행운권 추첨으로 '장블리마켓'이 시작되었다. 시장인 강당으로 들어서자 아이들의 눈동자는 빛이 났다. 한바탕 시끌벅적한 장터가 끝났다. 상인이 되었던 선생님은 백만 원이 되기를 바라는 마음이 컸는지 수익금을 챙기느라 눈이 반짝거렸다. 어느새 백만 원이 넘자 선생님들은 환호성을 질렀다. 우리는 수익금을 기부할 곳에 대해 진지한 이야기를 나누었다.

'장유1동행정복지센터'와 '김해시가족센터' 두 곳에 기부했다. 아이들이 직접 수익금을 기관에 전달하는 과정에서 타인을 돕는 기쁨과 공동체 의미를 깨닫게 되었으리라. 또한 '장블리마켓' 활동을 통해 장기적으로 경제적 사고를 기르고, 아이 자신이 중요한 역할을 할 수 있고 사회적 연대감을 느낄 수 있는 의미 있는 시간이었다.

아이야,
마음껏 날개를 펼쳐라!

　　　　　　　　　　　김해 화포천은 겨울인데도 그곳에 가면 풍경 아닌 것이 없다. 물과 흙과 생명이 숨을 쉬지. 이른 아침 습지에는 생명이 꿈틀거리고 물안개도 피어오르지. 숲을 걷어낸 나무 사이로 휘젓는 새들이 이리 고운 음색을 캐내지. 천변은 두 손 벌리고 걸어도 조금도 지루할 틈도 주지 않는 길이다. 화포천 어디를 둘러보아도 인위적 경계를 구획하지 않으며 요란한 겉멋이 없다.
　길손이 온다는 것을 감지했을까. 큰 기러기 떼가 호기만발하게 겨울 들판을 꽉 메웠다. 종알거리던 아이들과 눈 맵시로 그윽해진 선생님들은 창가를 향해 소리를 지르며 손을 흔들었다. 북반구에서 날아온 진객은 상상이 피어오르는 아이들 마음을 녹여주려는지 날갯죽지를 펴고 동심원을 그린다.
　입춘이 지났는데도 동장군이 맹위를 떨치고 있다. 아이들은 모자를 깊게 눌러 쓰고 버스에서 차례차례 내렸다. 자연색 복장을 한 체험 해설 선생님들도 차량 앞에서 아이들을 반갑게 맞이해 주었다. '독수리 체험'을 하기 위해 아이들 손을 잡고 차가운 바람을 헤치며 걸었

박영희　같은 듯, 다른 듯이

다. 2008년 고 노무현 대통령 귀향으로 화포천 습지 살리기 운동이 시작되었고, 2011년부터는 '독수리 먹이 주기' 행사가 이어지고 있다.

화포천은 생명의 보고다. 수달, 삵, 황새, 노랑부리저어새, 큰고니, 솔개 등 멸종위기 야생동물 23종을 포함한 800여 종이 서식하고 있다. 매년 겨울이면 몽골에서 날아온 철새가 좋아하는 볍씨를 뿌려두었다. 공생공존의 법칙은 단순하다. 영하 50도를 오르내리는 몽골평원에서는 얼어 죽지 말아야 하고 개발 논리로 무장한 남쪽 나라에서는 굶어 죽지 말아야 한다. 겨울 철새가 그 계절을 난다는 것은 온정이 아니라 생존이 달린 엄혹한 서사다. 김해시의 화포천 생태 보존과 그에 수반하는 관리는 특별하다. 특히, 올해는 김해 화포천이 '람사르 습지도시'로 국제 인증이 확정되었다. 습지 하나를 살린다는 것은 아이들의 꿈 하나까지도 그저 주어지지 않는다는 진리를 보증하고 있다.

화포천은 서서히 신비로 채워진 제 모습을 드러내고 있었다. 체험 해설 선생님의 이야기는 솔깃해진 아이들 귀를 열었다. 이산화탄소를 먹고 사는 습지 식물과 땅에 사는 생물과 물에 사는 생물들이 어떻게 서로 어울려 함께 살아가는지 이야기를 듣는 아이들 눈망울이 반짝였다. 다양한 식물과 곤충, 독수리와 철새들의 표본을 보면서 습지 보전이 지구 온난화를 늦추어 지구를 지키고 있다는 것까지 간접 체험하였다.

아이들도 바빴다. 손수 만든 독수리 마스크를 쓰고 독수리 형상의 종이비행기를 날리려 야외 탐조대에 올라갔다. 바람이 많이 불어 제대로 날리지 못해 속상해하는 아이들 마음만큼은 기꺼이 자연과 한 몸이 되겠다는 소망이리라. 아이들은 습지에 서식하는 철새를 관찰하기 위해 망원경에 초점을 맞추었고 철새들은 먼발치에서 텃새 같은 아이들을 관찰하는지 먹이질 사이마다 고개를 돌리곤 했다. 선생님은 아이들의 표정을 바라보고, 철새는 아이들의 호기심을 보았다. 어울려 사는 생명의 터전이란 '우리 함께'라는 공감에서 출발한다.

  독수리가 창공을 가르고 있었다. 기린 목을 한 올망졸망한 아이들은 겨울 햇살을 걷어내고 있는 눈부신 하늘을 쳐다보았다. "두 손을 이마에 올려 햇빛을 가리지 말고, 두 팔을 뻗어 태양을 가려라"라는 선생님의 지시가 떨어지기가 무섭게 큰 날개를 활짝 펼친 '하늘의 제왕' 독수리가 창공을 활공하고 있었다. 마음이 숭숭 뚫리고 가슴이 뛰고 경이로웠다. 높이 날아야 독수리다. 꿈이 영글어지는 아이는 벌써 더 높은 세계로 오를 것이다. 독수리를 닮아가는 천진난만한 아이는 한반도와 유라시아를 비행할 준비를 할 것이다. 그랬다. 아이들은 제각각의 꿈을 안고 날고 있다.

  체험 해설 선생님의 독수리 이야기는 들을수록 진득했다. 놀랍게도 '독수리'는 여린 본성을 지닌 존재라고 한다. 주로 동물의 사체를 먹는 습성의 반대급부인 질병에 노출되지 않으려는 진화의 결과물이 얼마나 처절했을까. 젖은 날개를 쫙 펴고 햇볕에 말리는 작업을 통해 회복의 시간을 갖기도 한다면서 삶이란 그리 거창하지 않아도 된다는 평범한 일상을 들려주었다. 독수리가 용감하게 하늘을 나는 모습이 전부가 아니듯 아이들의 외견상 보이는 모습이 전부가 아닐 때가

박영희   같은 듯, 다른 듯이

있다. 아이들은 숨어 있는 본성부터 제각각이다. 아이들의 여러 감정을 다독이고 풀어주고 존중하는 자세가 필요하다. 텃밭의 작물처럼 시간을 기다려 주는 것. 우리 공동체의 책임감 아닐까.

어린이집에서는 2세에서 3세가 되면 유아반으로 진급한다. 6세가 되는 친구들은 초등학교에 입학할 준비를 한다. 아이들은 한 걸음 더 높은 세계로 나아갈 숙성의 기간을 담금질하면서 '영·유 이음교육'과 '어·초 이음교육'을 체험한다. 이음은 '잇다'라는 의미이다. '영·유 이음교육'으로 형, 언니와 동생이 '마니또'를 정해서 젓가락 사용법 배우기, 그림책 듣기, 함께 놀이하고 산책하기 등 유아가 되면 스스로 할 수 있도록 연습하고 있다.

얼마 전에 '어·초 이음교육' 일환으로 재학생과 졸업생의 만남 행사가 진행되었다. 선배 졸업생들과 부모님을 초대하여 예비 입학생과 부모님의 궁금증을 풀어주는 시간을 가졌다. 제법 큰 가방을 메고 들어오는 1학년 초등학생에게 예비 초등학생은 가방 속에 무엇이 있는지, 쉬는 시간에는 무엇을 하는지, 운동장에 혼자 나가도 되는지 등을 질문했다. 선배 졸업생은 가방 속 물건을 보여주면서 하나하나 자세히 가르쳐 주었다. 오래간만에 만난 부모님들도 학교생활에서의 노하우를 전수하였다. 어린이집에서 준비한 선물을 받는 순간 아이들의 웃음꽃이 활짝 피었다.

매년 2월이면 어린이집을 떠나는 아이들과의 이별은 아쉽지만 자랑스럽고, 기쁘다. 정들면 떠난다는 격언은 만고의 진리인 것 같다. 필자도 뒤돌아설 때는 눈시울을 적신다. 어떤 아이는 진심으로 펑펑

운다. 아이들이 꿈을 이루어 가는 길에 함께한다는 믿음을 떠올려 본다.

   계절마다 바뀌는 아름다운 화포천 습지의 풍경은 아이들의 마음에 감성 꽃을 피운다. 아이는 공동체에서 성장하고 사랑으로 열매를 단다. 아이가 화포천에서 두 손을 모으면 독수리와 나무들 모두는 친구가 되고 풍경이 된다. 그 친구와 풍경 모두는 '아이야. 날개를 펼쳐라!' 그렇게 근사한 용기를 북돋는다고 필자는 믿는다.

박영희   같은 듯, 다른 듯이

고사리 손끝에서
봄이 올라온다

　　　　　　　　　　　토닥토닥, 토닥토닥! 흙 내음이 상큼하다. 발바닥과 손끝에서 떠도는 공기에서 재잘대는 목청에서 자연의 감촉을 느끼는 벅찬 순간이다. 맑은 얼굴을 가까이 갖다 대면서 흙살을 두들긴다. 겨우내 찬 공기를 온몸으로 맞았던 텅 빈 화분은 사랑이 고팠는지 흙삽으로 마구 흔들어 대도 좋아서 어쩔 줄 몰라 한다. 인연을 반기는 게 섭리인지라 순순히 제 몸을 내어준다.

　봄은 마음에서 먼저 온다고 한다. 봄 마중 나온 아이를 햇살과 구름이 두 손 벌려 반긴다. 덩달아 흙살을 열어주고, 그 사이를 아이들이 비집고 파헤친다. '인내는 쓰고 열매는 달다'라는 격언처럼 눈물겹도록 엄동을 견딘 꽃이 통통한 열매를 맺는 법이다. 3월 신학기 처음 등원한 꽃송이 같은 아이도 어린이집 몇 개월이면 도톰한 마음 양식을 챙길 줄 안다. 무엇이 기쁘고 소중하고 슬픈지를 가늠하는 생각의 힘살이 뿌리를 내린다.

　어떤 아이가 플라스틱 작은 화분에 담긴 빨간 제라늄을 툭 내려놓는다. "우와 선생님, 꽃이 예쁘게 피었어요." 탄성을 지르는 게 영락

없이 천사 같고 말괄량이 같다. 살살 어루만지고 흙을 덮어주고 활짝 웃는다. 작은 정원에서 자라줄 꽃이 어느새 친구가 되었고 눈인사로 속마음을 전한다. 너도나도 향기가 되고, 꽃이 되고, 햇살은 노래를 불러주고, 아이들은 팔랑팔랑 나비가 된다. 어른들은 아이가 얼마나 감성이 풍부한지 모른다. 어른들이 아이들 마음을 헤아리지 못하고 다짜고짜 '눈물 뚝'으로 다그치면 감성이 샘솟는 눈물샘이 마르는 이치다.

작은 구멍을 파고 씨감자를 텃밭 상자에 한 개씩 놓은 후 흙으로 덮었다. "감자야, 잘 자라라." 인사를 하는 아이, 물끄러미 바라보는 아이, 애간장이 타는지 흙을 토닥이는 아이도 있다. 조그마한 뿌리 올라온 감자를 만지지 못하는 아이, 자기 씨감자가 작다며 바꿔 달라는 아이, 심은 감자들이 어떻게 싹을 틔우고 자라나는지 궁금해하는 아이는 연신 질문을 해댄다. 성에 차지 않는 아이는 땅속을 파고 또 파본다.

씨감자를 심는 방법과 자라는 과정을 열심히 설명하시는 할머니 선생님이 어느새 아이와 짝꿍이 되어 흐뭇한 미소를 흘린다. 아이들의 호기심을 탐구심으로 담아내려는 열정 가득한 선생님의 설명이 이어진다. 씨감자에서 싹이 나고 주렁주렁 감자가 달리는 자연의 순환을 체험할 수 있는 '경험을 통한 학습' 놀이도 아이들의 산 경험이다. 아이에게 '사랑'이라는 물을 주면 사랑 꽃이 핀다. 거름을 주면 감자 뿌리에서 튼실한 꿈이 열린다. 어린이집 앞마당 가득 수확의 설렘이 넘실거리면 공동체가 꿈틀거린다.

박영희   같은 듯, 다른 듯이

자신의 권리 보호를 위한 안전교육이 있는 날이다. '김해시아동보호전문기관'에서 찾아와 '소중한 어린이들을 지켜주세요.'라는 아동학대 예방 인형극을 열었다. 대학생으로 구성된 '아동 인권 지킴이단'은 매년 어린이집을 방문하여 아동 인권 증진 및 아동학대 예방 사업 봉사활동을 한다. 이는 아동의 주변 환경에서 일어날 수 있는 학대 사례를 유아들이 이해할 수 있는 내용으로 각색하여 여러 편의 인형극 공연을 한다. 주인공이 어려움이나 난관에 부딪히면 아이들은 "도망가, 싫어, 안 돼"라고 땡고함을 치거나 도움을 주려고 감정이입을 한다. 주인공이 울면 아이도 함께 울어버린다. 인형극 등장인물 중 아이를 도와주는 경찰관이 인기를 도맡는다. 등장하기만 해도 아이들은 누가 시켜서 주인공이라도 된 듯, 크게 박수를 보낸다. 아이들은 보이는 사실을 그대로 받아들이고 본능적으로 착한 주인공에게 연민을 느낀다.

특히 가까운 주변 인물이 부모님께 말하면 안 된다고 말할 때, 아이들에게 질문을 던져 스스로 묻고 답하게 한다. "친구들, 부모님께 말을 해야 할까요?" 집중하던 아이들은 큰 소리로 "응. 말해.", "도와달라고 해.", "괜찮아. 말해도 돼" 이구동성으로 외친다. 상처는 관심이 치유한다. 관심은 아이가 자신을 존중하는 법을 저장시킨다.

현대사회는 아이들 안전이 위태위태하다. 소극성과 무관심이 우리 아이들 위험 지수를 키운다. 아이들은 인형극을 통해 위험 상황에서 어떻게 대처해야 하는지를 배우고, 스스로 자신의 안전을 지킬 수 있는 능력을 키우고 있다. 영·유아기 때부터 자기 보호와 자기 결정권에 대해 인식하고 습득할 수 있도록 정기적인 교육이 필요하다. 그보다 앞서 우리 공동체와 어른들의 역할이 얼마나 중요한지를 알고 있기에 필자가 부모 교육과 상담 봉사를 하는 이유이다.

영·유아기의 인생을 계절로 나누어 본다면 겨울에서 초봄으로 진입하는 단계다. 이 시기에 자신의 성향, 잠재력, 가능성, 재능이 보이고 비축한다. 파릇한 새싹이 돋을 무렵이면 상상의 날개를 펼치고 미지의 세상을 탐험한다. 감성 물이 드는 봄은 민감하다. 겨우내 얼었던 화단에 산수유 노란 꽃봉오리가 터져 나오는 소리에도 놀랜다. 그러니 아이는 땅속부터 모든 만물과 교감하는 소우주다.

아이들은 봄꽃을 심고 탐색하면서 자기 주도적인 성취감과 돌봄의 가치를 배운다. 흙으로 꽃을 덮어버리는 아이들도 가만히 들여다보면 그 눈빛만큼은 놀라울 만큼 진지하다. 예쁘게 심어주고 돌봐주고 싶은 마음만큼은 간절하다. 몇 번이고 반복하면서 꽃자리를 찾아가 "잘 자라라"면서 응원한다.

등·하원할 때마다 물을 주고 꽃의 안부를 물어보는 천진성이 아이의 본마음이다. 식물을 돌보면서 책임감을 배우고 또래와의 관계에서 마음을 열고 경계를 허물고 상대를 인정해 주고 자신의 감정을 조절할 수 있는 아이로 성장한다. 감자밭을 일군 유아들은 농작물을 기르는 차원을 넘어 경제관념도 익힌다. 농부의 땀방울을 알고 소중함을 안다. 감자의 성장 과정을 통해 섬세하게 관찰하고 인식하는 법을 배운다.

어른은 마음속 생각을 좀처럼 드러내지 않는다. 아이들이 자신을 표현할 때는 거침이 없다. "이거 하고 싶어. 왜 안 돼?", "이거 할 거야.", "이거 안 해. 싫어." 그들의 솔직함이 질문과 질문으로 이어진다. 아이가 속마음을 겉으로 드러내지 않을 때는 자존감이 무너지고 있다는 신호다. 그런 아이는 봄이 더 아프다. 고사리 손끝이 얼어붙는다. 애정을 담아 마음을 들여다보고 보듬어 주어야 한다. 그럴 때 봄꽃이 아이를 닮는다. 아이가 봄꽃을 닮을 때는 봄 햇살처럼 화사하다.

봄에는
연초록 잎들이
빗방울을 받아먹는 계절이다

4월은 살랑한 바람이 연초록을 응원하는 계절이다. 햇살이 나무 사이를 부드럽게 파고들고 새들은 목청껏 지저귄다. 꾸물꾸물, 꿈틀꿈틀, 꼬물꼬물 몸을 비틀고 간지럼 태우는 애벌레 한 마리를 무릎 위에 살짝 올렸다. 이 광경을 지켜본 아이들의 반짝거리는 눈망울이 모여든다. 에릭 칼의 『아주아주 배고픈 애벌레』그림책의 첫 장을 넘기니 노랑, 파랑, 초록, 빨강 여러 색깔이 퍼즐처럼 널리어 있다. 각각의 색깔 속 동그라미는 줄지어 놓은 듯 나란히 걸어간다. 호기심이 호기심을 낳는 아이들도 동심원을 그리며 귀를 쫑긋 세운다.

해님은 웃고 달님은 나뭇잎 위에 있는 작은 알을 지키고 있다. "나뭇잎 위에 작은 알 하나가 달빛을 받아 빛나고 있어요." 첫 문장을 읽자, 아이의 눈동자는 금세 달을 끌어 당겨 어루만진다. 손가락이 알을 가리키는 사이 동그랗게 벌린 입은 그림책을 향해 달려온다. 아이

박영희 같은 듯, 다른 듯이

들 동심이 열리면서 나뭇잎이 파르르 떨린다.

알에서 나온 애벌레의 여행이 시작되었다. 사방을 두리번거리다 어느새 먹이를 찾는다. "사과를 한 입 베어 물고 사각사각 소리를 모은 후 배에 눈길을 보낸다." 한 영아가 '사과'하며 입 속으로 손을 넣는 시늉을 한다. 오렌지를 먹은 금요일에는 눈을 찡그리면서 입을 오물거렸더니 입안에 침샘이 고인다. 나도 모르게 꿀꺽 소리 내며 책장을 넘긴다. "토요일에 애벌레는 초콜릿 케이크랑 아이스크림을 먹었어요"라고 말하기 전에 벌써 두세 명 영아들이 쪼르르 그림책 앞으로 눈동자를 굴린다. 누가 먼저라고 할 것 없이 "나는 케이크, 나는 막대 사탕, 아이스크림, 수박" 등등 먹었던 기억들이 입으로 톡톡 터진 이야기보따리가 풀리면서 말들이 쏟아져 나왔다.

배탈이 난 애벌레를 보면서 "아야아야" 하면서 자신의 배를 만진다. 마법 같은 아이들의 손은 단순한 흉내가 아니라 진심이다. 자기 신체에서 타인의 아픔을 공감하는 몸짓이다. 애벌레를 도와주고 싶은 마음을 눈으로 표현한다. 애벌레의 고통에 반응하고, 고통을 나누는 정서적 공감을 형성한다.

언어표현이 서투른 두 살배기 아이들의 감정이입은 생각에 앞선 행동에서 나온다. 스스로 손으로 어루만지고 받아들이는 행동이야말로 교감의 염원이 차곡차곡 쌓이고 있다는 신호다. 식성 좋은 애벌레가 컵케이크, 소시지 등을 마구 먹어 배탈이 났고, 초록 잎사귀를 맛있게 깔아 먹은 후에 스스로 자연치유가 되는 것이 생태계의 질서다. 이를 지켜보는 아이들의 시선이 관찰로 이어지면 자기중심적인 사고에서 벗어나고 친사회적 행동이 늘어난다.

애벌레가 고치 속에서 쏙 빠져나와 나비가 되었을 때 "우와! 우와" 손뼉을 치는 아이들과 "나비야! 나비야" 노래를 부르는 선생님과 "나도 나비다!"라면서 두 팔 벌려 환호하고 함께 날았다. 덩실덩실 춤추는 봄바람도 나비의 변신을 축하하고 있다. 응원가를 불러주는 아이들이 보란 듯이 그림책 속 나비는 훨훨 날아다닌다. 아이들의 신체 놀이가 절정기의 곤충처럼 그림책에다 눈을 떼지 못하고 있다.

어린이집에서는 매달 연령에 맞는 그림책을 선정해서 놀이로 풀어내는 '문꼬미' 활동을 진행하고 있다. '문학 + 꼬마 + 미美' 작은 감성 문학이 자라나고 있다. 최향랑 작가의 『숲속 재봉사의 꽃잎 드레스』 그림책을 들고 4세 아이들을 만나러 마루 반에 들어서자, "원장 선생님!" 하고 외치며 쪼르르 달려와 품에 안긴다. 손에 든 연두색 꽃잎으로 장식된 겉표지를 바라보며 "이쁘다."라는 아이들의 입에서는 말간 꽃이 피어난다. "드르륵, 드르륵" 재봉틀 기워내는 소리와 색실을 감아 장식하는 작가의 섬세한 손길이 마치 숲속 오케스트라처럼 교실을 향기로 채운다.

『숲속 재봉사의 꽃잎 드레스』 그림책을 읽고 아이들과 함께 직접 드레스를 만들어 보기로 했다. 부드러운 핸드타월에다 파스텔을 들고 "나는 빨간색", "분홍색 꽃잎", "나는 멋쟁이 갈색"을 선정하고 조심조심 그리고 색을 얹혔다. 파스텔에 힘주어 칠하다가 종이가 찢어져서 울먹이는 아이에게는 하루 전 사용했던 핸드타월을 충분히 말려놓은 선생님이 "괜찮아요. 여기 많이 있어요." 너그러운 미소로 달랜다.

 "선생님, 색이 울퉁불퉁해요.", "야~ 물을 뿌리니까 색이 사르르 사라져요.", "우~와 색깔이 춤춰요" 물이 닿자 즉각적인 반응을 관찰한 아이들의 목소리는 설레었고 신이 났다. "드레스가 살아났어요", "맞아 맞아요. 입고 싶다 그치" 처음에 살짝 손끝으로 물을 종이타올에 적셔보던 아이도 드레스의 색이 스르륵 번지자, 입가의 미소가 환하게 퍼졌다. 그림책의 장면을 기억해 낸 아이는 자신이 입고 싶은 드레스를 상상하면서 그림 그리기에 몰두한다. 스스로 만든 작품에 자긍심을 느끼고 자랑스러워한다. 아이들의 심미적 감수성과 자존감이 높아진다.

 놀이가 끝난 후 다채로운 꽃잎 드레스들을 가지런히 벽면에 걸어 놓았다. 이야기꽃이 만발했다. 손으로 만지고 물과 색이 섞이는 변화 과정을 감정과 연결하니 다른 친구의 감정도 보인다. 자신을 존중하는 아이들의 '자기화'는 경험에서 축적된다. 잘 노는 아이가 생각 골짜기도 깊은 법이다. 아이에게 문학은 감각이 꿈틀거리는 몸짓이다.

 따뜻한 봄날이다. 애벌레의 여행과 꽃잎 드레스를 따라 걸으며 아이들의 마음을 담아낸 이야기를 언어로 엮었다. "모든 학습은 사회적 상호작용 속에서 이루어진다." 레프 비고츠키 Lev Semenovich Vygotsky 의 주장처럼 아이들은 그림책의 흐름이 반복되는 구조를 이해하고 기억한다. 배탈이 난 애벌레를 보며 "아야아야" 하면서 자신의 배를 만지고, 나뭇잎을 먹어 치우는 애벌레가 순환 생태를 건강하게 가꾼다는 것을 안다. 물이 닿아 파스텔이 번지는 모습을 보면서 감탄을 연발하는 아이는 감각적 자극과 인지적 사고가 그림책의 상상 세계에 접목하는 문학의 온기를 느낀다.

  부모들은 자녀의 '문해력'을 키우기 위한 고민이 많다. 그림책은 언어의 텍스트를 감각적으로 익히는 마술사다. 그림책 장면을 읽어내는 훈련을 반복하면 자기 언어를 재창조할 수 있다. 문해력은 글을 읽고 쓰는 것만이 아니라 관찰하고 생각하는 힘을 비축한다. 그림책 학습을 통해 논리적인 사고를 키우고 넓혀간 아이들은 자기 생각이 분명하다. 봄에는 연초록 잎들이 빗방울을 받아먹는 계절이다. 봄비를 반기는 아이들이 있다.

박영희   같은 듯, 다른 듯이

아름다운 공동체는
감사함으로 물들인다

봄빛 머금은 5월의 잎사귀에 빗방울이 맺힌다. 나뭇가지에 앉은 새들은 미동을 접고 잠시 숨 고르기를 한다. 촉촉한 숨결을 들이마시는 꽃들은 제철 군락을 이루는 풀처럼 조바심이 없다. 어느새 봄비 멈추고 연두 잎 사이로 햇살이 스며든다. 아카시아 꽃향기는 살랑거리는 바람결을 탄다. 조용히, 넓게 향기를 배달한다.

"딩동! 딩동!" 축제가 열렸다. 수런수런 분위기 띄우고 뾰족뾰족 올라온 봄 새싹 동심들이 손을 맞추며 노래를 부른다. 아이들이 정성껏 준비한 재롱은 세대를 허문다. "예쁘다, 귀엽다"라는 말씀에 아이들의 눈동자는 해맑은 눈망울이 된다. 할머니 할아버지의 가슴속에 숨겨두었던 미소가 피어오른다. 잠시나마 맺힌 고독이, 쓸쓸함이 스르륵 풀린다. 삶의 흔적이 밀려오는지 눈을 껌벅인다. 사랑 가득한 눈빛을 가득 담으려는지 집중하고 또 집중한다. 오늘은 '김해시서부노인종합복지관'에서 어버이날 기념행사가 열리는 날이다. 아이들이 춤추는 곳에 연로하신 어르신의 사랑이 모여들었다.

아이들은 많은 사람 앞에서 떨리는 마음을 꾹 참는 것 같았다. "어버이날 축하드립니다." 함박웃음을 짓고 노래를 부르고 춤을 추었다. "잘한다. 잘해." 하시며 공연 내내 손뼉을 치신다. 공연이 한 바퀴 돌아가자 마치 자신의 손주를 대하듯이 긴장을 풀고 흐뭇하게 웃으신다. 지금 곁에 없는 자녀와 손주에 대한 애틋한 그리움이 언뜻언뜻 보이는 것 같아 마음 한편이 아릿해진다. 오늘 하루만이라도 당신의 슬픔 같은 것들을 훨훨 날려 보내고 사시사철 온기를 데우는 그 무엇이 넘치면 좋겠다.

아이들의 공연은 단순한 무대 경험이 아니다. 떨리는 마음을 이겨내고 자신을 표현하는 긴장을 이어가는 용기가 필요하다. 거기에다 진솔한 마음을 담아야 한다. 분위기에 적응하고 옆 친구들과 호흡 고르기도 제때 맞추어야 하는, 아이들 기준에서는 고난도의 무대 행위 예술에 적응해야 한다.

할머니 할아버지의 "똘똘하네. 잘하네."라는 칭찬을 들으면서 무대 하단으로 내려올 때도 마음이 두근두근 뛰었다. 연로하신 어르신들이 원장인 나를 보고 기뻐하는 모습을 보면서 '내가 누군가에게 기쁨을 줄 수 있구나'하는 기쁨과 자신감이 생겼다. 아이들은 잘했다는 칭찬이 이어질수록 더욱 신났다. 할아버지 할머니가 아이들의 칭찬교사가 되는 것. 건강한 공동체의 구심점이 '사랑'이라는 것. 산 교육장이 건강하면 긍정적인 피드백으로 타인을 기쁘게 하는 공감 능력을 배양하는 성취감이 생긴다. 눈으로 나누는 스킨십이 무르익어가고 어르신들의 무궁무진한 '지혜'라는 자양분이 아이들에게 스며드는 듯

'감사합니다'의 훈훈한 분위기에 젖는다.

어린이집으로 돌아온 아이들은 부모님께 감사함을 전하고 싶었는지 눈빛이 톡톡 빛난다. "엄마 아빠 간식을 사줘서 고맙습니다.", "사랑해요. 아빠, 저랑 놀아줘서 너무 좋아요.", "엄마 아빠, 저를 낳아줘서 감사합니다." 어느새 그림도 그리고 색종이로 카네이션을 예쁘게 접어 카드를 만들고 있다. 할머니 할아버지에게 보여드린 재롱의 기쁨을 엄마 아빠에게도 주고 싶은 욕심이 대견하다. 아이들은 타인과의 관계를 통해 감정을 인식하고 표현하고 행동하는 것을 익힌다. 사회적 인간으로 형성하는 첫발이 순탄하면 긍정적인 정서와 자기표현도 제법 담대해진다. 공감도 그렇다. 사람 숲이 풍성하면 아이 숲은 저절로 무럭무럭 자란다.

'공감'은 감정 훈련에 충실할 때 빛을 발한다. 아이들을 보며 즐거워하시는 할머니 할아버지의 웃음소리는 아이의 마음을 읽어내는 사랑이라는 것을 아이들은 본능적으로 알아차린다. 아이들도 그런 마음을 헤아릴 줄 알기에 어른의 마음과 가족의 소중함을 감정으로 표현한다. 최고의 어른은 아이보다 더 많이 웃음을 풀어놓는 어른이다. 그 연장선상에서 진행하는 '교육과 돌봄'은 아이의 정서적 성장에 보탬이 된다.

어린이집에서는 작년에 이어 올해도 7일간 '감사 한 주 챌린지'를 진행했다. 부모와 교사의 소통 공간 '키즈노트'에 감사함을 댓글로 남기는 5월의 문화 행사다. 460개의 쏟아진 댓글들이 '감사'의 물결을 만들었다. 부모는 교사에게, 부모가 부모에게, 교사는 학부모에게,

교사의 부모에게, 그리고 자신에게 보내는 감사의 말로 아이와 교사와 부모를 하나로 묶어주었다. 별이 서로에게 비추면 은하수가 밝게 빛난다. 그런 공감대를 어깨너머로 배운 아이는 스스로 별이 되는 원리를 터득한다.

 "부모가 되어보니 부모님의 사랑을 더 많이 느낄 수 있었어요. 지금도 인사를 나눌 수 있어 행복해요." 대개 부모의 사랑은 가족 사랑이고 세대와 세대를 잇는 사랑인 내리사랑이다. 부모가 전해주는 그윽한 사랑의 말 한마디는 아이의 마음 꽃으로 피어난다. 그 꽃이 향기를 내고 본성이 튼실한 열매를 단다.

 어린이집에 아이를 맡기는 부모의 마음은 한결같다. "오늘도 우리 아이를 따뜻하게 맞아주시고 작은 변화 하나에도 세심하게 살펴주셔서 감사합니다.", "선생님들 덕분에 안심하고 아이를 맡길 수 있습니다." 댓글의 위력은 놀랍게도 교사들의 마음을 울렸다. 진심을 담는다는 것. 거창하지 않아도 아름답고 들꽃처럼 풋풋하다.

 필자도 부모와 교사들의 댓글을 하나하나 읽었다. '감사는 우리를 따뜻하고 아름다운 공동체로 이끌어 줍니다. 감사는 서로를 연결하고 가장 건강한 공동체를 만드는 힘입니다. 어린이집에서 만나는 모두가 저의 스승입니다. 아이들의 순수한 시선, 기발한 생각들은 깊은 감동과 울림을 줍니다.' 등의 감사 댓글을 남겼다.

 7일간의 감사 챌린지는 부모와 교사와 아이들 모두가 각자의 자리에서 서로의 소중함을 표현하는 공간이다. 아이들은 어버이날 할머니 할아버지에게 감사의 노래를 불렀고, 어르신들은 아이들에게 아

박영희　같은 듯, 다른 듯이

낌없는 박수를 보내주셨다. 이 짧은 만남은 세대를 이어주는 '감사'라는 감정의 선물이다. 부모님들은 교사들의 헌신적인 노고를 인정해 주셨고, 교사들은 부모님의 댓글을 통해 자신이 하는 일이 결코 작고 쉬운 일이 아님을 느꼈다. 한 줄의 댓글은 교사들에게 큰 위로이자 응원이었다.

'감사'는 공동체를 지탱하는 근간이고 마음 읽기의 배려고 행복이 스며드는 통로다. 감사는 타인의 것이 아니라 자신의 것이다. 푸름이 물결치는 5월은 아이들 동심이 부풀어 오르는 계절이다. "고맙습니다. 사랑합니다. 행복합니다." 이 세 음절이 빛나는 계절이다.

한 바가지의 마중물이
아이의 뇌를 깨운다

　　　　　　　　　끼익. 삐걱삐걱. 용쓰는 아이들이 펌프 손잡이를 두 손으로 꽉 잡고 힘껏 누른다. 마치 밤하늘 예열로 데워지는 착한 별처럼 물을 받기 위해 꾸르륵꾸르륵 소리를 만든다. 고개를 요리조리 돌리면서 갸우뚱거리는 아이에게 물 한 바가지 부어 주었다. 시동을 건 펌프가 일순간 생기가 돌면서 꿀렁거린다. 아이들의 눈망울은 반짝이고 손놀림이 빨라진다. 물방울이 솟아오르자 "우~와 우~와" 물벼락 맞겠다면서 환호성을 지른다. "쑤우욱, 쏴아악" 땅속 깊은 곳에서 물줄기가 솟구친다. 서로 번갈아 가면서 펌프질하려고 달려들고 손 내밀고 키득거린다. 아이들 세상은 놀이가 학습이라는 걸 아이들이 먼저 안다. 체험분원 유아교육원 김해 정원은 때아닌 물 축포로 초여름을 선사한다.

　아이들은 억제된 호기심이 발동하면 하늘도 뚫을 기세로 놀이라는 먹잇감을 찾아 달려든다. 오늘은 펌프질 물놀이다. 대나무 통을 이리저리 연결해서 물길을 만든다. 물의 흐름에 따라 기울기를 맞추고 방향을 조절한다. 대나무 배를 물 위에 띄우고 상상의 세계로 떠난다.

　　　　　　　　　　　　　　　　박영희　같은 듯, 다른 듯이

물을 가득 채운 물총으로 색색의 꽃을 향해 먹이를 주고 "목말랐지?" 어루만지는 말로 사랑을 보탠다. 그 말이 통했는지 하얀 이를 드러내고 대나무 통에 물을 담아 물 그림을 그리면서 물놀이에 흠뻑 젖어 든다.

놀이가 점점 익어가면 아이들의 눈빛은 단순한 재미를 넘는다. 즐거운 감정을 느낄 때 아이의 뇌는 왕성한 활동을 하고 정보를 더 잘 받아들이도록 두뇌의 세포가 설계되고 인지되고 학습한다고 학계에서 소개하고 있다. 물 흐름 완급을 조절하고 실험을 반복하는 과정에서 아이는 '차이'를 가려내는 고도의 판단력을 키워간다. 이때 뉴런신경세포은 시냅스 연결망으로 점점 촘촘하고 두꺼워져 전두엽의 기능이 향상된다.

아이를 풀밭에 풀어놓으면 놀이 선수가 되고 책 읽는 부모님을 보면서 자라면 사유의 전 단계인 '생각'에 잠긴다. "재미있겠다.", "나도 하고 싶어요." 이는 감정과 생각이 자연스럽게 동기를 일으키는 인정 욕구의 초보 단계다. 아이가 손으로 물을 만지고, 눈으로 물의 흐름을 따라가면서 감각이 통합된 균형점을 찾는다. 펌프에서 물이 나오는 원리를 직접 경험하면서 과학적 원리 이전에 '스스로 해냈다'라는 성취감으로 자기 주도성을 북돋운다. "같이 해볼까.", "내가 도와줄게." 친구와 함께 물길을 만들고 꽃사랑이 배인 물을 주는 과정에서 아이는 감수성과 공존의 의미를 배워간다.

하지만 현실은 어떤가. 놀이하는 아이의 초조감은 어디서 기인하는가. 놀이 시간보다 조기교육과 사교육 시장에 아이를 몰아넣지는 않는가. 명품 신발과 옷을 걸친 아이가 공동체를 끌어당기는 자존감을 높일 수 있는가. 그뿐 아니다. 필자가 어린이집에서 진행한 부모교육 '뇌 발달 들여다보기 - 4세 고시, 7세 고시' 중 학부모들은 "한 명의 자녀를 어떻게 키울 것인가, 유아 교육 기관을 선택할 때 고민이 많았어요.", "저도 좋은 대학을 진학하기 위해 부모에게 공부를 강요받았고, 제 자녀도 그런 영향을 받는 것 같아요.", "무엇보다 부모의 불안이 가장 큽니다."라고 현실적 접근성이 밀착되는 현장에서 직접 털어놓은 진솔한 이야기를 나누었다.

2024년 7월부터 9월까지 교육부는 통계청에 의뢰해 처음으로 '유아 사교육비 시험조사'를 실시했다. 그 결과, 학부모의 57.3%가 사교육비에 부담을 느낀다고 응답했다. 이는 단순한 경제적 문제만이 전부가 아니다. 학벌 중심 사회의 불안 심리 구조를 이용한 자본 논리가 복합적으로 형성된 결과물이다. 특히 '4세 고시, 7세 고시'라는 신조어가 회자할 만큼 아이들은 초등학교 입학 전부터 시험과 평가라는 경쟁 압박 속에 놓여 있다. 영·유아기부터 시작되는 조기교육과 사교육의 무게는 아이들의 자율성과 자기 주도성을 침해한다는 건 일선 교육 현장에서는 피부로 느낀다.

요즘의 아이 부모는 양육 문제의 핵심인 '교육'에 있어서 만큼은 눈에 불을 켜지만 실은 조마조마하다. 미래학자의 일관된 예언에 따르면 '30년 주기를 기준점에 놓고 진단하는 미래는 삶의 질과 가치관이 획기적으로 변할 것이다'라고 한다. 부모는 그 중심에 놓인 자녀의 중추신경이 집합한 '뇌' 발달에 관심을 배양시켜야 한다. 아이의 뇌는

박영희   같은 듯, 다른 듯이

'빠름'이 아니라 '다름'의 원리로 성장한다. 어떤 아이는 자극에 즉각 반응하고, 또 어떤 아이는 생각을 거쳐 행동하거나 특정 흥미에만 반응하며 뇌를 활성화하기도 한다. '다름'이 존중받는 사회가 천지개벽처럼 밀려와 뿌리를 내릴 것이다.

아이의 고유성인 '다름'의 힘찬 물줄기가 '뇌'의 성장을 추동한다. 그런 뇌는 무한한 잠재력과 유전과 환경의 상호작용 속에서 밀고 당기고 늘리고 좁히며 인지능력과 감수성을 키워간다. 무엇보다 부모의 양육이 아이의 뇌를 자극하고 형성하는 가장 중요한 환경이다. '육아 育兒는 육아 育我'라는 말이 있다.

작은 손으로 콩콩, 망치질로 못을 겨누고 조그마한 드라이버로 나사를 조이는 아이는 눈을 가늘게 뜨고 입을 꾹 다문 채 조심스럽게 돌린다. 지붕을 만들고 텐트를 세우는 과정에서 실패를 거듭할수록 아이의 눈썹은 좁혀지고 입술은 굳어진다. 그런 과정을 거치면서 별을 손으로 따고 나무 위에 생각의 집을 짓는다. 목공 놀이는 전두엽을 발달시키는 실행 기능 훈련이다. '알고 싶다'라는 탐구심과 호기심을 불러일으키는 뇌의 본능을 단련시키는 경험이다. 다양한 경험은 뇌 기능의 발달 촉진제이다.

흙 놀이터 한쪽에서 아이들이 노란 중장비 장난감을 밀고 당기며 땅을 다지고 있다. "여기는 길, 여긴 주차장이야. 지금 공사 중이에요!" 진지한 눈빛과 힘이 들어간 어깨로 흙을 퍼 나르며 몸도 마음도 활짝 펴나간다. 흙은 아이들의 감정 매개체이다. 아이들은 바삐 중장비를 움직여 텃밭을 만들고 모래를 파고 그 속에 채소와 꽃을 심고 울타리를 세워 정원을 가꾼다. "이건 내 꽃", "응, 나는 당근을 심을게", "우리 같이하자" 서로 역할을 나누고 감정을 주고받는다. 규칙을 조율하고 협력하는 사회성을 배우고 관계를 확장해 나가면서 '어울리고 싶다'라는 뇌의 본능을 단련시킨다.

'김해체험분원'에서 아이들은 각자 방식으로 세상을 이해해 간다. 작두펌프를 누르는 손, 물길을 만드는 눈, 물총을 들고 꽃님에게 말을 거는 마음이 절로 생긴다. 이 모든 순간에 뇌는 자라고 깨어나는 자연스러운 성장통을 겪는다. 아이의 뇌는 호기심과 탐험의 끝없는 여정으로 이루어진다. "이렇게 해볼까.", "어떻게 될까?", "다시 해보자, 더 재미있지 않을까?" 서두르지 않고 묵묵히 바라보는 어른은 그 존재만으로도 아이의 뇌는 충분히 안정을 취하면서 자란다. 뇌를 깨우는 마중물은 단 한 바가지면 충분하다.

박영희   같은 듯, 다른 듯이

아이는 다름의 뿌리에서
존중을 받아먹는다

　　　　　　　　　　　　무대 한쪽이 스르륵 열린다. 침묵을 걷어낸 화려한 조명이 쏟아지고 코끼리들이 뚜벅뚜벅 걸어 나온다. '논다는 것은' 신명이 올라와 둥둥둥 북소리를 낸다는 것. 크고 작은 코끼리 엉덩이가 겹치고 느리거나 빠른 리듬을 탄다. 어떤 녀석은 마음 급한지 발자국 리듬을 높이면서 걸어온다. 복슬복슬한 코끼리, 홀쭉한 코끼리와 뒤뚱뒤뚱한 코끼리들이 각자 다른 생김새와 움직임으로 한바탕 춤추고 받아들이고 내지르면서 어우러진다. 하나의 생태계처럼 놀이마당을 휘젓고 다닌다.

　그때 가느다란 목소리가 들린다. "저! 마음만 코끼리여도 되나요?" 망설임 가득한 두 눈과 머리에는 코끼리 모자가 덩그러니 얹혀 있다. 호기심 그릇에 무엇을 담으려는지 눈망울은 크고 진지하다. 육중한 몸짓을 흉내 내는 코끼리들이 다양한 개성과 색깔로 착 달라붙었다가 떨어진다. 우우우 친구들의 환호가 터진다. "마음만 있어도 코끼리, 끼리끼리 코끼리!", "우리 모두 코끼리, 코 코 코끼리!" 아이의 얼굴에 화색이 돌다가 환하게 피어난다. 귀가 작은 코끼리는 귀엽고 코가 짧은 코끼리는 넉살스럽고 다리가 긴 코끼리는 새침데기로 눈을 흘린다. 어색한 듯하면서 잘 어울리는 코끼리 모자를 쓴 아이까지 그들은 리듬을 태우고 춤추고 박수로 흥을 돋운다. 모자 위에 달린 코가 휘청이며 흔들린다. 그렇게 우리는 오손도손 가족 코끼리가 되었다.

아이들과 손을 맞잡고 코끼리 코를 만들어 한바탕 질펀하게 놀았다. 손등이 닿자 깔깔거렸고, 움찔하던 어깨가 천천히 풀어진다. 아이들은 눈빛과 몸짓과 발끝으로 말을 걸면서 웃음꽃을 피운다. 어떤 아이는 팔을 위로 둥글게 말아 머리 위 코를 만든다. 또 어떤 아이는 쑤그려 앉아 동그란 배를 흔들며 코끼리 흉내를 낸다. 키 작은 친구 앞에 선 아이는 살짝 무릎을 굽혀 살가운 눈을 맞춘다. 등 뒤에서 슬쩍 밀어붙이는 아이는 앙증맞고 앞서가다 뒤돌아보면서 친구를 기다리는 아이는 연민이 고인 아이다. 팔짱을 끼고 리듬을 맞추는 아이들은 신나는 놀이터로 마실 나온 아이다.

노래가 빨라지면 낄낄 웃고 느려지면 "천천히"라고 말하면서 친구의 속도를 살핀다. 서툰 움직임은 '배려'로 채운다. 그러니까 동심만 있어도 배가 부른 아이들이다. 마무리는 양팔을 앞으로 쭉 뻗어 서로의 등을 감싸고 몸이 발산한 언어로 포옹한다. 무언은 눈빛으로 말한다. '너도 괜찮아', '우린 함께야'라는 진한 마음이 그윽해진다.

아이들과 허아성 작가의 『끼리 끼리 코끼리』 그림책을 읽고 호흡하고 흔들흔들 웃어가면서 '우리 함께'라는 공동체를 일군다. 아이들이 꾸미고 만들어 내는 특별한 관계의 언어는 '포옹'이다. 아이 한 명은

박영희 같은 듯, 다른 듯이

질문하고 다른 아이들은 마음에 담아둔 생각을 내민다. 이는 유아기 정서 발달의 핵심인 '애착'이 관계로 확장되는 순간이다. 아이들에게 낯섦은 어른들의 두려움과 달리 호기심이다. 그럴 때 자신감이 올라오고 타인을 존중하며 안전한 둥지 집을 짓는다.

포옹은 마음이 번진 언어가 고결한 심성을 빚어내는 연금술이다. "나도 괜찮아, 너도 괜찮아", "우리 모두 괜찮아.", "우리는 함께할 수 있어." 긍정 마인드를 창출하고 조건을 달지 않는 선한 메시지를 전달하는 감정이입이다.

'교류분석상담이론'으로 들어가 보면, "마음만 코끼리여도 되나요?"라는 질문은 아이의 어린 자아 Child ego 에서 온 감정 표현이고 인정받고 싶은 욕구이다. "끼리끼리 코끼리!"라고 외친 친구들의 화답은 부모 자아 Parent ego 의 조건 없는 수용과 어른 자아 Adult ego 의 판단으로 감정과 현실의 균형이 함께 하는 교류이다. 아이들은 몸으로 긍정적인 스트로크 Stroke, 인정자극 를 주고받으면서 서로를 인정하고 연결하는 감각을 내면화한다.

유아기의 경험은 인생 각본의 행간을 채운다. "나는 다르지만 괜찮아.", "나도 함께할 수 있어." 무대 위에서의 아이들은 그들만의 작고 강한 '삶의 이야기'를 만들어 간다. 그것은 놀이와 성격을 달리한다. 서로를 껴안고 속도를 맞추고 기다려 주는 사이 유아기의 성장판이 열리고 사회적 구성원으로서의 역량이 자란다. 공감과 배려, 자율성과 소속감은 다름을 존중하면서 살아가는 공존의 감각을 체화시킨다.

각각 다른 색깔을 지닌 코끼리들이 무리 지어 살아가는 세상이 행복한 세상이다. 공동체는 선과 악으로 이분법으로 갈라놓지 않는다. 여름 숲속을 들여다보면 나무마다 다른 잎사귀로 어울리고 햇살을 제각각의 초록 물로 숲을 덮고 빛난다. 그럼에도 개별적 존재로 살아간다. 들판에는 풀들이 군락을 이루지만 풀 한 포기의 영역은 존엄하다. 서로 다른 뭇 생명이 여름이라는 무대에서 함께 비빌 언덕에 기댄다.

하지만 최근 기후변화와 서식지 파괴는 지구별의 미래를 암울하게 만든다. 무분별한 외래 생물종의 유입으로 다양성이 빠르게 사라지고 있다. 생태계가 균형을 잃으면 함께 살아가는 생명도 위협받는다. 벌과 나비는 서로 다른 꽃을 찾아다니며 생태계를 순환시킨다. 다양성을 잃으면 자연의 질서가 깨지고 인간 사회도 아이들의 마음도 균형을 잃는다. 교실이라는 어울림 생태계는 아이가 주인공이다. 아이 한 명 한 명이 고유하게 존재할 수 있도록 간섭과 경쟁과 차별을 멈추어야 한다.

아이들이 가정이나 교실에서 다양성을 먹고 자라도록 아이들 눈높이를 수평으로 바라보고 재단해야 한다. 세계 여러 나라 사람의 모습이 다르다는 것을 알고 다른 옷을 입은 친구에게 인사하는 것, 피부색이 다른 친구와 손잡고 노는 것, 거창한 학습이 아니어도 작은 행동에서 만족하는 아이는 풍성한 아이로 자랄 개연성이 그만큼 높다. 다르다는 것은 개성으로 무장한 '공존'이면서 '특별함'이다. 다름은 다양성 교육의 출발점이다. 아이의 미래를 담보하는 '지속가능발전교육'도

박영희   같은 듯, 다른 듯이

이 범주에 속한다.

　아이들은 관계 속에서 경험을 먹고 자란다. 무대 위에서 싹튼 공동체 감각은 협력적 소통 역량과 공동체 역량을 키우는 산교육이다. 아이들은 코끼리 무리 속에서 '다름'을 껴안았고, '함께'를 선택했고, '공존'이 왜 소중한지를 알았을 것이다.

　아이가 어른으로 성장해 가면서 누군가를 마주할 때, 이번에 경험한 포옹처럼 따뜻한 손을 먼저 내밀지도 모른다. 우리는 모두 코끼리가 되었고, 진짜 '우리'가 되었다. 더 아름다운 세상을 만날 수 있는 것은 '다름'이 손을 내밀 때 가능하다. 각자가 존중받는 교실, 자기 색깔로 빛나는 아이들, 그 시작은 다양성을 기꺼이 받아들이는 우리 사회의 건강한 토양에서 뿌리를 내린다.

비등점

　　　　　　　　　　삶이란 유한한 성질을 지닌 생명체의 체온이다. 각양각색의 성격을 규정짓기도 하고 독립된 개체로 살아간다. 그 속에서 서로를 만나고 소통하고 어우러지기도 한다. 그뿐 아니다. 우리는 각자의 인생 봇짐을 지고 고행길을 걷는 순례자기도 하고, 신비롭고 웅장한 초자연 현상 앞에서 인간이 얼마나 가냘픈 존재인가를 확인하는 연약한 호모사피엔스이다. 지구상의 다른 종과 달리 인간의 지혜라는 것은 자연에 그리 강하지 않는 현상을 자각한 오래된 유전형질의 순응된 진화의 결과물이라고 한다. 삶의 다양성은 종의 고유성에서 나온다. 그것이 개성이고 색깔 아닌가.

　　자연은 너그럽다. 인간처럼 누굴 탓하지 않는다. 상심한 마음을 지닌 사람에게는 고운 눈빛으로 위로한다. 당당하고 잘 갖춘 당신일지라도 자연 앞에 왜 작아지는지, 굳이 설명하지 않아도 살아온 경험이나 이치로 어림짐작으로 느껴질 것이다. 존재도 그렇다. 무엇을 획득하고 성공한 삶이라 해도 노년의 언저리에서 뒤돌아보면 부끄럽고 아쉽기만 할 뿐이다.

　　뜨거운 여름날이었다. 유년의 나는 땀을 뻘뻘 흘리며 해수욕장으

박영희　같은 듯, 다른 듯이

로 가는 버스를 탔던 기억이 선명하다. 버스 안에는 까맣게 그을린 아이들이 왁자지껄하게 목청을 높이고 있었다. 여름방학의 들뜬 포만감이 바다로 내달음치고 있었다. 버스 좌석에 잇댄 칸에는 아낙네의 음식 보따리들이 차곡차곡 엉켜 있었다. 후덥지근한 열기는 창틈을 넘어오는 바닷바람을 잠재우면서 환호성이라도 지르고 싶은 피서객의 마음을 헤집고 다녔다. 추억의 시간을 반추하면서 따라가다 보니 낭만이 출렁인 유년의 나 자신이 자못 행복하면서 그립다.

내 고향 지적의 주문진 해수욕장 가는 길가에는 연분홍색 코스모스가 나풀나풀 춤추고 있었다. 아니, 좌우로 몸을 흔들면서 구릿빛 동심을 반겼고 길손인 우리는 출렁이는 마음으로 뜨겁게 화답했다. 아주 오래된 정경이 몰려와 금세라도 눈물 한 바가지 뜨겁게 흘리고 싶은 충동을 느낀다. 지금도 그곳에는 하늘거리는 코스모스가 피어 있겠지. 낮은 구릉에는 수줍고 은은한 들꽃들이 살포시 고개를 들고 있겠지. 담장 위로 날아다니는 잠자리의 비행과 풀섶 위로 튀어 오른 여치의 앙증맞은 건너뛰기는 또 얼마나 친근하게 다가왔던가. 어른이 된 지금까지도 떠돌았던 몸과 마음의 신산한 고단이 내 고향으로 향하고 있다. 고향은 거친 세파에 영혼이 묽어진 나를 두 손 벌려 안아주겠지. 벗들이 추억이 고향이 그립다.

시작은 달라도 여유 있는 마음으로 앞서가는 이의 뒷모습을 보며 행복했던 적이 생각난다. 그 마음에는 초조나 불안이 별로 없었다. 소소한 삶의 둥지는 안온한 온기가 배어 있었다. 돌이켜 생각해 보니 그때만큼 행복했던 적이 별로 없었다. 슬픔이 나 눈물이 고일 때마다 그윽한 눈과 고운 손으로 닦아주고 어루만져 준 품속은 봄볕처럼 따뜻했다. 조금씩 조금씩 세상의 창문이 열리는 것이 '희망'이라고 토닥여 주기도 했다. 어린 나는 그의 등에 기댔다. 불안이 엄습하면 그의 품속으로 파고들었다.

언니! 유년의 어린 동생이 크게 소리쳐 이름을 부르기라도 하면 뒤돌아보고 성큼성큼 걸어와 환하게 웃어주던 언니. 나는 나약한 울음 보였지만 언니는 든든한 나무였고 무너지지 않는 하늘이었다. 어떤 때는 나의 두 손을 꼭 잡아주면서 "밥 먹으러 집에 가야지.", "공부하러 얼른 학교에 가야지."라면서 뜨거운 입김을 불어 넣어 줄 때는 기쁨으로 채워졌다. 어스름해지는 황혼이 물러난 저녁에는 참 많이도 별을 헤아렸다. 나의 상상이 얹힌 손가락은 뜨거웠고 현실의 별은 지상에 있는 걸 아는 언니의 손가락은 얼마나 차가웠을까.

그러던 어느 봄날이었다. 엄동의 설한풍이 지나간 그 자리에 나는 들떠 있었다. 봄 아지랑이는 너울너울 춤을 추면서 나비를 쫓고 있었고 밭 가장자리의 두엄에는 김이 모락모락한 봄 내음을 풍겼다. 나의 전부였던 언니는 달랐다. 근심 같기도 하고 쓸쓸함이 진하게 묻어 있는 것 같기도 했다. 나를 빤히 바라보면서 무언가 말을 삼켰다. 침묵을 삼킨 눈빛은 젖어 있었다.

해가 저물면 집 밖을 서성였고, 휴일이면 서울로 돈 벌러 간 둘째 언니를 종일 기다렸다. 시도 때도 없이 언니가 보고 싶었다. 셋째 언니와 하루 종일 연탄 집 정거장 나무 의자에 앉아 있었다. 그리움과 기다림의 연속이었다. 석양이 비추다 어둠이 사르르 잠기던 어느 날,

박영희   같은 듯, 다른 듯이

정말이지 버스에서 내리는 언니의 모습은 눈이 부셨다. 웃으며 다가오는 언니가 풍기는 모습은 솜사탕처럼 풀풀했고 따스했다. 언니의 보따리를 한 개씩 나눠 들고 집으로 향하는 우리는 연정을 품은 곤충처럼 신이 났다. 분명 언니의 가방 속에 선물이 있다는 것을 알고 있기 때문이다. 잔뜩 기대에 찬 셋째 언니와 나는 빨강 구두를 보고 약속이라도 한 듯 서로 먼저 신었다. 나는 제자리에서 몇 바퀴나 빙글빙글 돌았다. 조그마한 시장통 속 단칸방에는 웃음꽃이 활짝 피었다.

명절이 되면 언니와 나는 우리 동네 멋쟁이 아가씨가 되었다. 멜빵바지에 티셔츠를 입고 반짝거리는 구두를 신고 차렷 자세로 나란히 서서 사진을 찍었다. 아직도 세월을 다 건너가지 못한 선명한 그 모습, 바가지 머리 모양의 두 소녀. 추억이 새록새록 떠오른다. 보름달처럼 차오른다. 무량수의 별처럼 환하게 빛난다.

세월은 속절없이 흘러 나도 어느덧 중년이 되었다. 지금은 둘째 언니나, 나나 비슷한 동년배로 삶을 노래하고 물욕에 젖어 있다. 서울로 떠난 언니는 그러지 않았을 것이다. 자신이 좀 더 덜 먹고 덜 썼다면 동생들에게 더 많은 기쁨을 안겨주었을 텐데. 자책하고 있는지 모른다. 그때 언니는 나의 우상이고 자랑이었다. 지금의 언니도 인생의 언니로서 여전히 그리움의 대상이면서 지상 최고의 우상으로 남는다.

이순애

하동군 청학동 고을에서 태어나 대학에서 유아교육을 전공했다. 졸업 후 지금까지 유아교육인으로 아이들과 함께 동고동락했다. 조금은 진부할 것 같아 보이지만 아이와 함께한 시간이 내 인생 최고의 선택이다. 가장 깊게 고민한 부문이 아이의 '자존감'을 높이는 교육철학이었다. 자존감은 아이의 독립성, 긍정마인드, 객관화시킨 이성의 힘과 감성에 닿아 가는 감정의 진폭을 높인다는 믿음 때문이다. 전공의 학문적 깊이를 더하고자 마흔이 넘어서 교육학 석사학위를 받았다. 이에 만족하지 않고 미술심리 상담사. 아동 청소년 다문화 노인 상담사와 사회복지사 유럽역사 교실과 글쓰기 등 다방면의 기능성 공부를 통해 전문성을 키워왔다. '거제시 사립유치원 연합'회장을 역임하고 담쟁이학당과 유럽역사 교실에서 회장을 맡고 있다. 좋은 글감을 찾아 지리산 둘레길 290km를 완보하였고, 남파랑길 55구간을 걸었다. 유아교육현장에서 느낀 소감이나 아이 관련 다수의 칼럼을 신문지면에 기고한 칼럼니스트로 활동하고 있다. 생명 열정 상상 평화를 슬로건으로 아이의 마음을 읽어주는 예인유치원 원장의 직분으로 소임을 다하고 있다.

'창'

봄이다. 아이들의 계절이고 초목의 계절이다. 눈부신 햇살의 계절이고 소솔한 바람의 계절이다. 엄동을 건너온 생명들은 봄날의 따사로움에 기댄다. 경칩에서 깨어난 개구리는 풀 섶 주변을 기웃거린다. '남쪽은 항상 봄'이라는 아이들의 상상력은 세상을 바라보는 편견이 없어 그렇다. 아이들이 행복하기를 바란다면 '아이들 스스로 꽃이다'라는 선입견을 어른들이 인식하면 된다. 유치원은 봄꽃보다 아이들 꽃이 먼저 피고 만발한다.

유치원의 3월은 출발의 계절이다. 아이들의 눈망울은 빛나고 설렘으로 가득하다. 겨우내 언 땅을 비집고 올라온 아이들이 가족이라는 둥지를 나와 다른 세상을 바라본다. 이때는 잠자고 있던 마음의 '창'이 스르륵 열린다. 시간의 개념을 알고 이성과 논리에 근력이 생기고 속도가 끌어당긴 긴장에 적응한다. 봄은 그렇게 새 생명의 숨결을 움트고 정착하는 계절이다.

유치원 뜰에는 동백꽃이 낙화 준비를 하고 있다. 송이째 떨어지지만 한꺼번에 지면에 닿지 않는다. 천천히 손 흔들면서 떠나겠다는 신호다. 가련한 청순이 남긴 이별은 아픈 법이다. 동백꽃의 석별은 엄동을 건딘 자기 서사의 엄중함이다. 나는 동백꽃이 피는 것도 보았고 지는 것도 보았다. 몇 날에 걸쳐 서서히 떨어졌고, 제법 오랫동안 어미나무 그늘 아래서 온기를 나누고 토닥거리는 것도 보았다.

유치원 뜰에서 서성이던 어떤 아이가 "동백꽃이 수북하게 쌓였네요."라고 혼잣말처럼 툭 던진다. 꽃 진 자리에 앉은 붉은 동백꽃이 얼마나 허망한지. 아이들이 바라본 '창'은 호기심 천국이다. 그러면서 수북하게 쌓인 동백꽃이 생을 다할 때까지 '함께'라는 공동체를 어렴풋이 느낀다. 동백나무에 앉은 새들도 눈망울을 굴리며 봄을 가른다. 아이들이 인사로 재잘거리고, 웃음으로 반기고, 천진하게 떠들며 유치원의 아침을 깨운다. 왁자지껄 무리를 지은 아이들이 제각각의 표정으로 동심의 꽃 문을 연다. 연신 싱글벙글 웃는 아이, 시큰둥한 아이, 아직도 엄마 품을 떠나지 못해 칭얼대는 아이도 개별적 존재다. 그래도 눈망울은 선하다. 인정받고 싶은 아이들의 마음이 다 들여다보인다. 들뜨고, 낯설고, 어리둥절한 표정이 다채롭다. 그러면서 입가에는 미소가 가득하다. 사랑스럽다. 기쁨이고 축복이다. 아이들은 바라보는 대상이 아니라 존재로 다가가는 인격체다. 그럴 때 '창' 너머의 아이는 잎이 무성한 감수성 나무로 자란다.

예인유치원 입구 양 기둥에 세운 로고는 생명, 열정, 상상, 평화의 상징이다. 중심에는 환경, 생태, 아이가 어깨를 나란히 한다. 그 중심축인 '창'으로 바라본 지구는 하나다. 이는 불변의 진리다. 이곳에서 두 손을 잡고 아우르는 공동체가 형성된다. 자연과 인간의 조화로운 삶, 세상과 당당히 맞서는 도전, 열정, 용기, 끊임없는 생각이 키운 상상이 우주가 빚어낸 삼라만상의 공간을 연다. 하늘과 맞닿은 산능선은 별을 헤는 꿈의 원천이고 숲이 이룬 평화를 보듬는 저장소다.

　예인유치원은 아이들이 존중받는 세계다. 138개의 빛깔을 가진 아이들이 모여 사는 꿈 터다. 꿈은 꿈 터에 가두는 것이 아니라 오늘을 직시하고 미래를 상상하는 공간이다. 아이들은 그들만의 세계관에서 안목을 키우고 보편성을 키운다. 하늘의 별 하나와 유치원의 별 하나는 다르지 않다. 유치원의 슬로건처럼 별은 스스로 빛난다고 아이들은 알고 있다.

　아이들의 마음을 읽어주는 것은 학습이 아니라 공감이고 바라보는 시선이다. 그럴 때 자기 주도적인 아이로 성장하는 것을 나는 오랜 경험으로 체득했다. 아이들이 타고난 고유의 색깔은 개성이고 이는 심성에서 나온다. 시시각각 빛나고 나무의 떨림처럼 출렁거린다. '창'을 닫으면 주눅이 든 아이로 보이고 '창'을 열면 긍정의 마음 물결이 출렁인다. 아이들의 속성은 짹짹거리는 참새를 닮는다. 다만 어른들은 창공을 향해 손으로 참새를 쫓으면 된다. 그럴 때 참새는 적의를 품지 않는 농부의 마음을 안다. 그런 아이들이 원하는 유치원은 어떤 곳이어야 할까? 정답은 현장의 얼굴인 아이들이다. 아이들은 있는 그대로 표현하고, 받아들이고, 세상을 바라보는 눈을 가졌다. 편견이 들어가면 편견의 아이가 자라고, 무시가 들어가면 무시의 아이로 자란다. 꿈을 빼앗으면 꿈을 잃은 아이로 커 간다.

　아이의 미래는 호기심 가득한 눈빛에서 나온다. 새로움을 즐기는 아이들은 모험심을 키운다. 공동체에서 이탈하지 않는 아이는 세상을 올바르게 바라보는 힘을 키운다. 잘나고 못나고의 차별도 없고 위아래의 격차도 없고 상대에 앞서는 순위가 없다. 어떤 직업을 가지더라도 존중받는 사회가 좋은 사회다. 아이들의 미래는 그런 세상이어야 한다.

 아이들은 믿음을 먹고 자란다. 믿음은 대상이 아니라 믿음 그 자체이다. 아이가 질서를 지키면 반칙을 모르고 자란다. 고정관념을 이탈할 때 창의성이 생긴다. 어른은 시간의 개념에서 바라보고, 아이는 공간의 인지에서 바라본다. 아이들이 바라보는 '창'은 무궁한 꿈이 펼쳐진 공간이다.

 망망대해 미지의 세상! 아이들은 돛단배를 타고 떠나는 출발선에서 희망의 노를 저어 항해를 시작할 것이다. 숲은 개별적 나무가 이룬다. 내 아이로 바라볼 것이 아니라 공동체의 구성원으로 바라보아야 한다. 맑은 영혼을 가진 아이들이 꿈꾸는 세상을 마음껏 펼쳐갈 수 있기를 기도한다. '창'이 스스로 열리면 꽃송이보다 더 아름다운 아이들 눈망울이 보인다. 꿈이 현실을 먹고 자라지 않고 그 꿈이 꿈을 먹고 자란다.

이순애   같은 듯, 다른 듯이

꽃비가
춤을 춘다

　　　　　　　　　　허브차 한 잔으로 아침을 연다. 창 너머 유치원 뜰에는 싱그러운 초록이 동심을 불러 모은다. 잎이 무성해진 나무는 햇살을 받은 그 자리에 그림자를 드리운다. 새들이 날아들어 쉼터를 만들고 꽃이 떨어진 자리엔 어린 열매가 맺힌다. 성급한 마음이 널뛰다 보니 퍼질러 놓은 봄의 색감은 어제 다르고 오늘 다르다.

　이른 새벽 선잠에서 깼다. 눈으로 남해 지도를 그려보면서 배낭에 담을 생수와 간식거리를 주섬주섬 챙긴다. 잠이 부족한데도 정신이 맑다. 아침 공기는 진한 봄 향기를 선사한다. 곧 펼쳐질 남해의 봄 향연에 취해 나도 모르게 '쿵짝작 쿵짝작' 왈츠 춤을 추고 있다. 봄은 몸보다 마음이 앞서가는 계절이다. 겨우내 잠들었던 만물이 용수철처럼 툭툭 털고 일어선다.

　남해의 봄은 특별하다. 어디를 가나 무리지어 핀 꽃들이 '꽃밭'花田

을 이룬다. 하천에 붙은 산자락의 꽃이 '꽃내'花川로 날릴 때는 강물이 꽃잎으로 덮인다. 알롱달롱한 꽃이 스스로 꽃배가 되어 바다에 닿는 순정한 풍경을 연출한다. 강물이 노를 저어 갈 때마다 길손이 잘 가라고 두 손을 흔들고 갈대 사이로 휘젓고 다니는 물새들은 소리를 만들면서 응원한다.

남해는 봄의 전령사가 곳곳에 포진하고 있다. 사계절을 걷다 보니 곳곳이 아름답고 신비롭고 깊은 정이 들었다. 어느 곳을 걸어도 꽃을 만나고 햇살을 만나고 봄볕이 스며들지 않는 곳이 없다. 함께한 길동무는 남해 안내 표지판 지도를 보며 신랑 신부가 맞절하는 형상이라고 말한다. 예사롭게 스친 지도를 한 번 더 유심히 살펴보니 다정하게 마주보고 있는 신랑은 사모관대를 입고 신부는 화관을 쓰고 수줍은 듯 고개를 숙이고 있다. 섬의 태생은 고립과 단절과 그리움을 잉태한다. 육지의 사람들은 섬으로 떠난다고 말하고, 섬사람들은 육지로 나온다고 표현한다.

오늘은 남해를 일주하는 남파랑길 마지막 구간을 걷는다. 남해와 이별하는 날이라 무언가 울적하다. 석별의 정을 나누지 못하는 각박한 현실이 무겁다. 남파랑길 46구간은 '서면 중현 보건소'에서 노량대교까지 17.6Km의 짧지 않은 구간이다. 바닷길 마을길 숲길이 이어져 있다.

사월은 있는 듯 없는 듯 가냘프게 피어오른 냉이꽃도 반갑다. 고운 땅에 착근한 흰 꽃이라 연약해 보인다. 냉이의 꽃말이 '봄 색시다.' 봄마중을 나왔는지 흙살에 수줍게 붙어 있다. 햇볕이 잘 드는 순서대로

이순애   같은 듯, 다른 듯이

꽃을 피우는 건 겨우내 연정을 품었다는 것. 이 꽃을 볼 때마다 냉이국의 향이 배인다. 나도 한때는 봄 소녀였다. 지금도 당신께 다 드리지 못한 울적한 잔향이 남아 있다.

남해대교를 향해 천천히 걸었다. 길에 익숙해지다 보니 무심길이 무엇인지 어느정도 느낀다. '부질없음'의 그것과 차원이 다른 '받아들이는' 힘이다. 남해읍과 연결된 자동차전용도로를 비껴난 국도를 터벅터벅 걸었다. 산허리를 감고 도는 노거수 벚나무 길에는 검게 드리워진 짙은 어둠이 내렸다. 세상의 고요와 적막을 다 끌어모았고 스산한 바람이 오래된 인간의 길을 지우고 있었다.

여름날의 장대비처럼 꽃비가 퍼부었다. 도로에 엄동의 함박눈처럼 쌓였다. 연분홍의 새색시가 꽃 터널에서 순정을 고백하는 이곳은 남해의 외진 곳이다. 오늘 나는 꽃 터널에서 마음길을 잃었다. 잠시나마 나를 옥죄는 '선한 윤리와 도덕'의 잣대로부터 해방되었다. 마음 같아선 나도 나의 진심이 어디 있는지 모르고 싶다. 그냥 눈부신 이곳에 눌러앉고 싶다.

흩날리는 꽃비를 두 손 가득 담아 우거진 벚나무 가지 사이로 내던졌다. 끈질기게 따라붙던 시름과 고민도 툭툭 털어버렸다. 내일은 생의 찬바람이 밀어닥쳐도 후회하지 않겠다는 결기가 송곳처럼 튀어나온다. 바람이 나를 흔들어 잠들어 있는 청춘의 맥박을 깨운 후 이 벚나무 터널을 걸어야겠다.

걷잡을 수 없는 꽃의 냄새가 이리도 진동하다니. 한참을 꽃놀이에 빠져들었다. 나만 행복한 것 같아 나의 벗들에게 미안한 마음이 들

정도다. 연분홍 꽃들도 덩달아 함박웃음을 짓는다. 눈물 흘리며 꽃잎을 보내는 나무의 아픔도 그 아픔을 보듬고 작별을 한다. 다만 그가 위로하는 건 웃는 얼굴의 저 죽은 꽃들이 자신의 분신이 아닌가.

　나뭇가지 사이로 걸쳐진 거미줄 위로도 분홍 꽃잎이 아름드리 수를 놓았다. 일렁이는 음률에 맞춰 덩실덩실 춤을 춘다. 꽃잎인듯 나비인듯 신바람이 난다. 갇힌 꽃잎들. 흙 속에 누일 몸을 포기한 가련한 생애의 저 꽃이 낙화를 접고 황홀에 빠져들어 두 눈을 감는다.

　잠시 적막이 돌았고 숨 고르기를 마친 꽃비가 다시 내린다. 환희다. 나는 전생의 꽃인지 모른다. 꽃잎이 나를 따라 날리고 나는 꽃잎에 눈길을 거두지 못하면서 이 길에서 잠시도 눈을 떼지 못한다. 마음줄을 놓은 오늘은 꽃잎 한 장이면 충분하다. 나는 인생이 그런 것이고, 떨어지는 꽃잎은 어쩔 수 없는 봄의 슬픔이다. 이곳에서의 나와 꽃은 특별한 이별을 준비하는 축제장이다. 마음껏 즐기기 위해 우리는 서로 끝을 다 보여주었다.

　노량해전에서 전사한 이순신 장군을 모신 이락사^{李落祠}도 우리의 마음속에 살아 있는 꽃비가 내린다. 장군의 유해가 처음 안장된 관음포도 슬픔의 꽃비가 내린다. 장군의 불꽃이 영원토록 꽃비가 되도록 후세들이 이곳에 순국공원을 조성했다. 가슴에 솟구치는 그 무엇이 나를 짓누른다.

　하동이 마주보이는 노량대교에 섰다. 바다를 사이에 둔 건너편 산에 군락을 이룬 벚꽃이 눈부시다. 넓은 캠퍼스 위에다 봄이 그려 놓은 한 폭의 수채화는 눈이 시린 장관을 연출한다. 하늘을 비춘 봄의

이순애　같은 듯, 다른 듯이

바다는 봄꽃들과 어우러져 탄성이 절로 나온다. 오늘은 사방으로 흩날리는 꽃비에 넋을 놓았다. 노량대교를 건너는 발걸음은 사뿐사뿐 닿는 해풍에 음률을 탄다. 벚꽃이 지는 것은 이별이 흔들리는 것이 아니라 우리의 만남이 흔들리는 것이다. 만남이란 피고 지는 꽃처럼 다음을 기약할 수 없다. 오랫동안 기억에 남을 뿐이다. 언제 다시 남해를 걸을지.

저출생
답이 없다

'저출생 답이 없다.' 당신은 이 제목에 대해 어떻게 생각하십니까? 이것 하나만큼은 답이 명료하다. "대한민국은 위험감지 신호등을 켜고 '저출생 축소사회'에 빠르게 진입하고 있다." 식자들의 원인 진단은 나올 만큼 충분히 나왔다. 이는 사회 경제적 양극화 불평등을 놔둔 채 세계에서 가장 심각한 저출생 현상에 접근하는 것이, 쉽지 않다는 의미로 풀이된다. 답이 보이지 않는 글을 쓴다는 것은 괴로운 일이다. 깊은 통증을 도려내고 새살을 돋우려는 몸부림이 그나마 실낱같은 희망이 되기를 바랄 뿐이다.

그래도 용기를 내어 먼저 실낱같은 '답' 하나를 제언한다. 비관적이고 가라앉은 분위기를 깨운 후 시작하고 싶기 때문이다. 직장에서 '출산·육아'는 여성의 경력단절과 일자리를 잃을 개연성이 높다. 남성보다 여성이 받아들이는 인식은 큰 차이가 난다. 젊은 여성일수록 더 깊게 받아들인다. 이는 법 제도의 문제가 아니라 실제 일어나고 있는 현상이다. 출산은 '여성에게 손해'라는 강박관념이 깊은 그늘로 드리우고 있다. 이는 남녀 성 평등 환경과 밀접한 연관이 있다. 더 넓게 파

이순애 같은 듯, 다른 듯이

고들면 일자리의 안정성과 연관이 있다.

"아이를 낳으면 어떻게 키우지." 오십 중반을 넘긴 필자는 오래전에 두 아이를 키웠다. 그때도 생업전선은 전쟁터였다. 하루의 일과는 잠자는 시간이 유일한 휴식이었다. 주말은 시댁이나 친정에 맡긴 꽃송이 아이를 만나러 지친 몸을 이끌고 갔다. 양가와 아이에게 미안한 마음이 들기도 하고 서글픈 마음이 몰려왔다. 이마저 도움받을 형편이 못 되는 이웃이나 동료의 절망을 안타깝게 지켜보기도 했다. 양육 환경은 저절로 주어지지 않는다.

아이를 맡길 때가 없고 놀 아이가 없다. 한국 사회 구조에서 결혼이란 녹록지 않다. 결혼 후에도 출산은 엄두를 내지 못한다. 아이를 낳으면 키울 자신이 없고, 맡길 데가 없고, 경제 형편 또한 만만찮다. 아이가 성장하면 일자리가 제대로 있을까. 주거 공간은 확보가 될까. 할아버지는 손주와 놀아줄 수도 없는 시대가 지금이다. 그래서는 안 된다. 황혼이 빨리 온다. 이것은 극한의 현실로 접어들고 있다. 그러니까 '저출생은 답이 없다.' 일본의 합계 출생율이 약 1.2명 정도다. 워라벨 Work-Life Balance. 라는 일과 개인 생활 간의 균형이 잘 잡힌 나라일수록 출산율이 높다. 대표적인 나라가 덴마크, 핀란드, 노르웨이 북유럽 국가 순이다. 이와 같이 근로시간이 줄 때 출산율이 높아졌다는 선진국들의 사례를 눈여겨 보아야 한다.

당신은 아이를 사랑만으로 키울 수 있다고 자신하는가. 양육비용이 얼마나 들고 매월 얼마씩 지원받으면 해결이 된다고 생각하는가. 0.7명 이하로 떨어진 합계 출생율에 어떤 조종을 울리는 처방이 있다고 생각하는가. 애국심인가. 아니면 그 정도 고생은 감수하라는 부모의 도리를 모범답안으로 제시할 것인가. 질문의 꼬리를 자르고 싶다면 현장의 목소리를 담론과 정책에 반영해야 한다. "주거, 정규직 일자리, 노동시간 단축, 극심한 경쟁 지양, 돌봄, 임금 격차 해소, 아빠의 양육환경". 이는 허공에 외치고 뜬구름 잡는 해답이 아니다. 지금 당장 결혼식장 무료와 제반 비용 지원이라도 실천하길 바란다. 젊은 세대가 물질적 행복을 선호하는 것은 그만큼 한국사회의 격차가 심하다는 의미다.

아이가 행복한 나라는 궁극적으로 지구별이 건강하다는 것을 의미한다. 압축성장의 '중독'에서 벗어나 삶의 질을 높이기는 쉽지 않다. 인구 감소는 지방 소멸과 빈곤층과 연계된다. 양질의 일자리는 기업의 적정이윤과 밀접한 연관성이 있다. A+를 받은 대학졸업자도 선택할 일자리는 많지 않다. 이게 정상적인 국가인가. 혹자는 하위 단계로 낮추어 취업하면 되지 않냐고 말하는 사람은 별나라 사람이 아닌가. 중소기업의 임금이 대기업에 근접하고 직장 내의 '동일노동과 동일임금'이 제대로 적용된다면 그나마 저출생 문제가 조금은 나아질 것이다.

이순애 　 같은 듯, 다른 듯이

존중받는 아이,
스스로
눈뜨는 아이

여름 초입은 새벽이 상큼한 계절이다. 아침 산책을 나서 보면 잎들이 기지개를 켜고 바람은 얼마나 살랑하던지 빠른 보폭을 천천히 내려놓는다. 잎사귀를 매단 나무는 검은 수피가 될 때까지 제 몸을 얼마나 혹사했던지 옴팍한 연륜을 켜켜이 쌓는다. 이 계절은 한바탕 물관부를 물레질하는 나무의 노동이 경이롭다. 걷다 보면 줄지어 서 있는 푸르름의 나무가 대견하고 고맙게 느껴진다. 아침 산책은 뼈에 사무친 엄동의 추위를 이겨낸 나무를 위로하는 산책길이다.

존중받는 아이는 어떤 아이일까. 담론을 만들기 전에 먼저 좋은 부모란 어떤 부모일까를 논점의 중심에서 고찰해보자. 성공지상주의의 현실에서 좋은 부모가 되기란 쉽지 않을 것이다. 교육에 전념하고 실력을 키워야만 부모의 마음이 편안해진다는 강박증이 우리 사회를 뒤덮고 있다. 부모의 경제력에 빗댄 강남 8학군의 교육환경을 선망하는 위아래 격차의 교육풍토가 우월감을 부추기고 상실감에 절망한다. 교육의 본질은 공동체 구성원에 적합한 자질을 길러내는 일이다. 좋은 부모란 아이가 부모로부터 자기 생각 범주를 인정받을 때 빛을 발한다. 부모가 존중하는 아이는 친구를 존중하는 아이가 된다. 거기서 선택받는 지도자가 나오고 삶의 궁극적인 행복이 무엇인가란 화두가 생성된다.

우리 사회의 경험 법칙에 의하면 세상에 나쁜 마음을 먹는 부모는 없다. '사랑'이라는 무기로 아이의 정신세계를 지배하는 부모만 가끔 있을 뿐이다. 종종 화를 내고 훈육하듯이 일방적 대화를 만들고 감정 기복을 아이에게 전가하는 것은 아닌지, 수평적 사고로 부모의 입장을 내려놓고 고민해 보자. 존중받는 아이의 선결과제는 단순하다. 부모는 아이를 믿고 바라보고 지켜보는 인내를 감당하자. 유치원은 아이를 세심하게 관찰하고 매뉴얼에 맞는 학습의 기회를 촘촘하게 열어준다. 아이들 서로가 상호작용의 관점에서 공감대를 형성하고 자발적 참여기회를 만들어 주는 일이다. 거기서 보편적 시민의식이 함양되고 행복지수를 높인다고 필자는 믿는다.

스스로 눈뜨는 아이는 어떤 아이일까. 이는 '자아'가 눈뜬다는 것이다. 마치 계절에 따라 꽃이 피고 잎을 매달고 단풍이 물들고 설한풍에 맞서는 나무 자신의 서사를 옹골차게 받아들이는 섭리와 다르지 않다. 인격 씨앗이 발아한 그 나무는 민감하고 투명하고 순수하다. 본능적 생존과 상처를 반복하면서 아름드리 '자아' 나무로 성장한다. 스스로 눈뜨고 자아를 만들어내고 남과 경쟁하지 않는다. 비교하지 않으니 비로소 '자아'는 독립적 인격체로 태어난다.

아이가 스스로 눈뜨기 위해서는 마음의 척추 역할을 하는 '자존감'이 중요하다. 자존감은 자존심의 얼굴이다. 인정받는 자존심은 버텨내는 힘을 비축하고 긍정의 근육을 기른다. 필자는 하루에도 아이의 이름을 수없이 부른다. 아현아! 현호야! 스스로 인정받고 진심이 전해지면 얼굴에 화색이 돈다. 필자에게 서슴없이 다가와 안길 때는 '존중'받는 주인공처럼 긍정의 에너지를 뿜어낸다.

존중은 교육의 본질이 무엇인가를 생각하게 한다. 아이를 대하는 책임감이 아이가 선택하는 행위와 대체로 일치하면 현명한 통제와 허용을 적절하게 구사할 줄 아는 부모가 된다. 책임감을 확장하면 그 사이마다 교감을 끌어들이는 공간이 생긴다. 이는 부모가 아이와의 관계를 적당하게 거리를 둘 때 일어나는 자연스러운 현상이다. 그러려면 권위적이지 않아야 한다. 아이를 대하는 부모는 일관성을 유지하고 유치원 정도의 학습으로 규칙과 책임을 배우면 충분하게 알아듣고 실천한다.

아이는 천성적으로 본능적 인정욕구를 가지고 태어난다. 인정은 행동에 대한 반응에서 분출한다. 부모로부터 애정을 충분히 받지 못하는 아이는 자신을 잘 표현하지 못한다. 사회적 학습이 빈곤한 아이는 인정욕구의 허기를 느낀다. 그만큼 인정욕구를 갈망한다는 의미다. 이럴 때 유치원 교사는 아이의 눈빛과 마음을 읽어내는 섬세한 감정이입을 선행하고 자신의 의견을 표현할 수 있도록 충분히 기다려 주어야 한다. 즉, 아이가 보내는 감정의 신호가 충분히 숙성될 때 자아도 눈이 뜬다. 눈뜨는 아이만이 존중받는 성취감이 얼마나 중요한지를 안다.

 존중받는 아이 이전에 존중받지 못하는 부모가 있을 수 있다. 생각보다 어려운 아이 양육에 불안해하는 경우다. 역설적으로 그만큼 아이를 잘 키우고 싶다는 간절함이 담겨 있다. 양육은 속도가 아니다. 굼벵이 아이도 생각과 철학_{아이 기준의 개념적 생각}이 그만큼 깊은 경우를 종종 볼 수 있다. "아이를 믿어라. 아이의 자기 결정권을 존중해 주어라. 아이의 손과 발과 생각을 묶지 말아라." 존중받고 눈뜨는 아이만이 자아가 건강하다. 중요한 것은 부모인 당신이 아이에게 인생을 걸지 않아도 아이는 스스로 인생 험로를 개척하고 성취하는 힘이 있다. 부모의 인생과 아이의 인생을 개별적 인식으로 바라보는 것. 부모가 아이 곁에 있다는 확실한 안전장치다.

이순애   같은 듯, 다른 듯이

남해를
걷다

　　　　　　　　　　봄이 깊어가고 있다. 연초록이 새
벽을 연다. 바람이 살갑다. 창 넘어 새들은 쉼 없이 아침 인사를 조잘
거린다. 향기 깊은 곳에는 환희로 활짝 핀 꽃들이 반기고 있다. 지난
밤에 몸을 비운 아침 해는 다시 장엄하게 떠오른다. 봄날의 대지는
새 생명을 잉태하느라 분주하게 꿈틀거리고 있다.
　봄이 가까이 있다. 강물이 풀리고 흙살이 느슨해진다. 바다는 힘센
바람을 잠재우고 하늘은 지척의 골안개를 걷어내고 있다. 생각 너머
에 있었던 유년도 살짝 동심으로 돌아와 아지랑이 피어오르는 들판
에 서성인다. 봄은 아픈 속살의 계절이고 그리움이 찰랑한 계절이다.
거제의 봄을 들고 남해로 가야겠다. 나를 부르는 그곳. 남해로.
　이른 아침에 들린 남해의 관음포 앞바다는 손에 잡힐 듯 윤슬로 반
짝인다. 산자락에 기댄 바다는 안개를 걷어내고도 늦잠을 자고 있다.
짠물에 엉킨 진득한 바다 향이 코끝을 자극한다. 바닷바람이 "휙" 스
칠 때마다 파도는 하얀 포말의 거품을 해안으로 밀어내고 있다. 유년
시절에 들린 내 고향 섬진강이 섬광처럼 스친다. 그 강에는 무채색의

은빛 반사경이 양식장의 새우처럼 사방으로 튀어 올랐다.

지난해 3월 고성 하이면사무소에서 시작한 남파랑길 트레킹이 남해대교 건너편에서 멈췄다. 매달 1구간씩 13구간을 걸었다. 숲을 끼고 걸으면서 바다를 조망했다. 바다를 끼고 걸을 때는 후산의 산봉우리에서 뻗어 내린 산능선과 숲자락의 기운을 느꼈다. 나를 만나는 길에서 어루만진 생각들은 어디서 꼭꼭 숨었다가 불쑥불쑥 튀어나오기도 했다.

마을마다 정붙인 텃밭에는 시금치와 마늘과 쪽파들이 옹기종기 모여 엄동을 토닥거렸다. 호미로 밭갈이하시는 할머니들은 챙 넓은 모자를 눌러쓰고 농부의 고단을 되새김질하고 있었다. 마을길이 끝나고 야트막한 산등성을 오르면 어김없이 조망이 풍부한 바다 풍경과 어촌마을의 붉은색 지붕들이 한 폭의 그림처럼 다가왔다.

남파랑길의 직진 '심볼'인 빨간색 화살표를 따라 걷고 또 걸었다. 봄날에는 흥얼거리며 걸었고, 비 오는 날에는 비를 맞으며 대책 없이 걸었다. 강풍이 몰아칠 때면 세찬 바람에 맞서며 걸었고 불볕더위가 버무려진 아스팔트길도 용감하게 걸었다. 엄동의 혹한에도 발걸음을 멈추지 않았다. 이국적 풍경을 연출한 독일마을과 미국마을도 걸었다. 남원 함양 산청 하동 구례를 아우른 지리산 둘레길 21구간, 290km 남짓한 길을 2년에 걸쳐 완주한 경험이 있었기에 남파랑길 트레킹은 그리 힘들거나 낯설지 않았다.

'창선, 삼천포대교'는 육지와 섬과 섬을 이어주는 대교다. 해무로 가득찬 바다에는 신비로움이 감돌았다. 회색으로 가득한 작은 섬들과

이순애   같은 듯, 다른 듯이

무인도, 곳곳에 떠 있는 고깃배들은 한 폭의 그림을 그려 놓은 듯했다. 어림잡아 대교의 높이와 눈맞춤을 하고 있는 해상 케이블카가 미끄러지듯 각산과 초양도를 오르내리는 풍경은 비경이고 정경이다.

풍경 기준에서 바라본 남해의 '제1경'을 꼽는다면 단연코 나는 '창선 고사리밭'을 추천하고 싶다. 노전마을에서 가인마을로 이어지는 유월의 고사리밭 군락지는 초록으로 장관을 이룬다. 광야의 밀밭처럼 초록 물결이 덩실덩실 춤을 추는 장관이야말로 인간의 손길이 빚어낸 극찬의 율동이었다. 그것은 지구 종에 빚질 것 없는 연약한 고사리의 함성이고 우렁찬 군무였다. 그러면서 고사리밭은 숨을 죽였다. 해 저물 무렵이면 비로소 고요를 빚어 어둠을 삼킨다.

남면에 있는 홍현마을에서 난생처음 '석방렴'을 보았다. 지족해협에서 최상의 멸치를 잡는 '죽방렴'보다는 훨씬 더 원시 어로에 가깝다고 한다. 석방렴은 돌로 울타리를 만들어 밀물 때 들어온 물고기를 잡는 어로행위다. 선사시대부터 문명을 견인한 인간의 지혜가 빛난 흔적이다. 반쯤 물에 잠긴 돌무지를 뚫어지게 바라보았다. 바다에 고개 숙이지 않고도 삶을 개척할 수 있었던 원시공동체의 빛나는 순간을 상상하는 건 길손의 축복이다.

남해의 보물 1호는 누가 뭐라 해도 다랭이 마을이다. 억척의 인간이 비탈진 경사를 허물고 층층의 계단을 만들었다. 섬의 남단 끝에서 우뚝 솟은 가천 다랭이 마을은 인간의 땀과 눈물로 소생했다. 오랫동안 섬은 태생적으로 인간의 생존을 위협했지만 그들은 주어진 현실과 사투를 벌였다. 이곳은 사람의 흔적이 얼마나 아름다운가를 음미

할 수 있는 공간이다.

  남파랑 둘레길은 사색 길이다. 바스락거리는 낙엽 더미를 밟았고 노을이 고운 앵강만을 걸었다. 끊임없이 삶에 질문하고 답하는 시간이 밀려왔다. 숲과 바다와 나무와 교감했다. 그 길의 끝자락이 사색 길로 변신하면서 나를 흔들고 보듬었다. 산다는 것은 살아 있다는 몸짓이면 충분하다.

  마을을 지날 때면 어김없이 오랫동안 풍찬노숙을 견딘 노거수를 만난다. 새들에게 둥지를 내주었고 지친 사람들의 그늘막이 되었다. 길을 걷다 보면 종종 시멘트 바닥의 갈라진 틈새로 노란 민들레꽃이 얼굴을 내밀었다. 생명이라는 것. 경이로운 존재다. 흙 한 줌과 물 한 방울이야말로 공동체를 지탱하는 근간이다. 자연에게 빚지면서 걷는 남파랑길에서 나를 만나면서 걷는다.

이순애   같은 듯, 다른 듯이

자연은
선물입니다

　　　　　　　　　　초록빛으로 가득 찬 여름 숲은 생명의 향연장입니다. 나무가 뿜어낸 향기는 상큼합니다. 꽉 찬 숲인데도 밀도의 갑갑함이 없습니다. 공기가 선선하니 발걸음이 가볍습니다. '초록'은 만물의 생명입니다. 봄날에 잉태한 어린 생명이 초록 물이 든다는 것은 만물 앞에 선 자신의 존재를 확인받는 행위입니다.

　이글거리는 불볕더위에도 아랑곳없이 늠름하게 줄지어 선 나무들은 스스로 땀 흘리는 고행자를 자처합니다. 곳곳에 군락을 이룬 풀들은 우기를 거치면서 당당한 기세로 영토를 넓혀가고 있습니다. 여름 가면 가을이 오는 데도 그사이를 참지 못한 코스모스가 용감하게 피었습니다. 아니면 절기를 잊고 있는지 모릅니다. 길손을 반기며 방긋 웃는 모습이 처연합니다. 허공을 날다가 풀잎에 앉은 흰나비와 노랑나비의 자태는 새들과 다람쥐 앞에서 공연을 펼치는 앙증맞은 요정입니다. 여름날 숲은 수다쟁이들이 모이는 장소입니다.

　어느 순간부터 평범이 일상인 나는 무기력한 나를 떨쳐내고 싶었습니다. 특별한 존재는 아니지만, 나에게는 귀중한 길과 나무와 풀과 꽃이 있고 그들을 만나기 위해 집을 나섭니다. 오늘은 잦은 행사로 미뤄왔던 남파랑길 28구간을 걸었습니다. 사람의 도리를 다하고 산다는 것은 내가 구축한 공간의 영역을 시간에 저당 잡히는 일입니다. 그렇게 생각하면서 정신없이, 숨이 막히도록 나를 놓지 못하는 일상의 연속이었습니다. 어느 날인가 섬광처럼 스치는 화두가 일상을 탈출하는 나를 발견했습니다.

조금이라도 더위를 피해 보고자 새벽 시간에 채비를 서둘렀습니다. 꽁꽁 얼린 얼음물과 챙 넓은 모자 자외선 차단 마스크를 챙겼습니다. 갑자기 쏟아질지 모를 폭우도 대비하다 보니 우산까지 준비한, 완전무장 태세를 갖췄습니다. 누군가는 집 떠나면 고생이라 말합니다. 나는 집 떠나면 쉼이고 일탈이 건넨 공간이라 미소가 절로 납니다.

'남파랑길'은 우리나라 국토 남쪽 해안 길을 따라 걷는 사색 길이고 순례 길입니다. 부산 오륙도 해맞이 공원에서 시작되어 전남 해남 땅끝마을까지 총 90개 구간으로 거리는 약 1,470km 정도입니다. 그 길에는 사유가 꿈틀거리고 염원이 담겨 있습니다. 필자는 33구간을 걸었고 오늘은 통영 장평리 신촌마을에서 남망산공원까지 걷는 날입니다. 폭염과 폭우와 엄동설한에도 물러서지 않았습니다. 지글거리는 태양 열기에 달궈진 아스팔트 위로 내딛는 발걸음은 투지로 버텼습니다. 두렵지 않았고 겁먹지 않았습니다. '경험'이라는 것이 삶을 얼마나 옹골차게 동여매는 것인지 알기 때문입니다. 지난 23년 4월에 시작된 첫걸음이 해남 땅끝마을을 향해 전진을 멈추지 않을 것입니다.

이순애   같은 듯, 다른 듯이

구 거제대교에서 '견내량'을 만났습니다. 얼핏 잔잔해 보이는 바다를 찬찬히 내려다보면 급물살에 조류가 빠르게 지나갑니다. 이곳은 임진왜란 당시 왜구의 배 50척을 대파한 견내량 해전은 호남의 곡창을 사수하는 첫 번째 길목이고 전략적 요충지로 널리 알려져 있습니다. 당시 생사를 넘나들며 벌어진 전장터의 절박한 상황들을 떠올리면 지금도 가슴이 서늘해집니다.

투명한 하늘 구름은 한 폭의 수채화를 담았습니다. 유람선과 어선이 바다를 가르고 포말을 일으킵니다. 바다는 모든 것을 받아들이는 영혼입니다. 숲속에 들어서니 서늘한 그늘로 가득합니다. 자연이 베푼 선물입니다. 땀방울을 식히는 얼음물로 목을 축입니다. 살가운 바람은 음률을 타고 스치듯 지나갑니다. 우렁찬 매미의 울음소리에는 간절함이 담겨 있습니다. 여름 숲은 깊고 그윽합니다.

이 구간에서 만난 '삼봉산'은 봉우리가 셋이라 하여 지어진 이름이라 합니다. 민속신앙과 해안신앙이 강한 지역이라 마을의 산신으로 전해온다고 합니다. 기댈 데라곤 거친 바다밖에 없는 민초들의 간절한 기도는 숱한 슬픔을 잉태한 삶의 변주곡인지 모릅니다.

초록 물로 가득 찬 여름 숲속 뻐꾸기 노랫소리가 정겹습니다. 숲길을 빠져나와 도심으로 접어들었습니다. 도심의 여름 길은 익숙하지만, 지열이 올라온 아스팔트와 맞서야 합니다. 우산을 펼쳐 들었습니다. 폭염은 인정사정없이 작렬하지만 나는 조금도 물러설 마음이 없습니다. 그렇게 오기로 걷다 보니 삶의 희미한 등대를 만납니다. 생태 환경을 통해 '지속가능 발전교육'을 중점으로 둔 통영거점센터 '세

자트라' 생태숲에서 잠시 마음을 토닥입니다. '세자트라'는 인도네시아어로 안녕·평화·조화의 의미라고 합니다.

 지구촌 곳곳에서 벌어지는 기후 이변인 온난화가 대두되면서 반복되는 생태계 재앙들은 전 지구적 환경 문제로 대두되었습니다. 여름 땡볕의 아스팔트 열기에 맞서고 턱밑까지 차오르는 호흡을 조절하면서 간신히 남망산조각공원에서 28구간 완주를 마무리했습니다. 통영은 푸른 바다가 넘실대는 아름다운 곳입니다. 발길 닿는 곳곳마다 아름다운 풍경과 숲과 사람 냄새가 가득한 곳입니다.

이순애　같은 듯, 다른 듯이

아이가 바라본
지구환경과 생태

만물의 다른 말이 '티끌'이라는 잠언이 있다. 티끌이 물질이고 우주는 개별적 물질로 이루어진 집합소다. 바람 한 점과 햇볕 한 줌 빗물 한 방울이 고마움을 잊고 살아온 사람들과 농작물과 짐승과 숲의 나무들을 생장시킨다. 그러니 만물은 자연을 떠나 살 수 없다. 한 걸음만 나서면 살가운 바람이 반기고 햇살이 스며들고 나뭇잎이 살랑살랑 춤춘다.

초여름이 왔다. 산책 나선 밤이면 개구리가 풀어놓은 합창으로 나는 그들의 동네 축제장에 초대받은 귀인이 된다. 살아 있다는 것은 꿈틀거림이고 생각 전선의 팽창이고 삶의 무게가 착착 포개지는 일상이다. 자연의 섭리는 만물에 순응하라는 경고등이다. 나의 산책길은 자연과 대화하고 개구리와 길동무가 되고 나를 만나는 길이다.

인생에서 우주의 신비를 가장 잘 그려내고 상상하고 담을 수 있는 시기는 유년이다. 동심은 머무르지 않고 천지 공간을 아우르면서 떠다닌다. 풀벌레에게 손짓하고 나뭇잎의 작은 떨림에도 환호성을 지르며 다가간다. 길을 가다 개미를 만나면 모든 생각을 개미에게 집중한다. 친한 친구를 만난 듯 스스럼없이 땅바닥에 털썩 주저앉아 시간 가는 줄 모르고 노닥거린다. 거기서 관찰의 힘과 관조의 싹이 돋아난다. 조금 더 깊이 들어가면 인간과 지구환경과 생태의 맞물림을 알아차리고 반응한다.

올해는 유난히 장마가 일찍 찾아올 것이라고 일기예보가 전한다. 사실 올해만 넘기면 될 것 같지 않은데도 '올해'를 강조하는 것은 개발 논리와 자본 논리가 지속적 지구환경의 주범이라는 것을 숨기는 것이자 호도하는 행위다. 초봄에 아이들과 텃밭에 심어둔 감자 캐기를 서둘렀다. 텃밭에서 아이들은 한바탕 소란을 피운다. 풀벌레를 만나 식구로 대한다. "지렁이야 안녕! 나는 아현이야! 선생님 벌레가 있어요." 호들갑 떠는 아이와 무서워 뒷걸음치는 아이도 있다. 손으로 흙을 만지지 못하는 아이도 있고 흙 속에 손을 넣어 마치 "흙살에 기대 누가 살고 있습니까."를 주문하는 아이도 있다. 감자 대를 뽑아내고 땅속을 파헤치니 옹기종기 모여 앉은 감자들은 아이들을 기다렸다는 듯 빼꼼히 얼굴을 드러낸다. 신이 났는지 아! 여기도 있고 저기도 '있네요'를 연발하고 탄성을 지른다. 올망졸망한 감자들은 아이들을 흥분시키기에 충분하다. 텃밭은 생명을 키우는 땅의 고마움을 체험하고 받아들이는 산교육장이 되었다.

한 아이가 텃밭을 다녀와 걱정이 생겼는지 제법 심각한 표정을 하고 있다. 왜 그러니 라고 묻자 "자신이 지렁이를 아프게 했는지 모르겠다."라면서 마음을 졸인다. 지렁이를 밟았다는 고백은 진심이다. 순수한 영혼이 자연 생태계와 어울리면 근심이 많아진다는 것을 미리 학습하는 것 같아 마음이 아프다. 어쩌면 아이들 세대에 닥칠지 모르는 '기후위기'와 '이상기온'이 지구생존 자체를 심각한 위협에 빠뜨릴지 모른다. 지속 가능한 온전한 지구의 시간이 얼마 남지 않았다고 생태학자들은 하나같이 말하고 있다. 눈치가 빠른 아이는 지구가 아프다고 말하고 우리가 지켜줘야 할 성역이라고 말한다. 겨울이면 눈폭탄도 걱정이고 멈추어도 걱정이다. 북극곰의 살 집이 없어질까 노심초사한다. 막연한 두려움으로 어른들을 주시한다. 대수롭지 않게 쓰고 버리는 종이컵 하나, 비닐봉지 한 장이 지구환경을 병들게 한다는 것을 아이들은 안다. 과다한 쓰레기와 온실가스 배출과 자동차 매연에 대해서도 걱정이 앞서는 아이다.

회갑년을 앞둔 필자의 유년 시절을 되돌아본다. 놀이와 먹는 것과 상상하는 것이 전부인 그 세상은 지상의 푸르름으로 채워졌다. 흙밭에서 놀았고 냇가의 돌멩이로 놀았고 찔레순이 맛있는 간식이었다. 고무줄놀이 하나만 해도 하루해가 짧았다. 학교 선생님은 우리나라는 사계절이 뚜렷하여 사람이 살기에 가장 좋은 나라라 말씀하셨다. 지금은 어떤가. 물질문명이 행복을 담보할 수 있는가. 인간이 저지른 오만은 무엇인가. 성장지상주의 담론에 아이의 미래를 맡길 수 있는가.

아이는 나무 한 그루가 생태 환경에 어떤 영향을 미치는지 안다. 유치원 아이들에게 종이가 무엇으로 만들어졌을까를 질문하면 답을 모르는 아이는 별로 없다. 우리에게 종이가 '없으면'을 가정한 질문에 아이들은 자신있게 답한다. "종이가 없으면 그림을 못 그려요.", "동화책을 볼 수가 없어요.", "공부하는 공책이 없어져요." 모두가 맞는 말이다. 친구들이 불편한 얘기들을 늘어놓을 때 한 아이가 이렇게 말한다. "종이가 없으면 산에 있는 나무 열매를 많이 따 먹을 수 있어요."라고 말한다. 명답이다. 아이의 영특한 생각에 모두는 눈이 휘둥그레졌다. 너무나 당연한 얘기가 놀라운 세상이 되었다. 아이의 생각이 어른의 고정관념을 깨뜨린다.

생태와 환경과 아이의 중심점에 자연이 있다. 저절로 주어지는 자연은 그냥 누리면 된다. 가꾸는 자연은 '생태' 복원과 연관이 있다. 생태 학습은 유치원에서 첫 담론을 만들어 내는 시대가 벌써 도래했다고 필자는 믿는다. 그 결실이 흙의 사상이고 공동체를 아우르는 '생명 사상'이 될 것이다. 유치원 텃밭은 무기질의 보고다. 이곳에서 아이의 자양분인 건강한 미생물이 꿈틀거린다. 꿈틀거리는 아이는 생각이 살아 있는 아이다. 이 작고 풋풋한 유치원 텃밭에서 우주의 생성 원리 같은 '담론'이 손을 드는 아이들에 의해 만들어질 것이다. 이럴 때 생태 하나만 놓고도 '질문'하는 아이는 차고 넘친다.

아이의
자기 결정권이란

똑! 똑! 똑! 스르륵 원무실 문이 열리고 느닷없이 "원장님 사랑해요."라며 옅은 미소를 흘린다. 내가 "안녕" 하기도 전에 문을 닫고 사라진다. 장난꾸러기 아현이다. 빙긋이 웃는 천진한 아현이는 도깨비처럼 불쑥 나타나 필자의 굳은 마음을 종종 헤집곤 한다. 그런 아현이가 사랑스럽다.

유치원에서 아이를 유심히 관찰해보면 두 가지 성향이 보인다. 생각과 행동이 일치하는 경우와 그렇지 못한 경우다. 전자는 자신의 의사 표현이 당당하다. 후자는 슬그머니 눈치를 보면서 불안해한다. 존중받는 아이는 자신의 자아가 분출하는 통로가 활짝 열려 있다. 이는 칭찬받고 인정받는 아이의 경우에 나타나는 일반적인 현상이다. 그렇지 못하면 상처를 받기 쉽다. 상처가 깊어지면 불안 심리의 카테고리에서 쉽사리 헤어나지 못한다.

아이는 어른들이 상상하는 것 이상으로 생각이 깊고 영민하다. 말 한마디, 눈총 하나에도 민감하게 반응한다. 심성이 여린 아이는 더더욱 섬세하게 대해야 한다. 아이의 감정 표현은 자신의 내면을 들추어내는 행위의 표상이다. 부모나 선생님의 도움 없이 스스로 선택하고 판단하고 결정하는 행위는 제 몸의 세 배나 큰 먹잇감을 옮기는 개미처럼 아이의 성장 과정을 숙성시키면서 단련시킨다. 그러기 위해서는 관심의 대상인 주체도 아이가 되어야 한다. 그런 아이는 스스로 '말문'이라는 세계관의 대지에 어린 새싹을 밀어 올린다. 말문이 틘 아이는 생각의 깊이부터 다르다. 생각보다 더 많이 어른의 마음을 헤아릴 줄도 안다.

과거 전통적인 학교나 집안의 분위기는 엄격했다. 공부 잘하고 말 잘 듣는 아이만 관심과 칭찬의 대상이 되었다. 제대로 된 생각의 꽃이 피지 못하니 튼실한 열매를 맺지 못했고, 감수성을 키우는 감정놀이는 억제되었다. 아이의 마음을 읽어내지 못하니 눈치만 보는 아이가 기특한 아이로 대우받았다. 자연스럽게 아이의 '자기 결정권'은 주어지지 않았다. 별사탕이 별나라에서 온 선물이라고 생각하는 아이는 상상의 진폭을 키운다. 이는 인문학적 사유를 받아들이는 '자기 결정권'의 영역을 넓히는 행위다. 이런 아이는 존재감이 높고 마음이 따듯하고 친구의 마음도 잘 배려한다. 성공과 우월적 존재가 아니라 조금씩 정신세계에 배이는 겸손을 알아간다. 유치원에 갈 때나 돌아올 때 "뭘 배웠니." 보다 "친구와 잘 놀았니."로 묻는 지혜가 필요한 이유다. 이럴 때 아이는 묻지도 않았는데 "뭘 배웠고, 재미있게 놀았고, 기분이 좋았어요."라고 말할 개연성이 높다.

필자는 오랫동안 유아교육 현장에서 교사와 원장으로 근무해 왔다. 가장 대하기 힘든 아이는 의사 표현을 힘들어하거나 하지 않는 경우다. 그만큼 소통의 대상으로 인정받고 싶은 욕구가 강렬하다는 신호다. 그런 아이와 조심스럽게 질문하고 조곤조곤 이야기를 들어주다 보면 어느 순간 말문이 폭포수처럼 터진다. 아이는 천성적으로 가을날의 풀벌레처럼 말이 하고 싶은 존재다. 있는 그대로 말하면서 생각 그릇을 채우다 보면 어느새 눈망울은 빛나고 시선은 반짝인다. 말이 이어지면서 원장과 아이가 대등해지면 거꾸로 필자에게 질문도 한다. 이는 자기 결정권의 전조인 열린 바깥 세계를 두드리는 내면의 용트림이다. 단언컨대 천방지축의 아이는 없다. 마음껏 뛰어노는 아이는 마음껏 생각도 뛰어논다. 실패와 두려움과 눈치를 보지 않는 아이의 자기 결정권은 넘어지면서 일어서는 법칙처럼 먼 훗날의 자화상이 토실하게 영글 것이다.

　매사에 말 잘 듣는 의존적인 아이를 키울 것인가. 아니면 자신감이 넘치는 아이로 키울 것인가. 정답은 선택권을 아이에게 넘겨주면 된다. 그럴 때 아이의 자기 결정권은 거친 세파의 토양에 굳건한 뿌리를 내린다. 단, 어떤 경우에도 아이의 자존심을 건드리는 것은 금물이다. 수치심과 부끄러움으로 가득찬 아이는 자기 결정권도 쉽게 접는다. 모든 결정권은 아이의 관점에서 바라보아야 한다.

혼자 걷고
혼자 남았다

초여름 햇살이 두껍다. 때 이른 무더위 열기가 대지를 뜨겁게 달군다. 마른 솔가지 사이를 비집고 올라온 노란 뱀딸기 꽃이 여리게 피어 있다. 접두어 '뱀'만 쑥 빼면 영락없는 어감이 가련한 꽃이다. 꽃 피울 자리를 찾는 지천의 들꽃은 수북한 잎 사이의 양지를 찾아 서로 얼굴을 내민다. 노랗고 파랗고 화사하고 붉디붉어서 청순한 꽃이라 여름을 재촉하지 않는다. 열매를 달 때는 자연의 섭리에 옹골차면서 풋풋하다. 그렇게 들녘의 생명체는 앞다투어 자신의 존재감을 드러낸다.

큰맘 먹고 혼자 걸었다. 혼자 걷는 용감한 전사의 첫발이 묵직하다. 불볕 태양과 그늘을 남기지 못하는 대지의 열기와 사투를 각오하면서 마음을 다잡았다. 오늘 걷는 길도 엄밀하게 생각해보면 나와 사투를 벌이고 나를 만난다. 남파랑길 47구간인 하동 노량대교 공영주차장에서 섬진강에 잇댄 '선소공원'까지는 14km 남짓 되는 길이다. 길을 잃을 것 같은 두려움과 풀섶에서 만날지도 모르는 뱀과 가뭄에 콩 나듯이 맞닥뜨리는 사람의 인연이 휙휙 스친다.

이순애 같은 듯, 다른 듯이

이른 새벽녘에 저절로 눈이 떠졌다. 아침을 가르며 자동차 페달을 밟았다. 도로변에는 풀잎에 맺힌 이슬이 찰지게 매달려 있다. 산그림자가 빚어낸 능선의 우수가 곱다. 혼자만의 트레킹! 숨이 차오르지 않았고 잡다한 망상이 따라오지 않았고 언뜻언뜻 가냘픈 희열이 따라왔다. 살아온 인생을 뒤돌아보니 정신없이 살았고 앞만 보고 뛰었다. 전속력으로 질주하다 보니 나를 위로하고 토닥거릴 틈새가 없었다.

이제는 나를 돌아보아야 할 때라는 것을 직감으로 알아차렸다. 잔잔한 파도가 밀려와 모래톱을 적시듯이 이 속도로 고단했던 속마음들을 어루만져야겠다. 관계중심으로 촘촘하게 연결된 인맥 만들기도 잠시 멈추어야 한다. 눈뜨면 강행군하는 이대로의 삶이 좋은가. 나를 되돌아본다. 나와 마주하는 혼자 걷는 길의 만행이 그나마 더 나은 선택지가 될 것이다. 이 길에서 혼자 덩그러니 남았다. 어제의 나와 대화하는 장면들이 주마등처럼 스친다. 어쩌면 내일의 나를 만나면 오늘의 나는 초연한 길에서 무욕의 정신적 해방을 이루리라.

지난 오월에 걸었던 남파랑길 숲에는 봄 향기가 가득했다. 오늘은 여름 맛의 진초록 잎과 풀향기가 깊게 배이고 채워졌다. 엄동을 밀어 올리고 봄을 디딘 풀꽃들이 두 손을 벌린다. 한꺼번에 자연생태계의 질서를 무너뜨리는 여름 숲의 포식자 칡덩굴은 순식간에 숲의 점령자가 되어버렸다. 너른 잎사귀와 힘줄이 단단하고 거친 줄기는 어린 풀과 꽃들과 심지어 나무들까지 칭칭 감아 올라가면서 항복을 받아내고 있다.

나는 음력 9월에 태어났다. 어려서부터 먹을 복을 가지고 태어났다는 어른들의 덕담을 들으면서 살아왔다. 그래서일까. 내가 살고 움직이는 곳의 동선은 신기하게도 언제나 먹거리가 풍성했다. 숨이 턱턱 차오르는 길에서도 자연이 주는 조건 없는 적선이 길손을 기다리고 반긴다. 산길을 걷는 곳곳에는 빨갛게 익은 산딸기와 까맣게 물든 오디가 오감을 자극한다. 두 팔을 쭉 뻗어 산딸기와 오디를 땄다. 체면도 없이 주섬주섬 한입에 톡 털어 넣기를 여러 번, 새콤달콤한 맛이 혀끝에 와 닿는다. 뱃속의 감미로움이 배시시 웃는다.

고래古來로부터 인간은 자연에 의존한 삶을 살아왔다. 그러다 서구 산업혁명은 문명의 편리성과 풍요에 둔감해지면서 자연에 빚지고 고마움을 잊고 무분별하게 훼손했다. 생태계 곳곳에는 걷잡을 수 없을 만큼 넘쳐나는 일회용 플라스틱 용기들과 손만 뻗치면 잡히는 비닐봉지들이 난무하다. 종이컵 하나, 비닐 한 장이 지구를 얼마나 병들게 한다는 인식마저 애써 무시하고 외면하면서 지구를 오염시키고 동식물의 생태계를 무너뜨리고 있다. 알면서도 행하지 않는 인간의 욕망과 이기심이 지구를 병들게 한다. 우리 아이들에게 건강한 자연을 물려 주어야 한다. 지금 우리의 풍요가 안긴 망각은 후손들에게 깊은 절망감을 안길 것이다.

지구촌 온난화는 어떠한가. 매년 일정한 수치로 상승하는 온도와 열돔은 인간의 이기심이 오염된 환경 속에 얼마나 큰 불행을 초래할지 불을 보듯 뻔한 일이다. 지금은 누구 할 것 없이 새 것만을 선호하는 물질만능주의의 세상이 되어버렸다. 인간의 이기심이 자연생태계

이순애 　같은 듯, 다른 듯이

의 재앙을 부르는 사필귀정은 진리의 정수리가 얼마나 중요한지 역설적으로 말해주고 있다.

숲을 벗어나자 다시 좁은 농로를 만난다. 무심히 걷던 농로 위에 뱀 한 마리가 떡하니 누워 햇볕에 몸을 말리고 있다. 조심스레 발걸음을 옮기자 뱀은 눈치를 챈 듯 스르르 논두렁 안으로 자취를 감춘다. 뱀은 사람을 두려워할까. 오랫동안 인류는 뱀의 상위 포식자였다. 되려 사람이 뱀을 무서워하며 소스라치게 놀라는 건 우리 삶의 공동체에서 이탈한 원죄의 형벌이 아닐까. 유년 시절 나는 첩첩산중 산골에서 자랐다. 논두렁 밭두렁 돌담 사이에서 뱀을 쉽게 볼 수 있었다. 뱀만 보면 기겁해서 줄행랑을 쳤던 기억이 선명하다. 어른들은 달랐다. 뱀을 잡아 보신용으로 먹기도 하고 팔기도 했다. 그런 어른들을 보면서 인간은 참으로 무지막지한 존재가 아닐까라는 의구심을 가지기도 했다.

다양한 생물 종의 스펙트럼에서 바라보면 인간도 자연과 순리로 보조를 맞춘다. 햇빛에 생장하고 달빛에 휘영청 어둠을 사르고 별빛에 언약 같은 꿈을 빚어낸다. 혼자 걷는 이 길에도 수북하게 생각의 이음이 쉴 새 없이 들락거렸다.

청산도로
떠난다

　　　　　　　　　여행을 떠난다. 겨울을 만나고 싶었다. 홀로 흔들리고 홀로 성숙하고 싶다. 나에게 질문하고 확인받고 싶다. 떠난다는 것. 뒤돌아보면서 걷지 않아도 나를 만날 수 있는 곳. 누구도 쉽게 내딛지 않는 겨울 섬으로 떠나고 싶었다. 한 번도 가 보지 않았던 섬을 동경하면서 수많은 상상이 꼬리를 물었던 불면의 시간이 떠오른다.

　마음 깊숙한 곳에다 간직한 내밀한 방명록을 꺼내 들었다. 그 방명록에다 수없이 기록하고 지운 사연을, 꿈들을, 청순을 끄집어내어 다시 기록하고 흔적을 남기고 싶다. 나 여기 있고, 그곳에 섬이 있고, 그리운 사람이 남긴 흐릿해진 기억들이 일순간 선명해진다. 내가 떠난 섬에서 섬처럼 고립되고 싶다. 이 섬 어디엔가 나의 흔적을 남기고 싶다. 목적이 없어도 닿을 수 있는 여행이 진정한 자유인 아닌가.

　한파가 몰아쳐 세상은 꽁꽁 얼어붙었다. 칼날 같은 추위에 몸도 얼어붙는다. 선착장에서 바라본 먼산 위에는 하얀 눈이 얹혔다. 함박눈이 펑펑 퍼붓고 세상의 지순한 길들을 지우는 그 무엇의 환상이 마음

이순애　같은 듯, 다른 듯이

속에서 뱅뱅거린다. 이제 떠날 때가 되었다. 신비로움으로 가득 채워진 여행은 그렇게 시작되었다. 오늘은 오늘의 여행이고 내일은 오늘의 여행이 만들어진 축복이기를.

　겨울 여행은 삶이 충만해지는 여행이다. 신비로움이 밀려오는 설렘이고 떨림이다. 새로운 시작의 모멘텀이고 나를 위로하는 선물이다. 감색 모임의 회원들과 2박 3일 여정으로 청산도 트레킹을 떠났다. 들뜬 마음이 부풀어 올랐고 마주보는 회원들의 눈빛에 묻어난 미소는 잔잔하게 흐르고 있었다. 떠나기 전날의 밤은 쉬이 잠을 이루지 못했다. 청산도 섬이 어른거렸고 생각은 생각을 입히면서 길을 만들었다.

　따뜻한 겨울 모자를 챙기고, 조깅화도 챙겼다. 두꺼운 양말과 털장갑뿐 아니라 대책 없는 마음까지도 주섬주섬 배낭 속에 챙겨 넣었다. 출렁이는 마음도 배낭에 담다 보니 최대한 먼 곳까지 떠나기를 몇 번이나 작심했다. 여행을 계획하고 물건을 챙기고 지도를 검색할 때마다 스스로 용솟음치는 깊은 갈증은 심층 아래의 용암처럼 뜨겁게 흘러내렸다. 생이란 아무것도 할 수 없을 때 무기력해진다. 나 자신이 싫어질 때마다 오싹한 한기가 몰려왔던 기억은 불안을 동반했다. 먼 훗날을 기약할 때마다 지금의 나 자신이 초라했다.

　금요일 오후 늦게 도착한 완도 여객터미널은 적막을 깔고 있었다. 노을 진 석양에 앉은 바다는 고요했고 거친 파도에 제 몸을 맡긴 포구의 배들은 심하게 일렁거렸다. 희미한 가로등에 노출된 거리의 상점들은 한산했다. 여름 성수기 때는 뜨거운 열기로 북적거렸을 여객터

미널이 비수기를 맞은 셈이다.

　나는 홀로 출렁이고, 고립을 기꺼이 받아들이는 겨울 여행을 즐긴다. 완도에서 청산도까지는 약 1시간쯤 소요되었다. 넓은 객실에는 드문드문 사람들이 모여 앉아 이야기꽃을 피운다. 여행길에 오르기까지 분주했던 마음이 평온해지면서 여유를 찾는다. 온기로 데워진 객실 바닥에 등을 맞대고 누웠다. 추위로 팽팽해진 근육이 이완되어 제자리를 찾는다. 어느새 노을 진 청산도 바다는 어둠이 내려앉았다.

　눈을 뜨면 하늘이 보이고 눈을 감으면 바다의 숨들이 어둠을 밀고 당긴다. 청산도는 슬로우 길로 이어지는 쉼이 있는 바닷길이다. 깜깜해진 밤하늘의 차가운 별빛은 길손의 발걸음을 재촉했다. 삼겹살과 소주를 곁들인 반주는 찌릿했다. 여독이 풀리고 긴장이 이완되는지 나른해지는 몸 기운이 전신을 휘감았다. 저녁 만찬을 즐기고 오르막 언덕배기에 터를 잡은 숙소에다 여장을 풀었다. 창틀 사이로 찬 공기가 툭툭 때린다. 창문을 열고 하늘을 바라본다. 하늘은 붉은빛과 어둠이 교차했다. 그곳에는 섬이 없으니 천상의 하늘이야말로 세상의 그림자가 없다. 어떤 어둠도 마음만 먹으면 산을 넘고 바다를 건널 수 있다.

　조깅으로 첫째 날 새벽을 열었다. 진눈깨비가 내린 비탈진 언덕길이 미끄러웠다. 산속에 기댄 마을을 돌아 목섬까지 바닷길을 쉼 없이 달렸다. 옷깃 사이로 스며들던 한기는 어느새 땀방울이 되어 온몸이 뜨겁게 데워졌다. 심신이 고단했던 일상들과 짓눌린 삶의 무게는 새벽 공기 속으로 사라져갔다. 몸에서 팔딱이던 세포도 더는 늘어지지 않고 봄날의 죽순처럼 심장을 깨우고 있었다.

　아침 바다는 어머니 품처럼 편안했다. 오리 가족이 잔잔하게 일렁이는 물결 위로 파도타기를 즐기고 있다. 평화롭고 한가롭고 정감이 묻어 있다. 몇 번이나 '안녕'이라고 살갑게 말을 건네고 손을 흔들었다. 여름날 관광객들로 시끌벅적 요란했을 여름 풍광은 어디에도 찾아볼 수 없다. 곳곳에 솟아오른 크고 작은 섬 봉우리들은 잔잔하게 밀려드는 파도가 말벗이 되고, 파도는 넘실대는 물결에 무등을 태워주고 있다. 자그락거리는 몽돌은 서로에게 등을 내어 주었다.

　어떤 위로를 주고 받는지, 상처의 흔적을 어떻게 치유해주는지 알 수는 없지만 그들은 그렇게 오랫동안 바다에서 경이로운 화음을 만들었다. 섬마을 아주머니들은 갯벌에 엎드려 저녁 밥상에 올려놓을 찬거리를 준비하느라 분주하게 손길을 움직이고 몸이 뒤뚱거린다. 콧끝에 스며드는 상큼한 바다 내음이 향기롭다. 잔잔한 바다에 어둠이 내리면 바다는 거칠게 요동칠 것이다.

　두 밤을 자고 나니 청산도 작은 섬은 내가 살고 싶은 섬이 되었다. 치열하지 않고, 함께 나누며 살아가는 섬마을 바다가 좋다. 이른 아침 눈을 뜨면 새소리가 지저귀고 한걸음 나아가면 바닷길이 열리는 세상은 내가 꿈꾸는 노년의 마을이다.

　2박 3일의 섬 여행은 눈 깜짝할 사이에 지나갔다. 여행을 마치고 돌아오는 길은 언제나 아쉬움이 남는다. 그래서 여행인가! 돌아오는 일상의 발걸음은 또다시 나를 재촉한다. 밝아오는 24년을 향해서. 청산도와 석별의 정을 나눈다.

진영미

경남 창녕의 작은 시골 마을에서 태어났다. 결혼해서 세 아이를 키우면서 경남대학교 교육대학원에서 유아교육학 석사와 상담심리 전공 석사학위를 받았다. 좀 더 높은 학문적 성취를 이루기 위해 동 대학원에서 '교육학 박사' 학위를 취득했다. 담쟁이학당에서 글쓰기를 배우고, 그 연속 선상에 놓인 인문학의 정수(精髓)인 역사 교실에서 '유럽 역사'를 공부하고 있다. 감성과 교감의 정점에 닿기 위해 '경남 낭송 문학회' 회원으로 활동하고 있다. 경남신문에 칼럼을 기고하고 '촉석루' 집필진에 참여했고, 경남도민일보에 칼럼을 기고했다. 나는 오늘도 하늘빛유치원 원장의 직분이라는 무게가 가볍지 않다는 것을 잘 알고 있다. 아이들의 존재에 남겠다는 희망이라는 것도 내가 감당하는 몫이다. 지금 나에게 주어진 시간이야말로 내 삶에 하늘빛이 머물고 번지는 아름다운 여정이다. 꿈이라는 것은 저절로 이루어지지 않는다. 아이와 관련된 <연구 분야>에 노력을 기울인 지난 세월이 주마등처럼 스친다. 동인지가 나오기까지 참 많은 글쓰기 공부가 있었고, 문장의 결에 남긴 서사 같은 인생 문진이 있었다. 아이를 있는 그대로 동심의 중심에 놓았을 때가 내가 존재하는 이유고, 기쁨이고, 행복이다. 행복은 나를 춤추게 하고 아이들을 떠올리게 하는 상념의 여백이다.

춘사 春思

　　　　　　　　　상큼한 바람이 계절의 선율을 탄다. 봄의 꽃들은 살아 있는 시인이다. 햇살 속에 빛나는 수선화는 앙큼하게 고개를 내밀고 있더라. 매화꽃을 기웃거리던 벌은 옹골차게 뜨거운 사랑을 건네더라. 공중을 휘도는 나비도 미처 지우지 못한 시린 엄동 곁으로 다가와 봄 향기를 품더라. 봄빛을 받은 존재는 엄숙하다. 하나의 생명이 빛나는 존재로 남으려면 업보 같은 덤의 무게가 가벼워야 한다. 살랑한 봄처럼.

　풀들도 덤으로 흙살을 비집고 올라오고 있다. 풀이 고개를 내민다는 것은 아기가 첫발을 내딛는 것처럼 신비롭다. 풀은 태어나 처음으로 연초록 옷을 입고 봄이라는 전신 거울 앞에서 뱅글뱅글 춤이라도 추고 싶을 것이다. 인간의 발길이 닿지 않으면 풀도 한 생애를 곱게 살다가 저세상으로 떠난다.

　사랑이라는 존재, 교감이라는 열망, 자손을 퍼뜨리는 숭고한 의식 행위를 거치는 풀밭이야말로 지구상에 남은 마지막 불꽃이 타오르는 축제장이다. 어둠이 내리는 봄날에 풀밭을 걸어보는 것. 사랑 없는 영혼에 지친 당신은 가장 근사한 초대장을 보낸 풀을 오랫동안 마음

속에 담고 살아갈 것이다.

  겨울 내내 봄봄봄이라 불렀더니 정말로 봄이 왔다. 전기장판에 누워 봄을 기다렸고 성에 낀 창가에 기대서서 흐릿한 그대를 떠올려본다. 내가 그리움에 지칠 때마다 그대는 밥 먹고 커피를 찾았던 것처럼 무덤덤했다. 내색하지 못하는 그리움이 얼마나 아픈지 그대는 알 길이 없을 것이다. 그럴 때마다 당신을 책망하지 못한 나는 인생이란 그런 것이라면서 견딘다.

  오래 머물지 못하는 봄이 떠나가면 강물이 노을에 번지듯이 우리 사이의 석별을 받아들인다. 봄날에 꽃 문을 열지 못한 식물의 마음도 그러하리라. 그러면서 나는 이별한 봄에서 다시 이별할 봄을 기다린다. 그리움을 다 보내지 못해서 그렇다.

  만남을 유혹하는 붉은 장미는 양지바른 뜰에서 사랑의 노래를, 옆지기인 푸른 히아신스는 자유의 노래를, 뜰 앞에 핀 하얀 물망초는 제 격정을 이기지 못해 뜨거운 연가를 발산하고 있다. 어떤 슬픔도 삼키고 말 것 같은 불같은 꽃들을 나는 연민으로 받아들인다. 고군분투하는 꽃들이 피어오르는 것은 슬픔을 잊지 않으려는 몸짓이다. 그래서 말간 꽃봉오리를 달고 슬픔을 숨기고 알록달록하게 치장하면서 꽃을 피운다. 인간의 감정도 그렇다. 슬픔에 겨워 술 한잔 걸치면 웃고 우는 인생사를 삼킨다. 그런 사람은 결핍으로 채워진 아픈 사람이다.

  올해도 봄이 왁자지껄하다. 주위를 돌아보니 나무에 앉은 새들이 파먹고 쪼아 먹을 양식은 굶주리지 않을 만큼 텃밭은 건강하다. 뭔 영문인지 유치원이 개원하면 새들도 덩달아 합창을 한다. 유아들에

진영미   같은 듯, 다른 듯이

게 있어 봄 향기는 동심이 건넨 선물이다. 어른들은 향기에 무덤덤할 때마다 아이들은 입꼬리를 오물거린다. 내가 종사하는 유치원 텃밭은 사랑과 자유와 순수와 충만한 향연이 봄날 내내 펼쳐진다. 아이들이 졸업이라는 둥지를 떠나간 자리에는 어김없이 천진한 봄 새싹이 돋는다. 졸업장을 들고 떠나간 아이는 그립고 첫 대면으로 유치원에서 인연을 맺은 아이들은 반갑다.

겨울은 잠든 대지를 깨우는 희망의 전주곡이다. 봄에는 나뭇잎이 숲을 가린다. 숲은 향기로 봄을 알려준다. 봄을 맞이하는 것은 봄꽃이고 겨울을 보내는 것은 생명의 뿌리다. 한 걸음 내디딜 때마다 땅속에는 새로운 생명이 꿈틀거린다. 생명이 바깥으로 나가지 않았고, 땅속에서 면벽수행을 한다.

봄은 희망의 계절이다. 환희로 새겨진 생명은 여름날 한줄기 소낙비처럼 청량하다. 햇볕이 따사롭고 묵상의 기도는 낮은 자의 기도처럼 경건해진다. 달빛이 깔린 봄밤의 지순한 강물은 유순하게 흐른다. 봄은 그 자체가 선물이다. 잊지 않고 피는 들판의 꽃들을 보라. 소소한 희망을 건네주는 들길의 아지랑이를 보라. 청춘의 봄날처럼 눈부시고 찬란하지 않는가.

우리 삶의 봄이라는 것은 온기로 채워지기도 하고 어떨 때는 가을 낙엽처럼 서로의 상처를 보듬기도 한다. 유치원을 둘러싼 나무들도 언젠가는 숲을 이룬다. 수십 년도 더 된 아파트는 숲의 얼굴이다. 나무가 숲을 이루면 아파트도 숲을 이룬다. 거기서 뛰어놀던 아이들도 커 가면서 나무를 닮다 보면 숲을 이룬다. 우리들 숲이 아니라 아이들 숲을 이룬다. 숲이 사라지면 아이들은 여린 새순처럼 쉽게 상처를 받는다. 우리의 마음이 숲을 이루면 아이는 스스로 상처를 치유한다.

봄의 도래는 두 손을 벌리고 반기는 축제다. 축제는 경험의 산물이다. 경험은 본능이 만들어낸 봄의 성자다. 아이들이 주인공으로 변신한 봄 축제는 스스로 꽃을 피우고 향기를 낸다. 아이들 생각이 쌓이다 보면 아이들 천지가 된다. 이때는 천지 만물도 아이들 편이 된다. 동심이 빚어낸 꿈이 상상에서 나오는 이 기쁨을 아이들은 그저 즐기면 된다.

봄은 오직 아름다움만으로 완성되는 것이 아니다. 들이밀고 다니고 넘어지고 일어서는 과정을 거친다. 고통의 시간이 지나가면 잠자고 있던 성장의 촉매제가 봄을 밀어 올린다. 그다음 햇살을 받아 담금질하면서 새로운 도전에 나서고 스스로 행복의 전리품을 챙기면서 도취시킨다.

아이들은 텃밭에다 꿈을 심었다. 나는 하루에도 몇 번이나 아이들 생각이 잘 자라도록 물조리개를 들고 교실 문 앞에서 서성인다. 나에게 봄의 미학은 대책 없이 우수에 잠기는 일이다. 아이들이 내 온전한 삶의 전부일 때 가능하다. 생명은 스스로 환희로 채워 가고 봄은 내 삶을 비워 내는 이 계절을 어디 그냥 건너갈 수 있으랴.

진영미 같은 듯, 다른 듯이

공존이
꿈틀대는 곳

　　　　　　　　　　　팔월이 끝나가고 있다. 물러서지 않는 폭염은 생사람이라도 잡을 기세다. 우두커니 서 있기만 해도 땀방울이 송골송골하게 맺힌다. 9월의 문턱인 일요일 아침이 분주하다. 초록 물결이 넘실대는 남해 창선 고사리밭으로 탐방에 나섰다. 수평을 이룬 진해 바다를 지나 "창선삼천포대교"를 건넜다. 뜨겁게 달아오른 바다는 고요했고 섬으로 이어지는 길들은 열기로 후끈거렸다.

　　산과 바다를 옆구리에 끼고 천천히 차를 몰았다. 오늘은 잠시 머리나 식힐 겸 떠나는 '외출'이 아니다. 몹시도 소진한 몸과 내면이 일상에서 탈출하면서 회복하는 여정이다. '일탈'은 자신을 내려놓아야 팽팽한 긴장이 허물어진다. 오늘 함께한 다섯 명의 담쟁이학당 도반들은 일 욕심과 공부 욕심이 대단한 전사의 기질을 갖추고 있다. 뜨거운 열정을 잠시 내려놓고 유년 시절의 순수한 마음조차도 풀어헤치는 동심의 세계로 떠난다. 도시의 일상을 벗어나려는 몸부림 같은 것이 '훅'하고 올라왔다. 그동안 우리는 너무 많이 지쳤다. 사유의 공간이 황폐해졌고 일은 태산처럼 쌓였다.

　차창 너머 풍경을 쉼 없이 바라보면서 턱을 괴고 눈을 감기도 한다. 검은 수묵화로 덮인 산능선이 가까이 보일 때에는 아이들의 숲 놀이 활동들이 오버랩으로 스쳐지나간다. 정원 놀이에서 무심코 보여주는 기쁨과 호기심이 발동될 때는 순수로 채워진 아이 세상이 보석처럼 아름다웠다. 가끔은 내가 자연을 대하는 태도도 그러하리라고 느낌표로 드러낼 때도 있을 때는 뜬금없이 감격했다. 어쩌다 아이의 감정 놀이가 상승할 때는 잠시도 눈을 떼지 못하고 지켜보았다.

　아이들은 자연을 놀이터로 세상과 관계 맺는 법을 배운다. 누가 가르쳐주지 않아도 생명의 소중함을 자연스럽게 체득해 나간다. 자연은 모든 것이 시작되는 무대. 숲 놀이에서 아이들이 마주하는 곤충, 나무, 돌멩이 하나하나가 생명의 본질에 충실한 배우고 극 중 장면을 연출하는 감독 역할을 한다.

　숲 놀이는 아이들 인식 범주를 확장한다. 자연철학의 토대가 되는 개별 사물이 출렁이는 성스러운 곳이다. 그러니 숲에서 아이들은 놀면서 배우고 체득하고 교감하는 법을 배운다. 그곳은 모든 생명의 대상이 촘촘하게 연결되어 있지만, 숲 사이의 간격은 바람 한 점이 보낸 신호에 예상치 못한 존재로 출렁이기도 한다. 숲은 우리의 삶에 의미 있는 신호를 보낼 수 있다는 것. 숲은 그저 놀이터가 아닌, 삶의 교훈을 주는 스승이자, 우리가 존중해야 할 공간이라는 메시지를 함께 나누고 싶다.

　고사리밭 초입에서 뜻밖의 만남이 있었다. 작은 뱀 한 마리가 뙤약

볕에서 제 몸을 노출했다. 먹이질 나왔는지 아니면 더운 몸을 다시 뜨겁게 데우러 나왔는지 궁금했다. 우연히 눈에 띄었을 뿐인데 놀란 심장은 빠르게 뛰었다. 발을 내딛는 순간 그 뱀을 밟을 뻔했다. 혹독한 무더위에서도 꿋꿋이 살아가는 모습을 보며 자연 생태계의 건강성을 느꼈다. 신비로움이 살며시 다가와 길섶으로 몸을 이동시킨 뱀의 존재가 그리 두렵지 않았다. 미물 같은 생명도 존중을 넘어 경외심을 느끼면 생태계의 보고가 인간의 발길 닿는 곳에 있지 않을까. 뱀을 맞닥뜨린 이 순간은 마치 자연이 나에게 보내는 경고이면서 존중하라는 신호처럼 다가왔다. 모든 존재는 자신의 자리를 스스로 지킨다. 생명력을 발산하는 것은 살아 있다는 증표다. 뱀에게 신의 가호가 있기를.

숲은 그저 놀이터로 소임을 다하지 않는다. 아이들이 꿈을 키울 때 더 힘차게 출렁인다. 바람 잘 날이 없어야 건강하다. 여름의 나이테는 속성의 개념이고 겨울의 나이테는 담금질의 개념이라 하지 않던가. 아이를 어떻게 키울 것인가. 스스로 담금질을 하면서 봄의 찬미를 노래하는 곳. 숲 놀이에 시간 가는 줄도 모르는 아이를 떠올려 본다. 삶의 교훈을 주는 스승이 나무고 숲이면 아이는 생각이 튼실하게 자랄 것이다. 우리가 존중해야 할 공간이라는 메시지는 인근의 숲에 널려 있다. 몇 밤 지나면 나들이 계절인 가을이 온다. 당신과 함께 체온을 데워주는 숲의 온기를 나누고 싶다.

고사리밭의 풍경은 하나의 위대한 예술 작품처럼 다가왔다. 허리까지 올라온 고사리는 단순한 식물도감의 주인공이 아니다. 오랜 세월을 자연과 호흡하며 생명을 유지해 온 최적화된 존재들이다. 초록빛의 물결이 산자락을 덮었다. 바다와 섬과 겹친 풍경은 눈이 부셨다. 여름의 뜨거운 햇살에 푸르름으로 맞서는 풍경은 '남해 몇 경'과 비교 불가한 압권이었다. 바람에 흔들리면서 흔들리지 않는 군락은 그 자리를 지키는 파수꾼처럼 불굴의 전사처럼 강인해 보였다. 오늘도 시간은 흐르고 길손은 여기를 떠날 것이다. 푸르름의 낙원이 있는 곳. 이끌리듯이 따라온 도반들도 숨이 멎는 듯 바라보고 있다.

온몸에 흘러내리는 땀에서 원초적 힘을 느낄 수 있었다. 고사리는 땅에 뿌리를 내린 후 맹렬하게 땅속을 비집고 불쑥 올라왔다. 자신을 흔들고 서로에게 손짓하고 바람에 기대고 있다. 이 위대한 여정이 남단의 작은 섬 창선도에서 끈적한 풍경을 연출하니 저항하고 순응하고 받아들이는 여린 고사리 몸짓에 경의를 표하고 싶다.

고사리밭에서 자연과 인간의 조화로움이 무엇인지 고뇌의 흔적을 남긴다. 자연과 인간이 서로 어우러져 숨쉴 수 있는 공간이 얼마나 아름답고 평온한지 깨달았다. 각자가 가져온 간식을 나누어 먹고 키 큰 나무 그늘에서 땀을 말리며 소소한 담소를 나눴다. 우리에게는 오늘 기행이 크나큰 시간 여행이었다. 어린아이처럼 배시시 웃는 고사리의 연정을 꼭 안아주고 싶은 행복한 하루였다. 스스로 위로하는 우리를 우리가 토닥이면서 보내는 휴식들이 정겹기만 하다.

고사리밭을 떠나면서 몇 번이나 뒤돌아보았다. 점심시간을 넘겨 인근의 독일마을에 터를 잡은 레스토랑에 도착했다. 더운 입김을 물리고 차가운 냉수로 목을 축였다. 가볍게 식사하고 차를 마시면서 늦

진영미 같은 듯, 다른 듯이

더위를 탓하지 않고 웃음꽃을 피우며 자축했다.
 '별해랑' 정상에 자리한 고사리와 코스모스는 찰지게 서로를 응원하고 있었다. 다른 모습 환경 속에서도 이렇게 서로를 의지하면서 뿌리내린 후 자랄 수 있을까. 아이들은 자연에서 소중한 가치를 배운다. 자연은 가장 훌륭한 선생님이다.

당신의 빈자리

　　　　　　　　　　　　어제는 아버지의 기일이었다. 가슴이 아려온다. 아카시아 꽃향기가 떠나고 난 이맘때쯤 아버지는 사랑하는 가족을 남겨두고 이승을 떠났다. 아버지의 부재는 오랫동안 상실감을 동반한 그리움이 시도 때도 없이 몰려왔다. 아직도 당신이라는 봄을 붙들고 있는 것은 조금씩 삶을 상실해가는 여윈 어머니의 눈빛이다. 아버지에 대한 애틋한 그리움이 절절하게 묻어 있는 혼잣말로 뭐라 중얼거린다. 시골에 홀로 계신 노년의 엄마는 창백하다. 외로움이 남긴 잔상이 아프다 보니 자꾸만 야위어 간다.

　유년 시절 아버지는 억척이 몸에 밴 농부였다. 잠시 시골을 떠났다가 각박한 도시의 성마른 인심에 적응하지 못하고 돌아왔다. 아버지는 농심과 천심이 다르지 않다는 삶의 행로를 신조로 버텨내면서 살았다. 논밭에서 새벽이슬을 밟았고 어스름해질 때까지 햇볕과 사투를 벌였다. 정직한 농부인 아버지는 정직한 땅을 믿었다. 땅심에 의지했고, 자연의 이치를 사람 사는 세상에 접목시켰다. 그 힘든 세 번의 수술을 견뎌냈으나 결국 폐암이라는 병마와 사투를 벌이다가 천상으로 떠나셨다.

진영미　같은 듯, 다른 듯이

아버지는 늘 미소 띤 얼굴로 놀아주었다. 내가 보채고 울음보를 터트릴 때마다 가냘픈 등을 토닥이며 안아주기도 했다. 지금도 시골집 벽에는 여전히 당신의 사진이 걸려 있지만, 그 사진 속에서 웃고 있는 얼굴은 더 이상 말을 걸어주지 않는다. 당신과 눈을 마주치지만, 그것은 공허 속에 핀 꽃처럼 그리움만 가득 차 있다. 지금은 아버지의 빈자리에 침묵이 번진 적막만 가득하게 쌓여 있다. 자나 깨나 마르지 못하는 엄마의 눈물샘은 한 생애 고단했던 당신 인생을 위로하고 있을 뿐이다.

　아버지와 함께 걸었던 그 길들이 생생하다. 어린 딸의 손을 잡고 걷던 당신의 손이 두툼해서 든든한 온기로 데워졌다. 당신의 발자국을 따라 걸으며 웃었던 순간들과 웃음꽃이 핀 그 자리에 남은 따스한 아버지의 손길이 그립다. 이제는 그 길을 홀로 걸어야 한다. 눈가를 적시고 슬픔을 삼키고 회한을 끌어들이면서 아버지를 만난다.

　엄마는 스물셋 꽃다운 나이에 아버지를 만났다. 가난이 물려준 결혼식은 소박했다고 한다. 신접살이에 행복했을 어머니와 가난을 이겨낼 굳건한 의지와 사랑이 가득했던 아버지를 떠올려본다. 신혼의 달콤한 시간도 잠깐, 형편이 어려워 친정에서 일 년이나 머물러야 했던 어머니의 심경이 얼마나 신산했을까. 사랑하는 남편을 그리워하며 사무쳤을 것이다.

　엄마와 아버지는 오랜 세월 동안 기쁨과 슬픔을 나누면서 서로의 버팀목이 되었다. 때로는 한없이 무거운 현실 앞에서 주저앉고 싶었겠지만, 두 사람은 그럴 때마다 두 손을 꼭 잡았으리라. 그 손길에는 사랑과 연민이 담겨 있었다. 아버지가 천상으로 가시기 1년 전, 엄마는 아픈 다리를 수술했다. 전동차를 구입해 타고 다니면서 근근이 버티고 있었다. 혼자서도 꿋꿋하게 살아갈 수 있기를 간절히 바라는 딸의 마음은 그만큼 아버지에 대한 엄마의 연민을 헤아려보는 마음이 있기 때문이다.

당신이 천상으로 떠나시는 날이었다. 모내기를 마치고 퉁퉁 부어오른 시퍼런 발이 무엇을 의미하는지 몰랐다. 고된 노동과 끝없는 밭일로 남긴 흔적일 거라고만 생각했을 뿐이다. 아버지의 노동은 처자식을 건사하는 가장의 책임이고 거칠고 주름진 손톱 아래 낀 검은 살은 고단한 세월의 흔적이었다. 일만 하다가 한 생애를 접은 아버지. 빛날 것 없는 황톳길이 더 편했던 아버지. 그게 아내와 자식 사랑이라는 것을.

가족 생계에 대한 아버지의 책임감은 숙명이 되었다. 바쁜 농번기가 끝나면 다시 도심 속 일터로 종종 나가시곤 했다. 새벽녘부터 밤늦게까지 일터에서 가족을 생각하셨을 아버지가 흘린 땀과 눈물은 우리 가족의 삶을 지탱하는 버팀목이 되었다.

당신은 말보다 행동으로 많은 것을 가르쳐 주셨고 몸소 실천하셨다. 늘 자신에게 엄격하고 정직하고 성실하게 살았으며, 우리에게도 그러한 삶을 살아가도록 이끌어 주었다. 당신의 가르침은 엄중했지만, 우리가 믿고 의지할 곳은 당신이 전부였다. 곰곰이 생각해 보니 그만큼 당신의 어깨는 무겁고 기약 없는 내일은 아득했고 불면의 밤은 어둠 속을 휘젓고 다녔으리라.

진영미　같은 듯, 다른 듯이

천상으로 가시기 전 내가 없더라도 당신이 혼자 잘 해낼 수 있도록 모든 걸 준비해 놓았다. 지금 내 곁에 있는 당신의 잔잔한 웃음이 당신이 나에게 선물한 행복이다. 아버지의 염원이 어머니에게 남은 힘을 내어 살아갈 수 있는 원동력이 된 것이다.

봄이 되면 시골은 바쁘다. 엄마의 손도 바쁘다. 어린 나에게도 손을 내밀었다. 거칠고 굳은살의 손끝은 밭과 들로 누비면서 씨앗을 뿌리고 작물을 키웠다. 그 손은 생명을 가꾸고 사랑과 헌신으로 나온다. 자식들을 모두 성장시키고 출가시킨 후에도 이 일은 멈추지 못한다.

저녁 햇살이 집 안을 물들인다. 늘 그렇듯 고쟁이 바지를 입고 부엌에서 저녁 식사를 준비하는 엄마의 뒷모습을 바라본다. 70대 후반의 엄마는 여전히 부지런히 움직인다. 주름살에는 세월의 흔적이 고스란히 담겨 있다. 오늘따라 등이 더 굽어 보인다. 세월의 무게와 삶의 무게가 고스란히 담긴 뒷모습을 바라보며, 나는 당신이 살아온 고통을 느낀다. 그 고통이 저릿하다. 때때로 먼 곳을 바라보고만 계신다. 아버지를 그리워할까. 홀로 남은 외로움이 엄마의 마음을 짓누르지 않기를 기도한다. 외로움을 감추려 애쓰는 엄마의 모습이 안타깝다. 내가 그 슬픔을 다 덜어줄 수 없다는 무력감에 마음이 아려온다. 가끔 엄마가 어떤 생각을 하고 있을지 궁금하다. 아마도 자신의 인생을 돌아보며 후회나 아쉬움을 느끼고 있을지도 모른다. 후회나 그리움이 산을 넘었다. 하지만 그런 감정을 드러내지 않는다. 오히려 더 강해지려 애쓰고 우리 앞에서 항상 웃음을 잃지 않으려 한다. 세월 따라 야위어 가는 엄마의 시간을 조금이나 붙잡아 두고 싶다.

엄마가 보고 싶다. 당신의 손길이 닿은 농작물은 땅에서 올라온다. 자식들은 초록이 물든 사랑을 받아먹고 무성하게 자란다. 시골집 뜰에서 아버지와 함께 걸었던 논밭길을 기억하고 함께 거닐던 순간들이 지나간다. 봄의 꽃향기, 여름의 푸르름, 가을의 풍요로움, 엄마와 함께 겨울 언 땅을 밟으며 마음을 나누던 그 시간들. 계절의 변화를 함께 느끼며 사랑을 나눴던 추억들이 선명하게 다가온다. 당신이 남편을 그리워하는 빈자리는 새봄을 기약 없이 기다리고. 어느 날 당신의 빈자리에 당신 딸이 서성이고 당신 자신의 삶의 후회나 아쉬움을 느끼고 있을지도 모른다.

진영미 　같은 듯, 다른 듯이

검게 그을린 봄에도
새 생명이 태어난다

대구에서 동해로 향하는 고속도로를 따라 달렸다. 창밖으로 스치는 풍경은 모두 검었다. 잿빛으로 변한 나무들과 푸르름을 지운 잎사귀들과 구름처럼 흘러가지 못하는 새털구름과 양떼구름들이 어둠 같은 침묵에 짓눌려 있다. 해마다 푸르게 번지던 봄이 어디에 숨고 떠났을까. 봄이라 부르지 않고 입속에서 봄날이라고 꼬물거리는 것은 축복이 건넨 환희에 젖겠다는 자기 다짐이고 암시다. 조금의 희망이라곤 무논의 이랑과 과수원 풀밭에 쌓인 두엄더미에서 아지랑이가 피어오르는 광경이 눈물겹도록 제자리를 지키고 있는 것을 바라볼 뿐이다.

"봄이 왔습니다." 그렇게 누구도 쉽게 말문을 열지 못하는 봄이 왔다. 앞만 보고 걸어온 나무들이 지난봄을 기억하라는 듯 선 채로, 죽음을 받아들인 채로 서 있다. 숲속을 돌아다니던 새들은 어디서 휘파람을 불고 먹이질을 할까. 고라니와 다람쥐와 청설모와 잔잔한 눈웃음을 짓던 풀꽃들은 제 몸을 온전하게 보존할 수 있을까. 누가 누구에게 기대지 못하는 황량한 풍경 앞에 망연자실해지는 서늘한 냉기가 전신을 후빈다.

  봄이 오고 화마가 덮쳤다. 매캐한 연기가 자욱했고, 불기둥이 솟았다. 강풍이 불었고, 헬리콥터가 수직으로 날아올라 불꽃과 정면으로 맞섰다. 대열을 이룬 불이 산등성이를 넘어 옆집 산으로 옮겨붙고 기어코 파도의 망울이 솟구치는 동해로 뛰어들었다. 불이 걸어오는 길목마다 쓰러질 듯 일어서는 인간 방패막이 막아섰고 진종일 방송은 속보를 내보냈다. 임시 거처로 옮겨진 난민들은 뜬눈으로 밤을 지새웠고, 냉골이 올라온 밤은 '우우우' 뭇 생명이 목 놓아 토해낸 울음을 삼켰다.

  차창에 스치는 풍경마다 불안이 엄습하고 어른거린다. 두 손을 모을 때마다 한없이 작아지는 인간의 존재가 가냘프고 무기력하다. 자연을 경배하지 못한 인간의 원죄는 무엇으로 속죄할까. 온갖 부끄러움과 참회가 밀려든다. 화마가 올라가고 내려가고 넘어설 때마다 산은 포효하고 일렁거린다. 화마가 여기까지 왔다는 걸 잊지 말라는 듯, 모든 불탄 생명에게 영면을 기원하고 살아남은 생명에게는 안부를 묻는다. 기후 위기와 자연의 경고는 인간이 북반구와 남반구를 걱정하기에 앞서 낮추고 덜 가지고 덜 소비하고 외롭고 쓸쓸해지는 것도 감수하라는 것이다.

  강이 유순하고 골짜기가 깊고 인심이 후덕한 의성에서, 봄은 성난 찰나를 붙들지 못하고 불기둥을 끌어안았다. 인근의 안동을 집어삼키고 청송을 넘어 동해안의 영덕까지 몰아쳤다. 사람들과 마을과 나무와 풀과 짐승과 심지어 봄까지도 집어삼켰다. 화마가 할퀴고 간 자

진영미   같은 듯, 다른 듯이

리에는 마음이 먼저 잿더미가 되었다.

 갑자기 유년 시절의 트라우마가 겹친다. 오래된 사진에서 추억 한 조각을 꺼낸 것처럼 선명하게 다가온다. 정말이지 떠올리기 싫은 장면들이라 잊히고 싶고 감추고 싶고 마음이 쓰리고 아프다. 시골집 아궁이 군불이 유년의 아이에게는 추억 보따리라고 하는데, 그날의 기억은 악몽으로 변신한 화마의 얼굴이었다. 불의 속성은 자기 몸을 소진하면서 어둠을 사르고 물을 데우고 음식을 익히다가 화를 참지 못하면 재앙을 안긴다. 촛불을 앞에 놓고 사랑을 언약하는 멋진 상상은 나에게는 언감생심이었다.

 시골집 마당과 골목과 언덕배기에서 뛰어놀았던 유년의 나는 집안 농사일에 힘을 보태는 어린 상일꾼이었다. 어느 겨울날, 중천에서 머물던 해가 서산으로 넘어가고 석양이 구름 바깥으로 나오고 있었다. 아버지가 여물을 넣어준 커다란 솥은 우람했다. 소의 허기를 책임진 어린아이는 아궁이 앞에 다소곳이 앉아 소죽을 끓였다.

 장작은 '타닥타닥' 두 음절로 분위기를 돋우고 김은 모락모락 솥뚜껑을 흔들고 온돌방이 데워지고 허기진 소들은 군침을 흘리고 있었다. 여물 속에 알곡과 볏짚으로 데워진 더운물은 양은 세숫대야로 옮겨 손과 발에 진득하게 달라붙은 거무스름한 몸때를 씻기어주었다.

 아궁이에 감자가 잘 익고 있는지 부지깽이로 휘휘 저었다. 몽실한 꿈들이 산란하게 모이고 흩어지다가 이내 매캐한 연기가 조금씩 냄새를 풍겼다. 타고 남은 잿더미에서 푸른 눈이 깜박이는 반딧불이 환영처럼 스치는 것도 보았다. 불씨 같은 것이 허공을 맴돌다가 어디론가 날았고 나는 아무 소리도 지르지 못하고 '끼익끼익'거리며 움츠렸다. 공포감이 전신을 휘감았고, 순식간에 아래채 한 동이 거센 불길에 휩싸였다. 울부짖는 어른들과 헛기침하는 어른들의 표정에는 서늘한 냉기가 돌았다.

  불씨 하나가 집을 태우고 산을 태우고 들판을 태운다는 것을 소름 끼치도록 봐 왔다. 그때마다 공포와 상실과 슬픔이 각인되었다. 봄철 대형산불이 해마다 반복되고 있다. 산은 말이 없고 응어리를 풀지 못한 침묵은 절규로 응답한다. 화마 앞에 장사 없다고, 스스로 가꾸어진 숲은 스스로 잿더미가 되었다. 인간의 무지와 욕망이 재앙을 부르고 다시 그 재앙이 인간을 황폐화한다는 것은 만고의 진리다.

  연두색 잎들과 봄꽃이 피어나야 할 산등성이에는 검은 재와 타버린 뿌리들만 남았다. 어쩌다 화마에서 살아남은 생명은 어디에 기대고 누울 자리를 찾을 것인가. 불탄 나무가 불탄 나무를 위로하고 어미를 잃은 산짐승은 산골짜기 어디를 헤매고 다닐 것이다. 그렇게 숲은 불길에 저항하지 못하고 무너졌다. 불탄 집보다도 이웃이 함께했던 삶이 더 깊게 묻혔다. 이유 없이 흐르는 눈물은 당신에게 안타깝고 미안하다는 전언이다.

  검게 그을린 나무들 너머에는 트라우마의 잔상이 떠나지 못하는 유년의 기억이 겹친다. 마음이 움직이고 조심스레 전화기를 들어 숫자를 누른다. 말없이 시작된 기부 릴레이에 예상치 못한 특산물과 감사의 인사로 되돌아왔다. 진한 울림이 나와 그분들에게 전달되었으리라.

진영미   같은 듯, 다른 듯이

몸서리치는 고통을 겪는 이재민들이 작고도 단단한 희망 끈을 붙들고 있으면 좋겠다. 자연이 가리키는 곳이 삶의 본질과 닿기를 소망한다. 불은 모든 것을 태웠고 앗아갔지만, 그 불탄 자리에 여린 새 생명을 밀어 올릴 것이다. 외양간 앞에서 공포감에 질린 아이도 어느새 자연의 이치를 배우고 인간의 존귀함을 새기면서 어른이 되었다.

초여름 사랑

　　　　　　　　　　푸르름의 계절이다. 오래 머물 것 같았던 봄은 꽃자리를 훌훌 털고 일어선다. 마치 약속이라도 한 듯 초여름은 봄날을 밀어내고 있다. 허공을 가르다 제자리로 돌아오는 더운 바람도 기쁘게 맞이한다. 창가에 기대서서 '당신을 기다리고 있다'는 보라색 라벤더 꽃말도 새긴다. 창틈을 넘어와 번지고 있는 고혹한 라벤더 향기에 얼굴을 묻다 보니 봄이 떠나가는 것을 붙잡지 못했다.

　유치원 정원에 초록이 물들었다. 싱그러움의 잎사귀를 달고, 도톰한 열매를 맺고, 더위를 먹은 병아리 눈물만큼씩 커 갈 것이다. 초록 앞에서는 누구나 '사랑한다'는 말이 절로 나온다. 고개도 숙인다. 감사하다는 표현도 마음에서 우러나온다. 봄에는 당신에게 꽃 한 송이를 건네고 초여름의 아이들 세상은 초롱초롱한 별 하나를 품는다. 초록 물은 변하지 않을 기세로 영원토록 아이들 곁에 남아 있으리라.

　초여름은 나무의 계절이고 잎사귀의 계절이고 마음껏 뛰어놀 아이들의 계절이다. 아이들은 정원에서 햇볕도 쬐고 그늘도 받는다. 그러다 조금씩 나무도 닮고 자연에서 지혜를 얻는다. 참을성을 키우고 친구를

진영미　같은 듯, 다른 듯이

배려하고 사랑의 온도를 데우면서 세상 바깥을 기웃거리기도 한다.

 호기심이 발동할 때는 마음속에다 상상 꽃도 피운다. 상상은 꿈을 먹고 자란다. 꿈은 아이들이 만들어가는 견고한 세계다. 그 세계는 아이들이 인식하는 하나의 틀이다. 틀을 깨뜨리는 것은 모험이다. 지금 아이들은 초록 물이 번진 하늘빛유치원 정원에서 모험을 쪼아먹고 있다.

 나는 아침마다 유치원에서 초록 생명과 인사를 나누면서 솜털 같은 원아를 기다리고 있다. 정원 울타리를 감싸고 있는 붉은 장미는 금세라도 계절의 여왕이라고 선포할 태세다. 저 붉은 마음이 우수수 떨어지지 않도록 장미에 무언가 말을 걸어본다. 사랑에 눈멀지 않도록 장미에게 차마 그윽한 눈길을 다 보내지 못하는 아침이다.

 아침부터 내 품으로 안기는 아이들. 눈웃음 짓는 아이들. 조금의 생채기를 내는 아이들. 슬픔 같은 것을 다 지우지 못한 아이들. 어쩐지 쓸쓸해 보이는 아이들과 나는 두 손을 벌려 따뜻한 체온을 주고받는다. 아이들과의 아침 인사는 사랑의 언약이자 나를 지탱하는 원동력이다. 그럴 때 아이들은 세상이 아름답다는 것을 받아들인다고 나는 믿는다.

 배움은 호기심에서 시작된다. 천진한 아이들은 가만있지 못하고 무언가 꿈틀거리고 조몰락거린다. 지식을 채우는 학습의 진도는 그리 중요하지 않다. 있는 대로 받아들이고 보는 대로 감정 표현을 하면 충분하다. 아이들의 잠재력도 놀이로부터 시작된다. 놀이로 존재를 키우고 협동으로 타인을 인정하면 절로 신명이 나는 게 아이들 세상이다. 아이들의 잣대로, 눈높이로 바라보는 어른은 아이를 상대하는 편견과 조바심이 없다는 것을 오랜 교육 현장에서 체험했다.

아이들은 감정선이 수시로 출렁이고 널뛴다. 그만큼 사소한 말 한 마디에도 상처를 받는다. 소파 방정환 선생은 아이들에게 존댓말 경어를 썼다고 한다. 인정받는 아이는 경쟁이 최고의 덕목이 아니라는 걸 안다. 감성의 진폭이 커지면서 인간과 자연에 대한 예의를 갖춘다. 꿈도 차곡차곡 쌓이고 한 뼘, 한 뼘씩 자라난다.

여름이 가고 가을이 오면 아이들은 자기 세계를 연출한다. 떨어지는 낙엽을 바라보면서 감상에 젖기도 한다. 그런 낙엽을 줍는 아이는 계절이 전하는 소리에 귀 기울인다. 자신만의 당당한 길을 걸어가기도 하고 어른들처럼 고독해지기도 한다. 왠지 모를 영문에 가슴앓이도 한다. 존중받는 아이는 생각이 깊다. 가을이라는 숙성의 계절에 내면세계가 성장하는 이치다.

아이들의 겨울은 성장과 성찰의 계절이다. 내면세계를 담금질한 아이의 자아 나무가 더욱 단단해진다. 무엇이 소중한가도 알아차린다. 강풍이 불어온 진원지가 궁금하고 죽은 듯 살아 있는 나무의 겨울잠을 응원하기도 한다. 엄동의 아이들은 본능에 충실하다. 생각의 깊이만큼 놀 줄도 안다. 눈사람을 만들고 눈싸움을 할 때는 하루해가 짧아도 너무 짧다. 이 경험들에 얹힌 상상이 창의력의 밑천이 된다. 아이들이 어른이 되었을 때, 창의력은 함박눈을 기다린 동심이 건져 올린 추억에서 나온다.

추운 겨울날, 아이들의 웃음소리는 햇볕처럼 따스하다. 아이들이

진영미 같은 듯, 다른 듯이

하얀 눈 위에 남긴 발자국은 미지의 세상을 꿈꾼 산 증표로 남는다. 극지에 닿은 탐험가는 언제나 첫발의 소중함을 안다. 오랫동안 호기심이 발동한 꿈을 꾸고 세파에 맞서면서 견뎌온 세월이 건넨 선물이라는 것을. 새로운 발견을 향한 열망으로 가득 차 있다는 것을. 호기심은 신비로움을 잉태한다는 사실을. 탐험가로 우뚝 솟을 아이들은 지금 우리 곁에 있다. 그들의 내면에서 자라는 꿈과 희망은 봄이 오면 활짝 피어날 것이다.

겨울이 깊어질수록 아이들의 내면은 더욱 단단해진다. 겨울은 그들의 상상력과 창의력이 피어나는 시기이다. 차가운 바람 속에서도 아이들의 열정은 식지 않는다.

나는 다시 한 번 유치원 정원을 둘러본다. 보랏빛 라벤더 향기가 감미롭다. 정원에는 아이들 웃음소리로 넘친다. 비밀로 채워진 꿈들이 정원에 가득하다. 이 순간, 나는 아이들과 함께 있다. 애써 웃는 아이와 계면쩍은 표정의 아이도 그 아이의 개성이라 싱그럽기만 하다. 나는 오늘도 아이들과 함께 꿈을 꾸고 있다.

청국장 예찬

　　　　　　　　　　　　초여름 햇살은 따사롭다. 공기가 무거워지면서 햇살의 순도를 높인다. 자꾸 청량한 바람이 그리워진다. 나를 불러 달라고 숲의 나무에 손편지라도 쓰고 싶은 계절이다. 겨울은 움직이면서 칼바람에 맞서고 여름은 제자리를 뱅뱅 돌면서 몸의 체온을 낮추어 가면서 여름나기에 적응한다. 이는 소극적 대처 방편이다. 일단 집을 나섰다.

　알음알음 맛집으로 소문난 진해 청국장 전문식당을 찾아갔다. 허름하고 투박한 외관이 퍽 인상적이다. 주인장의 옹골진 맛 고집 같은 것이 어른거린다. 식당 안을 들어서니 강렬한 청국장 냄새가 풍겼지만, 곧장 적응했다. 깊은 맛은 음미하면서 먹는다는 음식 격언을 떠올리면서 산뜻한 감정을 끌어당긴 침샘이 가득 고인다. 발효가 부푼 진득한 냄새가 번지는 게 고약하면서 은근슬쩍 친근감이 들었다.

　이른 저녁 식사 시간에 들리다 보니 테이블 한쪽에서 잎이 푸른 채소를 다듬고 있던 주인장이 인기척에 고개를 들었다. 머리가 희끗희끗한 반백의 세월이 묻어나고 깡마른 체형에는 어떤 꼿꼿함이 서려 있다. 우리를 바라보면서 천천히 다가왔다. 눈빛에는 세월의 흔적을 지운 담담함이 배어 있다. 그분은 우리를 힐끗 쳐다보다가 익숙한 몸

진영미　같은 듯, 다른 듯이

짓으로 주문을 받고 주방으로 향한다.

늦은 오후의 햇살이 나무 식탁 위에 살포시 내려앉는다. 유리창은 소담한 초여름의 풍경을 그려내다가 이내 침묵한다. 푸른 잎사귀는 나무로 우거진 도로변을 덮었다. 싱그럽다. 소소한 행복이 이런 것일까. 이 단출한 식당에서 행복 값을 셈하다 보니 가슴 밑바닥이 '사랑'의 충만이 쌓인다.

국물이 맑은 따뜻한 뭇국이 먼저 나왔다. 숟가락을 얹어 보니 무채색의 은은한 색감이 풍미를 돋운다. 주인장의 투박한 손등이 듬직해 보인다. 찬 그릇 하나하나를 정성스럽게 놓는 모습은 마치 아이가 좋아하는 반찬을 최대한 가까이 놓아주려는 엄마의 손길처럼 정성이 가득하다. 그분은 노련하고 살갑게 손님의 구미를 당겼다. 손끝에서 느껴지는 정성과 배려는 조금의 불편한 마음마저 따뜻하게 데워주고 있다. 국물과 반찬을 간 보기 하는 동안 어느새 청국장 뚝배기가 우리 앞에서 보글보글 끓고 있다.

초여름 더위에 아랑곳하지 않는 청국장의 구수한 풍미는 입맛을 다시게 한다. 한 입 먹어 보았다. 콩의 고소함이 씹히는 게 걸쭉하다. 우리를 반긴 주인장의 목청도 걸걸하다. 이윤에 앞서 인간적인 것이 무엇인지 몸소 실천하는 것 같았다.

청국장은 우리 조상이 자연에서 영감을 얻어 빚어낸 지혜의 보고다. 볏짚에서 숙성시키다 보니 미생물 효소가 살아 있다. 쌀밥보다 보리밥이 더 어울리는 원초적 건강식이다. 마치 사람 간에 우의를 다진 인연처럼 끈적끈적하다. "청국장 같은 깊은 맛을 지닌 사람." 얼마나 구수하게 들리나. 삶의 본질이 존중 아닌가. 우리 가족은 식사 한 끼로 존중받았다. 이는 주인장의 정성이 빚어낸 도톰한 선물이다.

　주인장은 하던 일을 잠시 멈추고 우리에게 말을 건넸다. 말 속 어디에도 콕콕 찌르는 가시가 없다. 말끝을 흐리지 않았다. 담백한 말들이 쑥쑥 들어왔다. 성찬을 바라지 않는 청국장처럼 진솔하다. 사람 사는 세상이 그리 거창하지 않아도 마음의 문은 스르륵 열리고 있다.

　나는 화답이라도 하듯 후후 불며 청국장을 한술 떠 목에 넘겼다. 컬컬한 맛이 목에 감긴다. 전혀 알지 못하는 사람에게 마음을 내어준다는 것은 쉬운 일이 아니다. 가진 것이 많아서도 아니다. 그저 작은 관심과 배려가 누군가에게는 살아가는 힘이 되기도 한다는 것을, 그분은 어떤 손님에게도 그렇게 대한다는 것을 알 수 있었다.

　청국장 한 그릇은 시골 논두렁에 콩을 심고 고르는 것으로 시작된다. 콩을 불려서 만드는 과정은 유치원에서 평생학습 과정의 교육과 성장의 시기를 떠올리게 한다. 청국장은 뜨거운 물 속에서 부드럽게 익어간다.

　나는 유년기 아이들과 고락을 나누고 성장하는 과정을 지켜보면서 내면이 단단해진다. 아이들과 꿈을 심고 가꾸는 정성을 다하다 보면 어느새 그 아이는 훌쩍 커 버리고 나는 아이가 퍼질러놓은 그리움을 삼키면서 성숙해진다. 아이와 처음 대면할 때는 두근거리고 아이와 이별할 때는 못내 아쉽다. 때가 되면 내 곁의 수호천사인 아이는 더 높은 세상의 둥지를 향해 떠난다. 아이가 다닌 유치원의 둥지는 동심만 남는다.

　청국장의 제조 과정은 콩을 삶고 볏짚을 깔아 콩을 덮어놓고 따뜻한 곳에 두어 자연스럽게 발효가 되도록 한다. 특유의 냄새를 발산하기 시작하면 콩은 스스로 효소 균을 만들어 끈적거린다. 발효는 시간이 쌓이는 빛나는 여정이다. 이 고통의 시기를 견뎌야 청국장이 완성된다. 우리 아이들도 마찬가지다. 성장은 고된 시간과 단단해지려는 인내가 필요하다. 우리는 다양한 경험 속에서 자신만의 색깔과 향기를 가지게 된다. 그 향기는 타인의 불쾌감이 아니라 독특한 개성이다. 들판의 들꽃처럼 인간 세상의 다양한 얼굴에서 뿜어져 나오는 향기는 질긴 삶의 실타래로 이어가는 청국장과 닮아간다.

이 가게는 청국장 한 그릇이 고작 8,000원이지만, 깊은 의미를 지니고 있다. 요리 과정의 정성과 인내가 버무려진 삶의 철학과 공동체 의식을 반영한 상징적인 금액이다. 단골 서민의 애환까지 고려한 가격 같아서 숙연해진다. 재료비와 임대료와 부가세를 포함한 비용이 그 속에 들어 있는데도 주인장은 내색하지 않는다. 어느새 나는 그분의 노후가 궁금해졌다. 삶을 되짚는 그 시간들이 스스로에게 외롭지만은 않을 것 같다는 예감 때문이다. 쓸쓸한 황혼 무렵 그분이 견뎌온 외로운 노년을 상상하며 어느새 나는 그 곁을 지킬 자격이 있는 사람인지 스스로에게 묻고 있다.

주인은 우리가 들릴 때 친절하다. 우리는 그저 한 끼 식사를 나누는 손님일 뿐이었지만, 주인아주머니의 눈길은 마치 오래된 친구를 대하는 것처럼 따뜻하다. 청국장과 함께한 삼십 년의 세월은 거친 풍파가 건딘 삶의 흔적이리라. 세월의 흐름에도 두 가지만큼은 변하지 않았다. 주인장의 친절과 청국장 맛이다. 오늘 깊고 구수한 맛에서 그분의 넉넉함을 알았다. 당신의 인생사 건강하고 행복하시길.

가을을 지탱하는 자양분

　　　　　　　　　　　　폭염을 가두었던 여름날이 지나갔다. 찬 서리가 내린다는 '상강'도 지나갔다. 어느덧 가을은 제 본색을 드러내면서 성큼성큼 걸어왔지만, 아침엔 쌀쌀하고 낮에는 햇빛이 따갑게 꽂힌다. 밤에는 두툼한 옷을 걸치고 낮에는 여름옷을 걸친다. 무덥다. 내일모레면 '입동'이지만, 언제 차가운 겨울로 성큼 다가설까 싶다. 이러다가 정말 여름 풀과 겨울 풀이 동고동락할지 모르겠다.

　요즘, 기후 위기라는 말이 실제로 우리 삶 속에서 살아 움직이는 느낌이다. 살얼음이 얼어붙는 동면의 산자락에 진달래가 피고 개구리가 도랑에서 솟구치고 늦가을 성충을 풀지 못한 풀벌레가 풀잎 사이로 휘적거리는 세상이 되었다. 기후는 점점 생태계의 질서를 무너뜨렸다. 언제부터인가 자연의 직진성이 지구를 향해 돌진하는 것 같아 불안한 눈빛이 산란해진 지 오래다. 예고 없이 밀어닥치는 기후 위기의 경종은 급변하는 자연의 흐름을 방해하고 우리가 미처 예상하지 못하는 것보다 훨씬 더 앞지르고 뛰어넘는다. 유치원 화단에 자리를 잡은 풀들이 가을의 변화에 굳이 맞춰 고개를 숙이지 않는 것을 보면

진영미　같은 듯, 다른 듯이

서 이제 계절의 변화를 어떤 마음으로 바라보아야 할지 모르겠다.

　새벽에 눈뜨면 아직도 어둠 속에서 방향을 잃은 풀벌레들이 늦가을의 긴 한숨을 내쉬는 소리가 들려온다. 그것은 생명이 아프다는 신음이다. 그 소리만이 여전히 불규칙한 계절의 흐름을 알린다. 그 속에서 무언가 절망 같은 부존재를 느낄 수 있다. 순리로 무장한 계절을 보내지 않으면서 무엇을 맞이하고 반길 수 있을까? 한 해의 끝자락에서 가을을 마음껏 받아들여야 한다는 강박 같은 것은 생각만 해도 괴롭다. 그러면서도 가을의 기운을 담고 받고 싶다. 자꾸만 하강하지 못하는 기온과 변색한 나뭇잎을 되새김하면서 푸르름을 꿈꾸고 싶다.

　최근, 작가 한강이 받았다는 노벨 문학상 소식은 마치 전류처럼 빠르게 대한민국을 감전시켰다. "살다가 이런 날이 오다니." 그저 깊은 침묵 속에 이 순간을 가슴으로 삼키고 두 손을 벌려 기쁨을 함께 나누고 자축한다. 작가 한강은 연약해 보이지만, 그 속에 담긴 깊은 문학의 사유는 우리가 쉽게 짐작할 수 없는 강력한 힘을 발산하고 있다. 그녀의 작품 속에는 기억과 상처의 증언이 담겨 있고 그것을 이겨내려는 감각이 시대가 가한 야만과 거기에 수반된 통증을 치유하고 있다. 그 고통은 단순히 개인의 고통을 넘어선 역사와 동시대를 관통하고 승화시키고 있다.

　작가의 문학은 사상이나 이념에 국한되지 않는다. 인류의 양심이 가리키는 곳에 문학이 무엇을 할 것인가를 고민하는 전사로 자리매김한다. 보편적인 가치가 공동체에 어떻게 접목되고 치유되는가를 증명하고 기록해야 한다. 상처를 정면에서 들추어내는 고통은 아프고 부끄럽고 뜨겁고 인간의 나약한 마음을 흔든다.

　인간이 어떤 존재로 정의에 맞서 저항하는가를 문학이 생생하게 증언해야 한다. 그런 관점에서 바라보면 한강 문학은 불의에 맞선 증언이고 인류의 공동선에 기반을 두는 용감한 행위다. 한강의 고뇌는 분단과 거기에 기생하는 권력을 정조준하고 있다. 지금도 퍼렇게 살아 있는 권력 앞에 무기력해지는 우리 사회의 무력감을 끌어당기는 힘의 원천이 문학이어야 한다. 그러니 문학은 칼이나 총보다 강하다.

　그렇기에 나는 서둘러 한강의 책을 몇 권 사서 읽기 시작했다. 그녀의 문장들을 따라가면서 한강이 설정하고 뿌려놓고 거둔 그 세계에 빠져들었다. 그 문장들은 차갑고 날카롭고 문장 등골이 지나갈 때마다 오금이 저리고 멈칫했다. 때로는 얼음처럼 서늘하게 다가오고 한순간에 영혼을 움켜잡는다.

　한강의 글을 따라가다 보면 난해한 글의 골짜기에서 길을 잃을 때가 종종 있다. 그 속에서 느껴지는 오싹한 감각이란, 바로 우리 시대의 질곡을 증언하는 고통의 흔적이다. 한강이 던지는 문장에서 나 자신을 되돌아본다. 그 어느 금기가 무너질 때마다 영혼의 공간마다 감각을 깨우는 깨달음이 쌓여간다. 바로 '인류의 보편성'이다. 그녀가 쌓아온 문학의 자양분은 통절하다. 고통과 상처를 들추어내고 기억하고 감당하는 용기에서 비롯된 작가 한강의 몸부림이다.

　작품 〈채식주의자〉의 주인공인 영혜는 고통의 끝자락에서 자신을 '나무'라고 상상한다. 고통 속에서도 다른 이의 아픔을 독자의 관점에서 울어주는 나무처럼 '그곳에 그가 있다는' 당신에게 다가가 우산을 들어주는 것이다. 그것은 단순한 상상이 아니다. 고통을 넘어서고자 하는 깊은 바람과 절망의 끝에서 구원하려는 희망의 몸짓일 것이다. 나 역시 유치원 화단에서 그저 '존재'하는 것만으로 빛과 그늘이 되어주는 나무에 두 손을 모은다. 그 나무가 우뚝 서서 가을을 지탱하고 있듯이 나 또한 그 자리에서 아이들에게 그늘을 내어주는 사랑나무가 되고 싶다.

가을이 깊어지면서 자주 한강을 떠올린다. 시대의 질곡을 헤쳐 나온 그녀의 문학은 거대한 담론이나 서사 속에 갇히지 않는다. 그보다는 내면의 감각은 깊고 미세한 감정의 움직임을 놓치지 않고 고통을 깨물어가면서 그려낸다. 그 과정에서 내가 느끼는 것은 작가의 고통이, 고백이, 그리고 그 고백을 통해 나오는 자양분이 얼마나 강인한지 몸으로 느끼고 감각으로 받아들인다.

한강이 스스로 지탱하는 자양분은 무엇일까. 궁극적인 질문은 작가 한강을 관통하는 동시대 역사다. 그것은 어쩌면 '사랑'을 끌어당긴 감각일지도 모른다. 우리가 사랑을 느끼고, 그 사랑이 고통을 넘어서는 경험을 한다면 그것이 바로 작가가 독자를 의식한 메시지일 것이다. 나에게 사랑이 충만한 이 계절에 작가 한강의 책 몇 권이 조용조용 데워지는 별처럼 가을을 지탱하는 자양분이다.

겨울 초입,
곤충들이 전하는 버팀목

　　　　　　　　　　　가을걷이가 끝났다. 남은 것은 삭막한 풍경이 널려 있을 뿐이다. 늦가을까지 매달린 나뭇잎들은 허공을 가른다. 유치원 화단의 부지깽이는 찬 이슬에 고개를 앞으로 숙인다. 일찍 떨어진 석양을 받아먹은 밤은 서늘하다. 해 오름에 아침을 여는 낮의 따스함에 화답하듯, 천일홍과 메리 골드는 아직도 가을을 다 보내지 못한 생기를 끌어안고 있다. 겨울 초입은 쉬이 잠들지 말라는 나무들이 서성이는 계절이다.

　　꽃이 진 자리에는 푸르게 채운 납작한 풀들만 맑은 눈을 뜨고 있다. 씩씩하게 살아 있다는 것은 질긴 생명력 하나로 버텨온 보상 심리일 게다. 흙더미가 더 단단해지는 만큼 풀들도 엄동의 전사처럼 옹골찬 뿌리로 견디겠지. 세월을 이기는 힘센 장사는 없다고 하지 않는가. 이 끈질긴 풀들이 상강과 입동을 건너왔으니 이제 하루가 다르게 푸석푸석해지리라.

　　우리네 인생사도 황혼이 깃들면 얼굴에 삶의 문진 같은 황갈색 반점이 조금씩 늘어나겠지. 각자의 황혼은 각자의 사연을 담고 있다.

진영미　같은 듯, 다른 듯이

겨울 초입은 누구나 가슴에 담아둘 말이 있고 말하고 싶은데, 낙엽이 뒹굴 듯이 구부러진 생각들만 돌아다닌다. 마음을 다져놓은 풍성한 삶의 조각들은 중년을 넘기면서 사람들과 공유하고 나눠주었지만, 돌아오는 것은 쓸쓸함만 덩그러니 남았다. 석양을 받아먹는 황혼은 제 몸 내주고도 쉬이 지나온 세월을 거두지 못한다.

지구 온난화로 봄은 북진하고 한랭전선이 뚫린 겨울은 남진한다고 한다. 북극이나 알프스나 히말라야 결빙이 녹아내려 물 폭탄에 기우뚱해진 해수면을 상승시키고 지구의 어느 곳에는 폭염이 퍼붓고 아프리카 어느 곳에는 가뭄에 시달릴 것이다. 온난화의 가장 극적인 장면이 태평양 연안의 섬들이 물에 잠기고 생태계와 농업 작물에 심대한 영향을 초래할 것이라고 기후학자들은 경고등을 켜고 있다. 이러다가 언젠가는 백두산 고랭지 사과를 수입할지 모른다.

급변한 환경에 적응하지 못할 곤충들이 어른거린다. 본능에 충실하면 그만인 곤충은 때가 되면 알을 낳고 성충이 되고 허물을 벗는다. 곤충은 거꾸로 매달려도 살아갈 방도를 찾는 인간과 차원이 다른, 신경 부호로 연결된 촘촘한 생명줄로 이어져 있다. 그만큼 수많은 전자파에 노출되어 있다는 반증이다. 곤충이 인간처럼 길을 잃는다는 것은, 갔던 길을 돌아올 줄 모르고 고아로 남겨진다는 냉엄한 현실이다.

봄부터 곤충들이 화단의 풀밭에서 놀았다. 그들이 눈뜨면 어디로 남진하고 북진하고 동진하고 서진했는지 모른다. 메뚜기는 풀밭에서 튀어 오르고 잠자리는 초록나무 사이로 비행하고 굼벵이는 배추 포기 사이로 기어다녔을 것이다. 이때쯤이면 아이들도 페로몬이 방출한 진득한 곤충 가족으로 남는다. 아이들이 곤충을 가까이하면 호기심이 진득해진다. 거기서 곤충이 뿜어낸 생명의 촉수를 감지하면서 자연 생태계의 신비감에 빠져든다.

 그뿐 아니다. 어디서 꽃가루 수분을 옮기고 돌아온 벌들의 힘찬 유영에 화단의 봄꽃들이 화들짝 놀란다. 또 어떤 벌들은 어디로 꿀을 따러 나가는지 아이들의 시야에서 사라진다. 아이들에게 있어 화단은 자연학습장이고 생각 키우기가 몸에 배어 있다. 그러니 곤충을 대할 때마다 진심을 먹고 산다. 호기심을 채운 곳에서 다시 호기심을 발동시킨다. 곤충과 놀 때는 습관적으로 두 팔을 벌린다. 그리고 뭐라고 쫑알거린다. 곤충에게 보내는 연민이 차고 넘친다. 곤충에게 정을 주지 않는 아이도 곤충이 꿈틀거리면 유심히 바라보는 광경을 흔히 본다.

 아이에게 곤충은 학습장이다. 봄, 여름 가을, 어느 계절의 화단에 아이들을 풀어놓으면 스스로 '꼬마 곤충 박사'가 된다. 정서적 충만이 채워진 마음이 파동을 일으키고 닫힌 생각이 열리면서 널뛰기를 한다. 적어도 유치원에서만큼은 "아이들에게 자유를 허하라" 신나는 아이는 놀고먹는 아이 같지만, 사실은 생각이 깊은 아이다. 아이가 감지하는 곤충은 신비로운 생명체다. 곤충에게 말 걸고 물 주고 먹이 주면서 살뜰하게 보살피는 것을 종종 본다.

 가끔 아이들과 곤충의 감정을 가지고 토론할 때가 있다. 유아기는 감정이 다채로운 시기다. 어쩌면 '감정'만큼은 시인이 되고도 남는다.

진영미   같은 듯, 다른 듯이

자신이 마음이 아프면 곤충도 마음 아파하겠다는 생각을 한다. 곤충에게 그윽한 눈빛을 보낼 때는 곤충도 평온해진다는 믿음을 가진다. 놀이의 대상이면서 감정을 나누는 대상이 되는 셈이다.

곤충은 소리로 존재한다. 순식간에 데시벨을 높이는 곤충은 짝짓기의 대상인 암컷에게 페로몬 선물을 준비했다는 수컷의 처절한 신호다. 종일 울어대는 매미는 나무에 달라붙은 생의 정거장이 종착점이라는 것을 알아차린다. 녹음이 깊어지면 이놈들 마음이 다급해지면서 종족 본능이 발동하여 이웃 마을까지 들리도록 사랑 타령을 늘어놓는다. 이들에겐 사랑은 고귀한 것이다. 삶도 죽음의 그림자고 죽음도 삶의 환희로 다시 태어난다는 것을 어떻게 알아차릴까.

요 며칠 사이에 곤충들이 보이지 않는다. 작별의 인사도 나누지 못했다. 아이들만 화단에서 기웃거리고 있다. 이 곤충들 다 어디로 갔을까. 숭고한 알을 품기 위해 흙이 입을 벌렸을 것이다. 겨울나기가 시작된다는 의식 행위가 얼마나 거룩한가를 아이들에게 들려주었다. 곤충이 아이들의 응원 소리를 듣는 것. 겨울 초입을 지탱하는 버팀목이다.

겨울 초입,
나를 지탱하는 자양분

　　　　　　　　　　　옷깃을 여미고 해 저무는 길을 걸었다. 한겨울의 문턱에 서서 서성이고 거리에는 가을의 마지막 흔적이 남아 있다. 차가운 바람이 가로등의 촉수를 스치고 별들이 시린 눈을 뜬 채 내게로 다가온다. 햇살에 구워졌던 순정한 낙엽들이 이제는 땅에 떨어져 나를 기다리고 있다. 제 갈 길로 간다는 엄숙함이 묻어 있어 어떤 동정이라도 건네고 싶다. 그들이 흩어지는 소리나 발자국마저도 어딘가 익숙하고 반갑다.

　낙엽은, 그저 자연의 순리대로 삶을 마감하는 중이다. 제 어미인 나무 아래 웅크리고 포개지면서 어둠을 가을을 받아먹는다. 나는 그 낙엽을 밟으며 지나온 길들을 떠올린다. 하루가 또 이렇게 저물고 나의 시간은 쉴 새 없이 흘러간다. 낮에는 마치 시간을 몰아가기라도 하듯 바쁘게 달린다. 밤이 되면 이슥해지는 어둠 속에서 나를 되돌아본다. 어둠 속에서는 더는 아무것도 보이지 않지만, 그 속에 나를 채울 수 있는 무엇이 있음을 안다. 바람이 팔랑귀를 스칠 때마다 충동질을 한다.

진영미 　같은 듯, 다른 듯이

겨울 초입이다. 묵상의 시간을 단정하게 달고 있는 순정한 불빛을 보고 있다. 마음도 덩달아 가물거리는 불빛을 켜고 걷는 발걸음은 총총걸음이 아니다. 발을 디딜 때마다 마음이 잠시 멈추어 선 듯한 느낌이다. 터벅터벅 걷는 발걸음이 가볍다. 가고 싶은 곳으로 가다가 멈추고 싶은 곳에서 멈추고 싶다. 도시의 모퉁이를 돌아가도 좋고 낙엽이 흩날리는 오붓한 산길을 걸어가도 좋다.

고요한 찻집 앞에서 멈춘다. 역광 속에 비친 내 모습이 조금은 신산해 보이지만 오히려 여유를 느낀다. 표정을 거둔 내 얼굴에 짙어진 그늘을 봐도 좋다. 아껴둔 감정을 이제는 풀어놓고 싶다. 쓸쓸한 마음이지만 그렇게 내버려두고 싶다. 단단한 어둠을 붙들고 있는 도시의 덩어리에 내 몸을 소진하고 싶다. 그 속에 담긴 아련한 감정들이 쌓이고 허기진다.

수북한 낙엽들도 한때는 푸르름을 흠뻑 머금고 있던 생명이었다. 격렬한 광합성을 하면서 자라왔고 한순간의 생명이 출렁이듯 춤을 췄을 것이다. 잎이 떨어지며 느껴지는 쓸쓸함은 나 혼자만의 감정이 아니다. 이 계절, 기웃기웃한 사람들과 겨울을 맞이하려는지, 떨어진 낙엽이 어느 때보다도 외로워 보인다. 가을의 끝자락에서 발에 툭툭 차이는 그들의 존재를 바라본다. 그래, 낙엽은 죽은 자의 몸짓이 아니라 떠나가는 방랑자 신세다. 내가 글 한 편을 남기듯이 누군가의 밑거름이 되고 자양분이 될 채비를 하는 것 같아 안쓰럽다.

낙엽은 누군가의 겨울 양식이다. 내 발바닥 촉감을 데우는 양식이고 가을만 되면 마음 치유를 전담하는 양식이다. 엄동이 오면 차디찬 아스팔트를 덮어주는 양식이고 생각에 잠긴 시인의 펜 끝을 유혹할 때는 빛나는 양식이 된다고 한다. 선한 행위를 알고부터는 낙엽이 더는 쓸쓸해 보이지 않는다. 낙엽의 모든 이야기가 나를 향해 오고 있다는 생각이 든다. 그 모습이 마치 내가 걸어온 길과 맞닿아 있다는 느낌이 들어서 코끝이 찡하다.

　나는 가로수 길을 걸으며 나만의 이별을 떠올린다. 낙엽이 나무와 이별하는 것처럼 나는 누구와 만나고 이별하고 있는 것일까? '이별이란' 번잡한 생각을 내려놓고 세속의 단내와 손을 흔들 수 있을까. '이별' 앞에 붙는 인연이란 수식어가 여름날 산능선의 그림자보다도 더 긴 삶의 생채기로 남긴 흔적 아닌가. 이런 분위기를 연출하는 것은 나를 지우지 못하는 조금의 우울인지 모른다. 달빛에 비친 그림자보다 쇼윈도에 비친 내 모습이 더 쓸쓸해 보인다. 거기서 나를 바라보니 감정이 걷힌 얼굴이 건조하다. 그러면서 조금은 가벼워진 나잇살을 느낀다.

　발밑에 깔린 은행 열매는 고약한 냄새를 풍기지만 잔향은 여전히 나를 사로잡는다. 잔향이 머무는 그리움도 그럴 것이다. 나에게 남기는 여운은 오래가지만, 겨울 초입만 들어서면 마음이 콩닥거리는 자양분이 된다. 이는 내가 살아 꿈틀거린다는 것. 어딘가에 주소를 둔, 번지도 없는 겨울나무가 나의 동반자가 되어줄 거라는 믿음이 슬며시 생긴다.

　아이들의 맑은 눈빛을 떠올린다. 그 아이들이 꽃과 열매와 낙엽을 바라보고 느끼는 감동도 나와 비슷하지 않을까. 그들의 초롱초롱한

진영미　같은 듯, 다른 듯이

눈망울이 금세 촉촉해지는 순간을 지켜봐 왔다. 가장 순수한 교감을 느끼는 아이들의 마음들이, 오늘 내가 걷고 있는 길 위에 투영되고 있다. 순수로 무장한 아이들이야말로 떨어진 낙엽에 대한 연민을 더 깊게 받아들일 것이다.

몇 년 전, 늦은 가을이었다. 시어머님이 천상으로 떠나셨다. 한 생애 대부분을 고운 생각으로 살아오셨던 그분은 병마와 싸우면서 여전히 생의 끝자락을 붙잡고 계셨다. 나약해진 몸으로 가족에게 남긴 마지막 이별은 여전히 마음 깊숙한 곳에서 아프게 자리 잡고 있다. '고맙다'라는 그 한마디가 당신이 남기신 눈물겨운 유산이 되었다. 당신의 그 애틋한 말 한마디가 나에게 큰 자양분이 되었다. 그 사랑이 쌓여 나에게 힘이 되어주었고 고마움을 새기며 살아가고 있다.

겨울 초입이다. 밤은 길어지고 별은 위로 올라가고 어둠은 깊어지고 있다. 나는 이제 나 자신을 위한 마음을 쉬게 할 돗자리를 펴고 앉는다. 하루의 끝에서 느끼는 그 무게를 털어내고 있다. 가로등 불빛이 깜박인다. 여름날, 진득하게 달라붙었던 불나방처럼 가을의 스산한 불빛이 나를 유혹한다. 쓸쓸해지려고 서 있는 찰나는 생각 몇 줌을 챙기는 일이다. 나에게 이 분위기도 감성을 키우는 자양분이 되어주고 있다. 오늘의 쓸쓸함이 내일의 힘이 되어줄 거라고 믿다 보면 나는 다시 일어설 것이다.

이제 아이들과 함께 겨울 축제를 준비할 시간이다. 그들의 눈빛 속에서 따뜻한 사랑이 가득 담겨 있다는 것을 보면서 나도 아이들에게 그윽한 눈빛을 보낸다. 아이들에게 엄동의 햇볕처럼 자양분이 되어

주는 나의 사랑이 넉넉할 수 있을까. 그 사랑이 식지 않으려면 더욱 힘을 내어야 한다. 겨울은 깊어간다. 아이들이 추운 계절을 잘 이겨낼 수 있도록 따뜻한 온기를 건네고 품어야겠다. 우람한 나무는 엄동에 고사하지 않는다는 속설이 있다. 사랑나무로 우뚝 자랄 아이들이 종국에는 나를 지탱하는 자양분이 되어줄 것이다.

진영미 〉 같은 듯, 다른 듯이

엄동은
커피 한 잔으로
온기를 데우는 계절이다

전화를 걸어야겠다. 하루의 허기가 밀려온 그 자리에 엄동의 한기가 으스스해진다. 창밖에는 뉘엿뉘엿 어둠이 든다. 사무실이 저물녘 햇살이 어슴푸레해지고 몇 가닥의 광선들은 커튼이 쳐진 곳에서 저벅저벅 걸어오고 있다. 외로움이 밀려온다. 휴대전화 데시벨이 감감하다. 안부를 물어오지 않는 벗들. 나도 휴대전화를 들었다가 놓았다.

이 계절은 진심이 닿는 계절이다. '마음' 하나로 버티는 사람들의 우수憂愁가 우수수 떨어진다. 진심을 어떻게 대면할 것인가. 어디 가도 널린 게 커피집인데, 그곳은 나를 기다려 줄 눈이 시린 그대가 다소곳이 기다리고 있으면 얼마나 좋을까. 내 진심이 들키면 멋쩍은 내 모습이 사람 냄새 풀풀하지 않을까.

이 계절은 종종걸음이 어울리지 않는 계절이다. '갑자기'라는 부사가 멀어지는 계절이다. 젊은 시절에는 길에서 사랑을 반죽하고 지금은 그 길에서 나를 반죽한다. 천천히 걷는 동안 뒹구는 낙엽과 잎 보낸 나무와 윙윙거리는 전선줄의 울음소리도 다 들린다. 나에게 뜨거운 가슴이 남아 있다면 엄동을 사들여 모든 그리움을 지우고 싶다. 아니, 모든 그리움을 사고 싶다.

누구에게 아련한 그리움과 고인 슬픔을 말할 수 있는가. 커피 한잔이면 충분한데. 노란 은행나무 아래서 햇살 한 줌을 받으며 걸어도 행복한데. 소슬바람을 맞고도 낙엽처럼 쓸리어지면 좋을 텐데. 텅텅 비우면 무엇이 채워지겠지. 당신에게 다가가겠지. 쓸쓸함을 오랫동안 참았다. 당신에게 전화를 걸면 한꺼번에 별빛처럼, 폭포수처럼 그 무엇들이 쏟아질 것 같은데. 나에게 엄동은 그런 계절이다. 추워서 코트를 입는 것이 아니다.

스멀거리던 독백이 상심 같은 마음에 앉는다. 천천히 걷는 발등에도 밟힌 낙엽이 닿는다. 그리움의 다른 표현이 '회한'인지 이유 없이 울컥해진다. 그걸 원하는 이 길에서 몰아치는 건 낙엽이 아니라 공허다. '인생은 그런 것. 마침표가 없는 것' 그래 나도 중년이다. 이 자조에 왠지 서글픔이 몰려온다. 나를 토닥이고 안아주고, 그렇게 걷다가 어디론가 쓸리어 갈 것 같다. 나를 대면하는 그 무엇이 커피 향이면 족할 텐데. 홀로 커피집을 기웃거린다. 쓸쓸함 같은 것이 창가에 얼룩을 남긴다.

내년도 유치원 원아 모집 상담과 설명회를 거치면서 몸과 마음이 녹초가 되었다. 공허가 들이닥치고 신산한 마음이 천장을 향한다. 집으로 바로 직행도 멈칫해진다. 원장실 깊숙한 의자에 앉아 커피 한잔

진영미　　같은 듯, 다른 듯이

이 고픈 사람을 기다려 본다. 손바닥이 데워지는 흐릿한 당신이기를. 젊은 날은 쉬이 오지 않아 깊이 잠이 들었다. 손을 주머니 깊숙이 넣었다.

걷잡을 수 없는 아련한 그 무엇이 손에 잡힌다. 우리가 만나고 사랑했던 그곳이, 지금 이곳이라 믿는 것은 언제나 당신이 아름다운 사람으로 기억되기 때문이리라. 그러니 뜬구름 같은 운명을 넘기는 나의 엄동은 빛나는 색깔을 띤다. 봄날에 만났고, 엄동에 뒤돌아보는 것은 우리가 언약한 무언들이 남아 있기 때문이다. 영원히 채워질 그리움처럼 내 사랑의 합주는 나비의 날갯짓처럼 멈추지 않으리라.

해가 짧아지는 햇살은 사람들을 불러들이는 마법을 부린다. 가끔 유치원의 학부모들이 가볍게 원장실에 들른다. 눈으로, 인사를 나누고 볕이 드는 창가 쪽에 앉아 화단에 기댄 겨울나무를 바라보면서 커피를 마시고 수다를 나눈다. 여름에 숲을 이룬 나무는 자신을 위해 존재한다. 엄동에는 광합성을 멈춘 고통의 심연도 나무의 숙명이고 업보다.

겨울 한파에는 인간처럼 나무의 속살이 보이는 계절이다. 그 계절에 '전신 거울' 앞에 서면 숱한 만남이 어떻게 지고 쓰리고 아팠는지 주마등처럼 떠오른다. 지긋이 눈감으면 감긴 눈 속에 불현듯 봄꽃이 핀다. 이별 절차를 밟지 않아도 이별하는 시대는 봄꽃 피는 것도 아프더라. 텅 빈 웃음 한 조각도 부질없는 헛꿈이더라. 한없이 걷다 보면 결국 처음의 그 자리로 돌아오더라. 눈빛으로 엄동을 토닥이더라.

차향이 스며드니 우리도 개별적 존재로 남는다. 담소로 교감하다 보니 손편지를 주고받는 것처럼 따사롭다. 그러고 보니 창가에 햇볕이 드는 유치원은 겨울의 숨결이 스며든 채, 그 차가움 속에서 따뜻한 온기가 피어나는 곳이다. 창 너머의 겨울나무는 햇살 한 줌으로 버틴다. 겨울 거리의 나무는 우직하고 사람들은 파닥파닥 불꽃을 지핀다. 침목枕木처럼 단단했던 불꽃이 스러지는 거리는 적막에 놓인다.

 엄동의 거리는 한산하다. 나무는 나무를 위무하고 사람들은 사람들을 따라 어디론가 발걸음을 재촉한다. 국밥 한 그릇의 온기가 슥슥 지나가고 바람이 바람을 가르며 길모퉁이를 돌아간다. 오늘은 그렇게 걷고 싶었다. 혼자서 마시고 싶은 커피는 분위기가 있을 것 같지만 왠지 망설여진다. 우두커니 서 있다가 발걸음을 옮기다가 다시 멈춘다. 혼자서 누리는 자유는 쓸쓸한 허공에서 길을 잃는 자유 아닌가. 그 창백한 길에서 쏘아버린 화살은 되돌아오지 않는다. 봄을 향해 팽팽하게 날아갈 것이다. 어둠을 물린 도시의 얼굴이 숭숭 뚫리고 나는 봄을 향해 걷는다.

 몇 닢 안 남은 이파리가 자신의 영혼을 꽉 쥐고 있다. 오늘 떨어진 잎들이 내일 떨어질 잎들의 마음을 안다. 해마다 잎을 다 보낸 노거수도 봄에 이파리를 낸다. 우리가 모두 온기를 데울 때까지 우리 모두의 엄동은 시리다. 엄동을 담금질하지 못하면 봄은 오지 않는다. 온기를 데우는 데는 커피 한잔이면 충분하지 않을까. 사람이 사람 벽을 허물어 버리는 커피 한 잔의 진심을 나는 믿는다.

진영미　같은 듯, 다른 듯이

해설
차재문 수필가

1. 들어가며

나는 지금 책상에 우두커니 앉아 있다. 입동 무렵이라 냉기가 잘잘 흐른다. 겉옷을 걸치고 이른 새벽을 담금질하지 못하고 서성인다. 이 틈새의 공간에서 담쟁이학당 도반들과 함께한 기억을 소환해 본다. 아니 주마등처럼 스친다. 지식을 담는 그릇이 공부라고 하면 글쓰기는 적기에 글 씨앗이 잉태하고 탄생하는 생명체다. 그러니 글쓰기는 당사자가 산모고 산파다. 고행길이고 두려운 길이다. 용맹함을 장전하고 깊은 생각 골짜기를 걸어가는 분투기다. 글쓰기 심층 바닥에다 글 집을 짓겠다고 덤벼든 명랑한 돈키호테고 앞만 보고 돌진하는 두 눈 부릅뜬 전사다. 몇 년간 곁에서 지켜본 담쟁이학당 도반은 그런 분이었다.

어쩌다 나의 몫이 되어버린 동인지 해설은 빈약하지만, 그분들이 감당한 인내, 고통, 절망의 고비마다 글쓰기를 포기하지 않았던 용기는 스스로 보상받을 충분한 자격을 넘어서는 고귀한 가치가 있다. 악

전고투하면서 기어코 동인지를 발간할 힘의 원천은 어디서 왔을까. 나는 '질문'에서 그치는 게 그분들에 대한 예의라는 걸 서평을 쓰면서 알아차렸다. 동인지 내용을 모두 읽은 분은 탄식할 것이다, 아! 이 작품이 단락마다 교육 현장을 지킨 파수꾼의 고뇌가 담긴 담대한 아이 관련 종합 인문서이구나. 삶의 행간마다 내면을 채워나간 인생 서사학이 따라왔구나.

'담쟁이학당 동인지 발간 해설' 부탁을 받고 몇 번이나 손사래를 치면서 거절했다. 문학 작품 해설은 평론의 성격을 띠는 고난도의 인식이 집약된 결정판이다. 이는 작품을 읽어내고 분해하고 해석하는 명징한 전문가의 영역이기 때문이다. 수필 한 편 쓰기에도 급급한 나는 적임자가 아니다. 고백하자면 내 능력 범위에서 가르치는 글쓰기도 벅찰 때가 다반사였다. 거절하지 못한 난감한 이유는 정일근 교수님의 따끔한 일침이었다. "이 동인지 해설은 차재문 선생이 맡아서 완성하는 게 모양이 좋을 것 같아요." 가까운 분이 책임지라는 것은 명령조의 친근감이다. 그렇게, 덥석 받았다. 금년 여름과 가을의 무더위는 길었고 시詩 세계의 거인이 내리친 죽비를 얻어맞은 나는 회원들의 작품 원고가 출판사에 넘어갈 때까지 차일피일 미루다가 이제 더는 미룰 상황이 아니란 걸 알고 정신을 차린다.

2. 김송현의 작품 세계

김송현은 감정이 다채롭다. 이는 그의 글과 말과 공감을 표시하는 댓글에서 종종 발견되는 현상이다. 금세라도 감성 꽃이 무리를 지어 피다가 입동 무렵의 서리맞은 들꽃처럼 고개를 숙일 것 같다. 그만큼 눈이 부신 꽃을 피우고 그만큼 허무 꽃 앞에서 눈물 떨구고 말 착한 심성을 지녔다. 김송현의 작품 한 단락만 제대로 읽으면 행간 앞에 채워지는 직설적인, 인간적인, 그리 강하지 못한, 격해진 반응 앞에 고개를 떨구는, 아름다운 인간 김송현을 만날 수 있다.

    일에 한눈팔다 보니 단오가 지나갔다. 부모님 산소로 갈 준비로 분주하다. 마음이 둥둥 떠 있다. 이번에는 어떤 꽃으로 준비할까. 꽃 가게를 기웃거리며 한참을 망설였다. 노랗고 큰 해바라기는 엄마 꽃, 하얀 국화는 아버지 꽃, 붉게 물든 작약은 오빠 꽃으로 정했다. 이 꽃들은 꽃으로 피고 진다. 마음을 담은 꽃은 시들지 않는다. 오래 머물러 있어 그렇다. 아니 잠시도 떠난 적이 없다.
-「노랑나비」 본문 일부 단락

김송현에게 '꽃'은 상처와 통증을 붙들고 있는 자아의 내재화다. 단오가 지나갔지만, 그에게는 산소 가는 날이 단오다. 일 년 365일이 단오다. 엄마 꽃인 해바라기는 그늘을 주었고 아빠 꽃인 구절초는 외진 산길을 걸어간 당신이 감당할 뒷모습을 보여 주었다. 오빠 꽃인 작약은 한 생애는 짧다는데, 그 젊음조차도 다 보내지 못하고 천상으로 떠난 아픔을 그려내고 있다. 김송현의 오빠에 대한 그리움은 잔잔한 해일이다. 기쁨 한 상 받았을 때도, 눈물 한 바가지 쏟아 낼 때도 초연하다. 연유는 오빠는 언제나 내 곁에 있고 나를 지켜주기 때문이다. 차마 오빠를 천상으로 보내지 못한 멍울이 촘촘해서 그렇다. 그는 "붉게 핀 작약으로 표기하지 않고, 붉게 물든 작약으로 표기했다." 오빠가 내게 왔고 물들어 있다는 것. 그 실핏줄 같은 추억들이, 어린 동생을 자전거에 태우고 동구 밖으로 나선 오빠를 잠시도 떠나보낸 적 없는 김송현은 오빠가 건네준 그 작약꽃이 분신이면서 아늑한 보금자리다.

> 필자가 근무하는 웅천 '무지개어린이집'에서 동쪽으로 2km 남짓 걷다 보면 백일마을 아래쪽에 동천을 사이에 두고 버섯 농장과 경상남도 기념물인 웅천 빙고지가 마주 보고 있다. 천자봉과 시루봉과 봉동산 능선을 따라 내려온 동천은 사시사철 맑은 물이 흐른다. 유년 시절 오빠와 언니와 동생과 가재와 붕어를 잡았다. 지난 오월에 무지개어린이집 아이들과 동천을 따라 물풀과 풀꽃과 곤충들을 놀이 삼으며 버섯 농장 체험을 다녀왔다. 노래를 신나게 부르던 아이들은 다양한 버섯들을 보며 신기한지 환호성을 질렀다. 아이들과 함께한 동천의 풍경은 은하수의 별처럼 마음속에 간직될 것이다.
>
> -「동천(洞天)이 빚어낸 풍경」결미

서두에서 웅천의 백일마을 지명을 의인화시킨다. 이는 기어코 유년을 거슬러 올라가 닿는 시원을 들추어내는 슬픔이다. 김송현은 백일마을에 들리면 엄마 품속처럼 아늑하다고 했다. 그렇다면 시원은

'슬픔'이 아니라 포근한 둥지 아닌가. 그렇지 않다. 그 단락의 마지막 문장이 가냘프면서 흔들린다. "엄마 생각에 함박웃음을 짓다가 어느새 울컥해진다." 유년의 추억이 서린 동천에서 어린이집 아이들이 물놀이와 체험행사를 했다. 자신의 유년과 아이들을 동류시키는 절묘한 소환이야말로 은하수의 별처럼, 영원히 간직할 마음속에 홀로 버티고 있는 나무라 하겠다.

3. 박애진의 작품 세계

박애진은 자신을 연출할 줄 아는 기획가다. 연출의 대상이 유치원 현장이면서 자연이다. 그러니 글감이 움직이는 동심원의 사이즈가 크다. 그가 견지하는 유치원 텃밭에 무엇을 심고 가꾸는 행사의 주인공이 아이들인 것 같아도 실은 꽃이고 작물이라는 것을 은연중에 각인시킨다. 그럴 때 아이들이 '나' 대신 흙이나 바람이나 곤충을 주인공으로 변신시킨다. 그의 작품 속에는 '환경 지킴이와 생태 탐험대' 용어가 자연스럽게 배어 있는 것은 자연스러운 현상이다.

> 아이들의 감수성은 어떻게 시작될까. 꽃 문을 여는 봉우리와 연두를 밀어내는 나뭇가지에서 슬며시 다가온다. 텃밭에 씨감자를 심고 포실한 흙을 매만지고 매화 꽃차를 마시고 봄 카나페를 만들고 봄까치꽃으로 손톱에 자연물을 들이면서 온다. 자연은 유치원 언덕배기처럼 아이들의 감수성을 키워주는 창고이다. 눈을 돌려 초롱초롱한 아이들만 보이면 잘 숙성된 어른들의 감수성을 만날

수 있다. 애당초 거창한 감수성은 존재하지 않는다. 아이들을 바라보는 따뜻한 시선이면 스스로 잘 자란다.

-「꽃들의 축제가 시작되었다」 결미

　박애진은 아이들의 예민한 감수성을 신발에 묻은 흙처럼 실존적 면모를 지닌다고 설파한다. 여기서 '신발'에 묻은 흙의 상징성은 아이들의 체험활동이 생태계와 밀접한 연관이 있다는 목적성을 내포하고 있다. 아이는 스스로 감수성이 자란다는 일반론적 상황설정을 넘어선다. 어른의 관심이 아이의 감수성을 키운다면 먼저 어른의 감수성이 건강해야 한다. 박애진이 말하는 아이에게 있어 최고의 감수성을 키우는 자양분이 자연이다. 애당초 그는 "거창한 감수성은 존재하지 않는다."라면서 아이에게 따뜻한 마음의 중요성을 강조하고 있다. 그러기 위해서는 어른은 스스로 감수성을 키우고 연출하는 기획가가 되어야 한다.

　아이들 텃밭은 벌레도 친구가 된다. 가끔은 지나가던 까치가 주인처럼 자리를 잡고 앉아있다. 바람도 허수아비를 보고 한참을 맴돌다 간다. 오늘은 꼬마 농부들이 찾아 올려나? 허수아비는 유치원 텃밭을 향해 자꾸만 몸이 기울고 시선이 멈춘다. 아이들이 있어야 빛나는 허수아비는 사철 내내 중앙유치원 가족이다. 가족은 더운밥이다. 따뜻한 마음이다. 사랑의 언저리에 기댄 가족의 불침번이다.

-「파수꾼」 본문 일부 단락

해설　같은 듯, 다른 듯이

박애진의 '파수꾼'은 정교하게 구성된 수필의 전형을 이룬다. 허수아비라는 무형의 실물을 끌어들인 형태는 필자 자신의 내적 고백을 문학적 수사로 변환시킨다. 텃밭을 지키는 것은 허수아비다. 서정의 힘이 아이의 정서로 넘나든다. 허수아비 곁에는 바람도 벌레도 아이도 응원가를 부른다. 텃밭 공동체에 한줄기 소낙비가 내리는 풍경이야말로 '아이가 꿈꾸는 세상'이 아닐까. 박애진의 "가족은 더운밥이다." 아이는 경쟁의 대상이 아니고 심판자가 없다는 안중에 허수아비가 있다. 그러니 허수아비는 심판자도 아니고 누구에게 위협을 가하지 않는다. 그저 그곳에서 아이들과 친구가 된다.

4. 박영희의 작품 세계

박영희의 문제의식은 구체성을 띤다. 어린이집은 아이들의 둥지고 바깥은 아이들을 둘러싼 환경의 가늠자 역할을 한다. 박영희는 중세 궁전의 '회랑'처럼 어린이집 건물 벽면이 옹졸한 울타리가 아니라는 걸 끊임없이 증명하려 든다. 벽면과 마주하는 기둥 바깥에 노출된 아이들을 보호하는 안전장치에도 민감하다. 하루에도 몇 번씩 우리 사회의 '회랑'을 통과하는 책임감으로 무장하고 있다. 그가 회랑을 통과하는 창은 날카롭고 정통으로 관통하겠다는 결기가 '깨어 있겠다는' 다짐을 작품 글에서 만나는 것은 그리 어렵지 않다.

창가에 기대서서 호수공원을 보고 있다. 붉은 불빛이 같은 간격으로 서로를 비추고 있다. 구슬이 구슬을 꿰고 비춘다는 '인드라망'

처럼 이 불빛이 생명공동체의 화신으로 다가온다. 서로의 손을 맞잡고 마음을 나누고 공감이 스며드는 공동체는 그 사회를 지탱하는 버팀목이다. 시나브로 불빛을 받은 호수는 잔잔하다. 나도 조금씩 평온해진다. 내가 서 있는 교육적 토양이 아슬아슬하지만 거기서 유아교육의 희망을 걸어야 하고 미래를 담보해야 한다.
ㅡ「장꾼들의 놀이터, 장날이 서다」 서두

박영희는 상기 작품의 소재가 되는 세종시에서 2박 3일 동안 직무연수를 받았다고 한다. 쉬이 잠들지 못하고 호수공원을 바라보는 그의 눈에는 공동체의 속살인 아이들이 어른거렸을 것이다. 공동체가 퇴락하면 전쟁의 상흔처럼 아이들이 먼저 고통을 당한다. "시나브로 불빛을 받은 호수는 잔잔하다." 이는 저출산의 악령이 짓누르는 이상, 박영희의 호수풍경이 가늘게 떨린다는 것 아닐까. 그럼에도 유아교육의 희망은 멈출 수 없다는 결연한 산 증인이 되겠다는 박영희의 고뇌는 깊어갈 것이다.

'공감'은 감정 훈련에 충실할 때 빛을 발한다. 아이들을 보며 즐거워하시는 할머니 할아버지의 웃음소리는 아이의 마음을 읽어내는 사랑이라는 것을 아이들은 본능적으로 알아차린다. 아이들도 그런 마음을 헤아릴 줄 알기에 어른의 마음과 가족의 소중함을 감정으로 표현한다. 최고의 어른은 아이보다 더 많이 웃음을 풀어놓는 어른이다. 그 연장 선상에서 진행하는 '교육과 돌봄'은 아이의 정서적 성장에 보탬이 된다.

-「아름다운 공동체는 감사함으로 물들인다」본문 일부 단락

'공감'은 감정 훈련에 충실할 때 빛을 발한다. 박영희의 진면목이 잘 표현된 문장이다. 화두는 단박에 깨뜨려야 빛을 발한다는 이면에는 그만큼 유아교육의 본질에 다가가는 열망이 강하다는 걸 의미한다. 그에 논리를 따르자면 "감정 훈련은 본성을 해독하는 것이 아니다." 오히려 감정이야말로 인간의 이성이 제어하고 반복되는 훈련 행위로 접근하는 기능이다. 우리 사회가 교육과 돌봄에 빚지고 있다는 통렬한 현실 인식이 그만큼 구체성을 띤다. 감사조차도 자신이 선택하고 감당하면 더 높은 자존감과 연결된다는 교육학자 박영희는 냉철하다.

5. 이순애의 작품 세계

이순애는 엔터테인먼트다. 그는 유치원 안팎의 불가능을 알면서도 도전한다. 그와 반대로 일상으로 돌아온 작품을 관통하는 맥락은 그의 이름처럼 '순애보'의 낭만이 철철 넘친다. 그 힘든 유아교육 현장을 장악하는 힘의 원천인 내공은 어디서 만들어질까. 세계관이 분출하는 출렁임이라고 나는 믿는다. 여기까지는 외피만 걸친 이순애에 대한 단편적 시각이다. 이순애를 제대로 알려면 그의 작품을 꼼꼼하게 읽어보면 된다. 뭔가 꿈틀거리고 뭔가 움직이는 것이 보인다. 그의 문학적 서사는 온순하지만, 칼럼은 정직하고 매섭고 준엄하다.

매사에 말 잘 듣는 의존적인 아이를 키울 것인가. 아니면 자신감이 넘치는 아이로 키울 것인가. 정답은 선택권을 아이에게 넘겨주면 된다. 그럴 때 아이의 자기 결정권은 거친 세파의 토양에 굳건한 뿌리를 내린다. 단, 어떤 경우에도 아이의 자존심을 건드리는 것은 금물이다. 수치심과 부끄러움으로 가득 찬 아이는 자기 결정권도 쉽게 접는다. 모든 결정권은 아이의 관점에서 바라보아야 한다.
ㅡ「아이의 자기 결정권이란」결미

이순애의 칼럼은 날카롭다. 아이의 자기 결정권과 아이의 선택권을 동일 선상에 놓는다. 이는 아이의 부모에 대한 의존을 탈피하는 독립으로 이어진다. 칼럼은 '질문'에서 나온다는 단순명제를 좌고우면하지 않고 실천한다. 힘든 유치원의 환경에서도 내색하지 않고 아이들과 눈을 맞추고 호응한다는 신호로 맞장구를 쳐준다고 한다. "모든 결정권은 아이의 관점에서 바라보는 것," 이순애의 교육철학이 돋보이는 장면이다. 아이의 차이가 다양성이라는 인식 없이는 경쟁 구도에 매몰된 한국의 유치원 토양을 갈아엎을 수 없다. 유치원 교육 혁신가 이순애의 고민은 깊어질 것이다.

잠시 적막이 돌았고 숨 고르기를 마친 꽃비가 다시 내린다. 환희다. 나는 전생의 꽃인지 모른다. 꽃잎이 나를 따라 날리고 나는 꽃잎에 눈길을 거두지 못하면서 이 길에서 잠시도 눈을 떼지 못한다. 마음 줄을 놓은 오늘은 꽃잎 한 장이면 충분하다. 나는 인생이 그런 것이고, 떨어지는 꽃잎은 어쩔 수 없는 봄의 슬픔이다. 이곳에서의 나와 꽃은 특별한 이별을 준비하는 축제장이다. 마음껏 즐기기 위해 우리는 서로 끝을 다 보여 주었다.

-「꽃비가 춤을 춘다」본문 일부 단락

남해 남파랑길에서 만난 벚꽃의 향연을 가감 없이 표현했다. 이순애가 진단한 "특별한 이별을 준비하는 축제장"이란 형용모순의 황홀이 살아나고 사라지는 운명의 절연을 함유하고 있다. 끝을 다 보여주고 비워지는 넉넉함이 남해의 어느 외진 꽃길에서 이루어지니 봄날에 이순애가 걸어간 길은 고혹한 인연길이다. 이 길에는 주객이 따로 없다. 길손은 떠나고 구도로에 수북하게 앉은 꽃비만 찬란한 봄의 슬픔을 받아먹고 있다. 무명의 인간과 무위의 벚꽃이 마주 보고 합장하는 곳. 이순애는 그토록 눈부신 꽃비가 춤을 춘다면서 벚꽃 터널을 사뿐하게 걷는다.

6. 진영미의 작품 세계

진영미는 자신의 영역 범주가 풍성한 것 같다. 무엇이든지 생동감을 일으키는 재주가 있길래 그 힘든 유치원의 일상을 담담하게 끌고 나간다. 유치원의 일상은 녹록하지 않다. 끊임없이 긴장하고 인내를 시험받고 결과로 증명시키는 능력이 없으면 '학부모'라는 시장의 메커니즘에 의해 도태된다. 진영미의 강점은 직종의 특성상 잠시도 매너리즘에 빠질 여유도 없는데도 종종 사색의 향연에 뛰어든다. 그것은 실존적 자기애를 놓지 않는 자존심의 발로가 작품 곳곳에 드러내고 있다.

　　　가을걷이가 끝났다. 남은 것은 삭막한 풍경이 널려있을 분이다. 늦가을까지 매달린 나뭇잎들은 허공을 가른다. 유치원 화단의 부지깽이는 찬 이슬에 고개를 숙인다. 일찍 떨어진 석양을 받아먹은 밤은 서늘하다. 해 오름에 아침을 여는 낮의 따스함에 화답하듯, 천일홍과 메리 골드는 아직도 가을을 다 보내지 못한 생기를 끌어안고 있다. 겨울 초입은 쉬이 잠들지 말라는 나무들이 서성이는 계절이다.
　　　　　　　　　　　　　　－「겨울 초입, 곤충들이 전하는 버팀목」 서두

　봄날에 감성 물이 드는 것은 본능적 욕구가 분출하기 때문이다. 가을에 감성 욕구가 스며드는 것은 무언가 손에 쥐지 않겠다는, 혼자 있겠다는, 적막과 대면하겠다는 생각의 산물이다. 어찌 보면 인간은 몸부림치는 존재들이다. 진영미는 서두의 첫 문장에서 "가을걷이가 끝났다."라고 자조한다. 이는 자신의 공간이 왔다는 것을 선언하는 의미다. 황량한 이 계절에 벗들과 차 한잔 담소를 생각하고 낙엽을 밟고 어둠의 불빛에 의탁하는 자신을 연상할 것이다. 그는 결미에 "요 며칠 사이에 곤충들이 보이지 않는다." 얼마나 담백한 표현인가. "숭고한 알을 품기 위해 흙이 입을 벌리고 있을 것이다." 겨울 초입은 모든 생명이 친구가 된다는 진영미의 독백을 볼 수 있다.

나는 유년기 아이들과 고락을 나누고 성장하는 과정을 지켜보면서 내면이 단단해진다. 아이들과 꿈을 심고 가꾸는 정성을 다하다 보면 어느새 그 아이는 훌쩍 커 버리고 나는 퍼질러놓은 그리움을 삼키면서 성숙해진다. 아이와 처음 대면할 때는 두근거리고 아이와 이별할 때는 못내 아쉽다. 때가 되면 내 곁의 수호천사인 아이는 더 높은 세상의 둥지를 향해 떠난다. 아이가 다닌 유치원의 둥지는 동심만 남는다.

-「청국장 예찬」 본문 일부 단락

진영미는 단골 식당인 청국장 가게의 후한 인심과 정성을 잊지 못해 수필 한 편을 남겼다. 본문에는 "성찬을 바라지 않는 청국장처럼 주인은 진솔하다."라고 언급한다. 아이를 대하는 본심에 충실하면 자신의 내면도 단단해진다는 경험 법칙이 작동한다. 아이에 대한 주체할 수 없는 사랑이 이별을 전제하기에 그의 내면세계는 '그리움'이라는 목마른 젖줄로 허기진다. 유치원에서 함께했던 아이들의 존재는 진영미 자신의 삶으로 태어난다. 초봄에 대면할 첫 방문의 고사리 아이들을 상상하는 것. 유치원의 설렘이다.

담쟁이학당에게 바치는 헌사

자기 글을 만든다는 것은
자기 글밭을 경작 할 수 있는 뾰족한 펜을 간다는 것.

담쟁이가 돌담 높은 곳을 오르는 것은
서로 밀어주고 당겨주는 잎들이 벽을 탄다는 것.

처음의 무딘 펜을 갈고 또 갈다 보니 글밭에다
무수한 글 씨앗을 물었다.
군락을 이룬 담쟁이도 한 뼘, 한 뼘 늘리다 보니
어느새 돌담을 덮었다.
수직은 아슬아슬하지만 파랑은 언제나 벼랑 끝에서 온다.

폭염의 경고등은 남파랑길에서 서성이고
남해에서 만난 담쟁이는 돌담에다 초록생명을 새기고
고이랑 글밭에 모인 우리 모두는 담쟁이학당을 열었다.

2023년 유월의 어느 날이었다.

차재운

담쟁이학당 | 창간호 2025

같은 듯, 다른 듯이

초판 인쇄   2025년 12월 25일
지은이   김송현 박애진 박영희 이순애 진영미
펴낸이   김리아
펴낸곳   불휘미디어
           경상남도 창원시 마산합포구 오동동10길 87
           (055) 244-2067
           2442067@hanmail.net

가격 15,000원
ISBN 979-11-92576-96-1 03810